KB191279

상담을 돕는 상담책

상담을 돕는 상담책

초판 1쇄 발행 2024년 9월 20일

지은이 | 김지영, 김신실

발행인 | 최윤서
편집장 | 이경혜
디자인 | 김수경
마케팅 지원 | 최수정
펴낸 곳 | ㈜교육과실천
도서문의 | 02-2264-7775
인쇄 | 031-945-6554 두성 P&L
일원화 구입처 | 031-407-6368 ㈜태양서적
등록 | 2020년 2월 3일 제2020-000024호
주소 | 서울특별시 중구 창경궁로 18-1 동림비즈센터 505호
ISBN 979-11-91724-65-3 (13370)

아이와 부모, 교사 모두를 지켜 내는

상담을 돕는 상담책

✦ 마음 건강 프로젝트 ✦

| 김지영 · 김신실 지음 |

교육과실천

Contents

외모만큼이나 다양한 기질과 성향을 지닌 아이들이 한곳에 모여 있는 교실. 선생님들은 종종 예상치 못한 어려움을 만납니다. 아이와 일대일 상황이라면 조금 더 아이에 맞춰 개입할 수도 있겠지만, 다수 아이를 대하다 보니 현실적으로 어렵습니다. 화를 조절하지 못해 선생님께 고래고래 소리를 지르며 난폭한 행동을 보이는 아이가 있다고 가정해 볼게요. 선생님과 아이, 둘만 있다면 화가 나고 무섭더라도 아이가 진정될 때까지 기다려 주고 어떻게든 아이를 도울 수 있을 거예요. 그런데 학급의 다른 아이들이 이 상황을 시종 지켜보고 있다면, 선생님은 무엇을 어떻게 할 수 있을까요? 노련한 전문가라도 난감할 수밖에 없습니다.

그뿐인가요. 아이들 한 명 한 명을 만나 상담할 때도 아이들의 다양한 문제와 어려움 앞에서 어떻게 상담을 진행해야 할지 막막해집니다. 말이 없는 아이, 산만하고 충동적인 아이, 무기력하게 수업 시간에 잠만 자는 아이, 등교 거부로 얼굴조차 보기 힘든 아이, 학습을 따라오지 못하는 느린 아이, 죽고 싶다고 호소하는 아이, 학교 폭력을 당하는 아이…. 교실에서 만나는 갖가지 문제 상황에서 아이를 공감하고 위로하는 것, 혹은 훈육하는 것 외에 도대체 무얼 어떻게 해야 할지 모르는 순간이 많지요. 우후죽순으로 생겨나는 아이들의 어려움을 돕기 위해 책을 읽거나 강의를 들어도, 막상 학교 현장에 적용하려니 뜻대로 안 되지 않았나요?

신규 교사 때는 시간이 흐르고 경력이 쌓이면 수업 지도뿐 아니라 상담과 생활 지도도 경지에 오를 거라고 막연히 기대합니다. 하지만 교사 경력이 쌓이는 만큼 나의 능력은 원하는 대로 발휘되지 않는 것 같아 더 좌절하거나 죄책감을 느끼지는 않았나요? 또는 아이가 건강한 어른으로 성장하도록 돕고 싶은 마음과 열정이 가득했던 시절은 조금씩 잊고, 교직 생활에서 경험한 상처로 인해 점점 더 소극적으로 대처하게 되진 않았나요? '어차피 열심히 노력해도 돌아오는 건 상처뿐이야.'라는 생각에 '딱 이만큼만 해야지.' 하면서도, '이게 맞나?' 하는 의문과 회의감으로 힘든 적은 없었는지요?

이 책을 지은 우리는 학교에서 전문상담교사로 근무하며 다양한 어려움을 가진 아이를 만나 왔습니다. 선생님들은 때때로 우리에게 하루 종일 아이들의 문제를 들어 주려니 힘이 들지 않은지, 우울하지 않은지 묻곤 했습니다. 좋은 이야기도 계속 들으면 힘든데, 하물며 무겁고 우울한 이야기는 더하지 않냐며 우리를 걱정해 주었지요. 하지만 우리는 힘든 이야기를 듣는 우리보다, 종일 아이들을 가르치고, 생활 지도를 하고, 상담에 행정 업무까지, 다양한 업무를 해내야 하는 선생님들이 더 걱정스러웠습니다.

상담과 생활 지도로 고민하는 선생님들을 자문하고 여러모로 힘들어하는 선생님들을 만나면서, 우리는 상담 방법을 친절히 알려 주고 선생님 마음을 위로하는 책이 있다면 좋지 않을까 생각했습니다. 그런 책을 가까이 두고 선생님들이 필요할 때마다 쉽게 꺼내 보며 도움을 받을 수 있다면요? 그렇게 품었던 막연하고 절실한 희망으로 이 책이 탄생하게 되었습니다.

아이들이 겪는 문제가 수학 문제처럼 딱딱 풀 수 있는 것이라면, 분명한 정답이 있는 것이라면 좋겠지만, 그렇지 않기에 더 힘들고 어렵다는 걸 누구보다 잘 압니다. 인생에 정답이 없는 것처럼, 아이들 문제 또한 마찬가지지요. 그래서 "아이의 이런 문제는 이렇게 접근하세요."라든가 "삐!(X) 저렇게 하면 안 돼요."라는 식으로 코칭하기보다는, 어떻게 하면 선생님들이 어려움을 지닌 아이를 조금이라도 더 이해하고 도울 수 있을지를 고민했습니다. 상담자 수준의 전문적인 개입까지는 아니더라도, 교사로서 아이가 당면한 문제를 해결해 나가는 데 도움을 줄 수 있는 유용한 방법과 절차 등을 나누고 싶었어요.

그리고 무엇보다 힘든 아이들을 만나는 선생님들의 마음을 공감하고 위로하고 싶었습니다. 여러 연구에서 드러난 것과 같이, 다양한 문제 행동과 심리적인 문제를 보이는 아이와의 상호 작용에 어려움을 겪는 선생님들이 많습니다. 또 아이들의 문제 행동은 일회적이기보다 반복적으로 일어나는 특성이 있기에, 선생님들로서는 높은 스트레스와 무능감을 경험하기도 합니다. 어디 그뿐인가요. 아이가 가진 문제를 잘 해결하기 위해서는 부모님의 도움이 필요한데, 아이의 어려움을 인정하지 않는 학부모를 만나면 상담은 한층 더 어렵습니다. 부모님 마음이 상하지 않게 배려하면서 상황을 전달하는 것부터가 쉽지 않지요.

많은 선생님이 상담 기술이나 지식이 부족해 아이와 학부모를 상담할 때 자신감이 떨어지고 위축되며 좌절감을 경험한다고 호소합니다. 이런 점에서 상담 심리 전문가인 우리가 상담 기술과 지식에 관해 도움을 드릴 수 있을 거라 생각합니다.

이 책이 지향하는 바가 '상담을 돕는 상담책'인 만큼, 아동·청소년을 만나는 상담자나 학교에서 근무하는 학교 상담자에게도 유익할 것으로 기대합니다. 아동·청소년 상담은 단순히 아이만 잘 상담한다고 끝나는 게 아닙니다. 아이를 둘러싸고 있는 환경에 대한 개입, 즉 아이에게 가장 큰 영향을 미치는 부모님과 선생님에 대한 개입도 필요해요. 이 책은 직접적인 아이 상담뿐 아니라 아이의 문제를 어려워하는 선생님을 자문할 때, 학부모 상담을 진행해야 할 때도 도움이 될 것입니다.

이제 다양한 심리적 어려움과 위기 상황에 놓인 아이들을 만나러 상담 여행을 떠나 볼까요?

앞으로 만날 아이들은 우리가 상담 현장에서 만난 다양한 사례를 각색해 재구성한 가상의 인물입니다. 아동, 청소년, 학생이라 부를 수 있지만 이 책에서는 '아이'로 통일했습니다. 각 아이가 당면한 문제 상황은 학교에서 선생님들이 가장 많이 접하고 궁금해하는 상담 사례를 한 묶음으로 엮고, 사안이 위중하고 시간을 다투어 해결해야 할 위기 상담 사례를 또 한 묶음으로 엮었습니다. 이들 모두 학교 현장에서 충분히 있을 법한 상황들로, 선생님들께 한층 가깝고 절실하게 다가가리라 기대합니다. 그리고 책의 마지막에는 선생님들의 마음 안부를 묻고, 교사 소진 예방에 필요한 '자기 돌봄'에 관해 이야기합니다.

선생님들이 아이들의 어려움을 마주하며 길을 잃고 헤맬 때, 이 책이 손을 뻗어 펼쳐 볼 수 있는 책이 된다면 더할 나위 없이 좋겠습니다. 야금야금 꺼내 보며 길을 찾아가고, 작은 위안과 연대를 경험할 수 있기를 바랍니다. 그렇게 된다면 우리 아이들의 성장과 교육에 조금이라도 보탬이 되지 않을까 기대해 봅니다.

지금 이 시간에도 아이들을 만나고, 상담하고, 지도하느라 고군분투하는 선생님들께 있는 힘껏 응원을 보냅니다.

+ Part 1 +

선생님들이 가장 궁금해하는
11가지 질문

상담? 생각만 해도
긴장되고 소심해져요.

● 다양한 감정이 공존하는 학교 현장 ●

2015년 개봉한 영화 〈인사이드 아웃〉을 기억하나요? 이 영화는 주인공 '라일리'의 머릿속에 존재하는 '기쁨', '슬픔', '버럭', '까칠', '소심'이라는 다섯 가지 감정을 흥미진진하게 풀어내 큰 화제를 불러일으켰습니다. 이 감정들은 소위 인간의 '핵심 감정'으로 꼽습니다. 얼마 전에는 2편이 개봉돼 1편 못지않은 흥행을 기록했지요. 〈인사이드 아웃〉은 아이들뿐 아니라 우리 선생님들이 봐도 손색이 없을 만큼 공감적인 영화예요. 아이들이 성장할 때 경험하는 뿌듯함과 '기쁨', 수업이나 관계에서 삐그덕거릴 때 느끼는 '슬픔', 지시를 따르지 않고 대드는 아이를 마주할 때 올라오는 '버럭', 직무를 수행하는 중 사고가 나진 않을까 여러 번 확인할 때 등장하는 '까칠', 처음 업무를 수행하며 불안해질 때 발동하는 '소심'까지, 선생님들 역시 학교 현장에서 다양한 감정을 자연스럽게 마주하니까요. 그 다섯 가지 감정 가운데, 아이와 학부모를 상담할 때 올라오는 '소심'이를 만나는 것으로 이 책의 이야기를 시작해 보려 합니다.

제가 근무하는 학교에는 매년 신규 교사들이 발령받아 옵니다. 그런데 간절히 원하던 교직 생활을 시작하며 초롱초롱 반짝이던 선생님의 눈빛이 개학과 동시에 흔들리는 걸 종종 목격해요. 마음의 준비를 단단히 해도 첫 시작은 긴장되기 마련이지요.

그뿐인가요. 첫날부터 지각하는 아이들, 대드는 아이들, 갑자기 걸려 온 학부모 전화 등 당장 처리해야 할 일들이 수북이 쌓여 갑니다. 행정적인 일들이야 하루 이틀 여유가 있고 선배 교사에게 하나씩 배우면 되지만, 특히 아이와 학부모 얼굴을 마주하고 상담하는 일을 무척 어려워합니다.

대부분의 학교는 학기 초에 아이와 학부모 상담 주간을 운영합니다. 이때 담임이라면 상담을 시작해야 하는데, 교단에 처음 서는 신규 선생님은 도대체 상담을 어떻게 해야 좋을지 모르겠다고 하소연합니다. 신규 교사를 위한 상담 연수 시간에 상담에 관해 배우긴 하지만 두렵긴 매한가지입니다. 오죽하면 강좌 제목이

'두려움 없이 만나고 소통하기' 일까요.

가 보지 않은 길에 발을 내딛는 것, 아이들 얼굴을 하나씩 익히고 다정히 이름을 불러 보기도 전에 아이와 학부모를 마주하고 상담하는 것은 두려움이 불쑥 올라오는 일임이 분명합니다.

그렇다면 신규 교사만 불안과 어려움을 경험할까요? 연차가 쌓인 선생님들은 상담을 어떻게 느낄까요? 베테랑처럼 능수능란하게 상담을 잘하는 선생님도 있지만, 많은 선생님이 학생과 학부모 상담이 여전히 불안하고 어렵다고 말합니다. 상담 업무를 전적으로 담당하는 전문상담교사조차 상담이 어렵다고 느끼고요. 학교 현장이 여러 위기 속에 나날이 혼란스러워지고 있기 때문입니다.

● **해야 하는 건 아는데 막상 하려니 마음이…** ●

아이나 학부모를 상담한다고 생각하면 어떤 감정이 올라오나요? 영화 〈인사이드 아웃〉의 '소심'이처럼 뱃속이 간질간질하고 손발이 부들부들 떨리진 않나요?

내 안의 소심이가 꿈틀거릴수록 작은 일에도 불안이 엄습하기 시작합니다. 하지만 어떤 일이든 새롭게 시작한다는 것, 낯선 일을 하는 것, 모호하다는 것, 면대면으로 사람을 만나는 것은 우리에게 불안을 유발하기 마련입니다. 상담은 아이에게 문제나 어려움이 생기는 등 부정적인 상황에서 주로 이루어지기 때문에 더욱 불안할 수밖에 없지요. 불안은 문제가 더 심각해지는 부정적 결과가 나타날 가능성이 있는 상황에서 경험하는 지극히 정상적인 감정입니다. 선생님뿐 아니라 다른 선생님들도 비슷한 감정을 경험합니다. 낯설고 불투명한 상담이라는 영역에 대해 갖는 불안한 마음은 이토록 자연스럽습니다.

자연스럽다고는 해도 불안이라는 감정은 불편하고 싫으니 피하는 게 답일까요? 불안이 없어야만 상담을 잘할 수 있을까요? 세상을 살아가다 보면 적절한 불안이 필요한 순간이 있습니다. 불안은 우리 자신을 위험한 일들로부터 안전하게 보호해 주는 역할을 합니다. 인류가 불안이라는 감정을 경험하지 않았다면 이미 맹수에게 잡아먹혀 일찌감치 멸절되었을지 몰라요. 선생님들 입장에서는 불안을 동력 삼아 새 학기 시작 전에 업무를 미리 챙기고 수업 준비도 해놓을 수 있습니다. 마찬가지로 상담이라는 영역에서도 불안을 느끼기에 더 잘 준비하고 싶을 거예요. 상담을 잘하고 싶은 마음을 토대로 더 많이 공부하고 그 과정에서 성장할 수도 있고요.

선생님은 불안할 때 어떻게 하나요? 내 안의 불안이라는 감정을 잘 돌보고 있나요? 불안은 나와 거리가 멀다며, 없는 것처럼 행동하고 말끔히 없애려고 하진 않나요? 앞서 살펴보았듯이 불안은 느끼지 않아야 하는 감정이 아니에요. 불안에 압도되지만 않는다면 큰 문제가 되지 않습니다. 그러니 불안이란 감정을 잘 만나고 다독다독 토닥여 주면 어떨까요?

몇 가지 장면을 상상해 보겠습니다. 새 학년 새 학기, 처음 만난 아이들과 친밀해지고 학급을 잘 경영하기 위해 아이들과 상담을 시작합니다. 잘 알지 못하는 아이와 마주 앉고 보니 어색한 침묵이 흐르고 어색한 눈맞춤이 이어집니다. 어디서부터 어떻게, 무슨 말을 해야 할지 몰라 멀뚱멀뚱 서로를 쳐다보는 모습이 그려집니다. '내 앞에 앉아 있는 아이는 어떤 녀석일까?' 궁금함 속엔 설렘도 있지만 긴장도 있지요.

다음으로 학기마다 실시하는 학부모 상담 주간을 상상해 봅니다. 선생님은 상담 주간을 알리는 가정 통신문을 아이들에게 배부하고 회신을 기다리고 있습니다. '어떤 학부모님이 상담을 신청할까? 어떤 이야기를 나누게 될까?' 생각하는 것만으로도 심장이 떨려옵니다.

앗! 학기 초에도 불구하고 생활 지도 중 아이에게 몇 가지 문제가 생겼어요. 당장 학부모와 상담을 해야 하는데 어떻게 할지 막막하고 난감합니다.

어떤가요? 이 모든 상황에서 어김없이 등장하는 우리 안의 '소심'이를 발견했나요?

그럴 때는 일단 '휴~' 하고 한숨을 한번 내쉬어 보세요. 불안이라는 감정을 어떻게 하면 안심시킬 수 있을지 팁을 하나 알려 드리겠습니다.

바로 셀프 토닥법인 **'나비 포옹법'**입니다. 나비 포옹법은 갑자기 긴장되거나 가슴이 두근거리고 불안한 마음이 들 때, 가슴을 좌우로 두드려 주는 거예요. 머릿속에 향기로운 꽃내음을 맡으며 사뿐히 날갯짓하는 나비를 떠올려 봅니다. 양팔을 가슴 위에서 교차시킨 뒤 나비가 날갯짓하듯 한 손씩 가슴을 가만가만 토닥입니다. 그리고 하나, 둘, 셋 숨을 들이마시고, 천천히 하나, 둘, 셋, 넷, 다섯을 세며 숨을 깊이 내뱉습니다. 여기서 포인트는 나에게 소중한 것을 가만히 토닥이듯 나를 대하며, 들숨보다 날숨을 더 깊이 내쉬는 것입니다. 상담으로 인해 긴장될 때, 학교에서 일을 하면서 힘들 때, 나비 포옹법을 실천해 보기를 권합니다.

이제 선생님이 상담에서 경험할 불안을 조금이나마 누그러뜨릴 수 있도록, 다양한 상황에 대해 구체적인 사례와 이에 따른 상담 방법을 하나씩 풀어 갈 차례입니다. 우리 함께 용기를 내 한 걸음씩 나아가 보기로 해요.

상담이란?

상담의 영어 표기는 'counseling'입니다. 이 용어는 자문, 충고, 반성을 의미하는 라틴어 'consilium'에서 유래했어요. 하지만 상담은 단순히 자문, 충고 활동에 그치지 않고 개인의 성장과 발달을 함께 도모하기 때문에 더 넓은 의미를 담고 있습니다.

한자의 '상담(相談)'도 살펴볼까요? 상(相)은 두 그루 나무가 눈을 맞대고 서로 마주한다는 뜻이고, 담(談)은 활활 타오르는 불(火)과 같이 서로 말을 주고받는다는 의미입니다. 즉, 상담은 두 사람이 마주 보고 서로에게 관심을 기울이며 함께 이야기하는 행위를 가리켜요. 아이의 발달과 특성을 잘 아는 선생님과 도움이 필요한 아이가 협력적으로 함께하는 것이지요.

이때 '함께'는 단순히 물리적으로 같이 있는 것을 말하지 않습니다. 심리적 거리가 더 중요해요. 선생님과 아이 또는 학부모가 관계를 맺고, 어려움을 함께 해결하려는 목표를 위해 협력적으로 상담에 임하면, 아이의 문제를 해결할 열쇠를 찾을 수 있습니다. 물론 상담을 통해 모든 문제를 완벽하게 해결할 수는 없습니다. 하지만 함께 이야기를 나누고 마음을 나누는 과정에서, 문제가 어디서 왔는지 알 수 있고 더 악화되지 않도록 예방할 수 있습니다.

- 신규 교사분 아니라 베테랑 교사도 생활 지도와 상담은 여전히 어려워한다는 사실을 잊지 마세요.

- 불안은 상담을 해야 하는 선생님이라면 누구나 경험할 수 있는 감정이에요. 애써 없애려고 하지 마세요.

- 너무 불안할 땐, 가슴 위에 손을 포개 얹고 토닥토닥 '나비 포옹법'을 실천해 보세요.

- 상담은 학부모, 학생, 교사가 '함께' 눈을 마주하고 마음을 나누는 활동이라는 사실을 기억해 주세요.

좀처럼 입을 떼지 않는 아이, 상담이 가능할까요?

● 한마디 내뱉기가 너무 어려운 서하 이야기 ●

중학교 1학년 담임을 맡아 떨리는 마음으로 상담을 준비했다. 아직 초등학생 티를 벗지 못한 올망졸망한 아이들의 눈빛이 사랑스러웠다. 예쁜 꽃을 바라보듯 한 아이씩 만나기 시작했다.

평소 학급에서 가장 조용한 아이인 서하 차례가 왔다. 서하는 나와 일대일로 만났을 때조차 고개를 푹 숙이고 아무 말을 하지 않았다. 서하 마음을 열어 보려 농담도 하고 칭찬도 하며 갖은 애를 썼지만, 서하는 가끔 미소를 보이거나 고개를 끄덕일 뿐 좀처럼 입을 떼지 않았다.

학기 초라 그럴 수 있겠다고 생각해 기다려 보았지만, 여름 방학이 다가오는 지금까지 서하는 여전히 말을 하지 않는다. 수업은 열심히 듣는 편이지만, 발표 수업이나 토론 수업에는 참여하지 않아서 반 아이들이 서하에 관해 불만을 토로하기 시작했다.

어떻게 하면 서하의 마음을 열고 상담할 수 있을까?

선생님들은 학교에서 서하 같은 친구를 만난 적 있을 거예요. 상담에 관해 교사 자문을 할 때 "도무지 말을 하지 않는 아이는 어떻게 상담해야 하나요?"라는 질문을 많이 받습니다.

말을 하지 않는 아이와의 상담은 선생님뿐 아니라 숙련된 상담자에게도 참 어려운 일입니다. 뭐라도 한마디 해야 거기에 맞춰 반응을 할 텐데, 시종일관 입을 닫고 있는 아이 앞에서는 어떻게 반응해야 할지 막막하지요. 이럴 때 선생님들은 혼자 주저리주저리 이야기를 늘어놓거나 의미 없는 설교와 조언을 하기도 합니다. 또 혼자 말하다 보니 의도와 다르게 "라떼는 말이야~" 하고 자꾸 자신의 경험담을 이야기하게 되어 상담이 계획대로 흘러가지 않기도 하고요.

이런 상황이 반복되다 보면 고구마를 백 개 먹은 것처럼 마음이 답답해지고, 내가 지금 제대로 하고 있는지 의문이 들어 상담이 하기 싫어질 수도 있습니다. 또는 아이를 기다리지 못하고 채근하거나, '애가 일부러 이러나.' 하는 생각도 듭니다.

◦ 불편감과 불안이 원인일 수 있어요 ◦

서하는 왜 이렇게 말하는 게 어려울까요? 원인을 안다면 지금 내 앞에 앉아 있는 아이를 더 잘 이해할 수 있고, 그렇게 되면 선생님은 공감적인 태도로 아이에게 더 잘 다가갈 수 있을 텐데요.

아이들 저마다 말을 하지 않는 이유가 있겠지만, 가장 보편적으로 알려진 이유들을 설명해 보겠습니다.

먼저 **기질적 특성**이 원인일 수 있습니다. 말하기 어려워하는 아이들은 기질적으로 매우 내향적이거나 높은 수준의 불안을 경험할 가능성이 높습니다. 이는 새로운 사람이나 상황에 대한 과도한 두려움으로 나타날 수 있고, 쉽게 긴장해 입을 꾹 다무는 모습을 보일 수 있습니다.

다음으로 **언어적 의사소통의 어려움** 때문일 수도 있어요. 말로 표현하는 것도 경험이 있어야 익숙해집니다. 어릴 때 언어 발달이 늦었거나 부모와의 관계가 어려웠던 등의 이유로 누군가에게 자신의 생각과 마음을 표현해 본 적이 없다면, 말로 조리 있게 자신을 표현하는 것이 힘들 수 있습니다. 그러다 보니 비교적 단순한 질문에는 답을 하더라도, 무엇을 좋아하는지 또는 어떤 때 슬픈지 등 자신의 마음을 들여다보고 표현하는 것은 어려워합니다.

또는 **말하지 않는 행동이 강화**되었을 가능성도 있습니다. 어릴 때부터 말하지 않아서 얻는 이득을 경험했을 수 있어요. 예를 들어, 말하지 않아서 곤란한 상황을 피했다거나 말을 하지 않아도 부모나 주변 사람들이 알아서 먼저 챙겨 주고 아이가 해야 하는 것들을 대신 해줬을 경우, 말을 하지 않아도 괜찮다고 생각하게 되지요.

부모나 다른 **중요한 대상과의 부정적인 관계**로 인해 말을 안 하기도 합니다. 부모나 선생님 같은 주요 어른들과의 애착 관계(친밀한 사람과 맺는 지속적인 유대감)가 좋지 않아서 보통의 다른 어른들에게도 불편함을 강하게 느낄 수 있어요. 어떤 아이는 권위 있는 어른을 보면 도망가고 싶다고 표현하기도 합니다.

이 네 가지 이유 외에도 여러 복합적인 원인이 작동할 수 있기 때문에 한 가지 이유로만 다 설명할 수는 없습니다. 어쨌든 이렇게 저마다의 이유로 말을 하지 않는 아이들을 우리는 교실에서 흔히 만납니다. 말을 하지 않는 아이의 마음을 열고 상담을 진행하려면 어떻게 해야 할까요?

● 먼저 안전함을 제공합니다 ●

말을 하지 않는 아이는 말을 하는 상황에 대한 긴장이 높습니다. 따라서 아이가 '안전하다'고 느끼는 환경에서 일대일로 상담을 시작하는 것이 중요해요.

Step 1. 말하기가 어려운 아이의 마음을 공감적으로 이해하고 반영해 줍니다.

아이가 보이는 모든 행동에는 반드시 이유가 있다는 점을 기억해 주세요. 그 이유가 선생님 때문일 수도 있지만 아이의 경험에서 기인한 것일 수도 있으니, 모든 원인을 선생님에게서 찾지 않아도 됩니다. 다만 우리가 할 수 있는 것은 아이가 어떤 마음 때문에 말하기 어려운지를 잘 알아차리고 공감해 주는 것입니다.

말을 하지 않는데 어떻게 공감하냐고요? 꼭 말로 듣지 않아도 아이가 어떤 마음일지 역지사지의 심정으로 느껴 보고 그것을 전달할 수 있어요. 이것을 상담에서는 '거울 반응(mirroring)'이라고 합니다. 마치 거울을 보는 것처럼 상대의 마음을 공감적으로 비춰 주는 기법입니다. 이때 중요한 건 '공감적'이라는 단어예요. 평가가 들어가거나 비난하거나 혼내듯이 이야기하는 것은 아이로 하여금 더 위축되고 입을 더욱 꾹 닫아 버리게 만들 수 있습니다.

아이에게 이렇게 말을 건네 보면 어떨까요?

"선생님이 네 마음이 궁금해서 물어보는 거야."

"선생님이 네 마음을 이해하고 싶은데 도와줄 수 있어?"

"서하가 말하기가 참 어려운가 보다. 누군가에게 내 마음을 말한다는 건 어려운 일일 수 있어."

선생님의 의도를 표현해 보고, 아이 마음에 공감해 보며, 마음의 문을 두드려 보세요. 아이의 평소 행동이나 교실에서 보이는 모습 등을 근거로 현재 아이가 보이는 모습의 이유를 조심스레 물어도 좋습니다. 예를 들어 "혹시 말로 네 마음을 표현하는 것이 어려워서 그러니?" 또는 "사람들 앞에 서면 긴장되기도 하니?"라고 묻는 것이지요. 맞다면 대답을 해 주거나 그것도 어려우면 고개를 끄덕여 달라고 요청하는 것도 괜찮은 방법입니다.

이때는 아이가 어떤 말과 표현을 하더라도 "그렇구나. 이렇게 표현해 주니까 선생님이 네 마음을 조금이라도 알 수 있게 되어서 좋다. 고마워."라고 말해 주면, 아이는 자신의 모습이 수용받는다고 생각할 거예요.

Step 2. 소통 수단이 꼭 언어일 필요는 없습니다. 다양한 도구로 아이 마음을 열어 보세요.

아이 마음을 이해하기 시작했다면 출발이 좋습니다! 이후에는 아이가 말로 조리 있게 자신을 표현하지 못하더라도 그림이나 글 등 다양한 방법을 통해 아이와 마음을 나눌 수 있어요.

평소 아이가 좋아하는 활동으로 상담을 진행하면 됩니다. 말하기는 어려워도 글쓰기를 선호하는 아이가 있고, 어떤 아이는 그림으로 자신의 마음을 더 잘 표현하기도 합니다. 어떤 방식으로든 자신을 표현하게 하는 것은 말하기 어려워하는 아이들 상담에서 가장 필요한 일입니다.

이렇게 말해 주세요. "말로 너의 마음을 표현하는 것이 어렵고 힘들다면, 우리 다른 방법으로 대화해 볼까? 대화가 꼭 말로만 하는 건 아니거든."

Step 3. 많은 도움을 줘야 한다는 부담을 내려놓고 아이의 속도에 맞춰 다가가세요.

아무리 숙련된 상담자라도 말로 표현하기 어려워하는 내담자를 돕는 일에는 한계가 있습니다. 상담받는 아이가 마음을 여는 만큼, 원하는 만큼의 도움만 줄 수 있다는 사실을 기억해 주세요. 열심히 노력했지만 아이가 마음을 잘 열지 않으면 '혹시 내가 잘못해서 그런가?' 하고 죄책감을 느끼거나 힘이 빠질 수 있습니다. 하지만 선생님의 관심과 애씀을 아이는 분명히 느낄 거예요. 아직 준비가 되지 않은 아이라면, 지금 이 시간에 선생님이 내보인 관심과 사랑이 전달되어 때가 되면 조금씩 바뀌거나, 그렇지 않더라도 다음에 누군가를 만나서 변화의 열매를 맺을 수도 있습니다. 그러니 아이의 속도에 맞게 천천히 다가가 주세요.

마지막으로, 이건 꼭 조심해 주세요.

– 말하기 어려워하는 아이에게 질문을 연달아 하거나, 말을 하라고 압박하는 것은 아이의 긴장감을 높여서 더 말하기 어렵게 만들 수 있습니다. 다그치지 말아 주세요.

– 질문을 한 뒤 차분히 기다려 주고, 답을 하지 않는다면 언어 외에 다른 방법으로 의사소통을 시도해 보거나, 질문의 난이도를 조금 낮춰 보세요.

– 마음이나 생각을 묻는 질문을 더 어려워할 수 있으니, 아이가 좋아하고 잘 아는 것부터 질문하는 것이 라포 형성에 도움이 될 수 있습니다.

생활 지도하기

● 과도한 주목은 아이를 더 긴장하게 만들어요 ●

말을 하지 않는 아이는 학급 활동에도 소극적일 수 있어 교실에서 어떻게 생활 지도를 해야 할지 고민될 거예요. 일단 기억할 것은 아이에게 너무 집중해 지나치게 배려하거나 별도로 배제하는 일은 아이의 성장에도 학급 분위기에도 도움이 되지 않는다는 점입니다.

말을 하지 않는 아이의 가장 근원적인 어려움은 '불안'이기 때문에, 자신이 주목받는다고 느끼면 불안이 가중될 수 있습니다. 아이가 교실과 선생님 그리고 친구들에 대해 안전하다고 느낄 때까지 아이가 부담을 느끼지 않도록 압박을 최대한 줄이고, 아이의 말하지 않는 선택도 존중하며, 글이나 그림 또는 몸짓이나 손짓 등 다양한 방법으로 소통할 수 있도록 격려하면 좋습니다.

안전하고 편안한 분위기를 조성하기 위해서는 주변 선생님과 친구들이 아이를 공감하고 지지하도록 안내하는 것도 필요합니다. 말을 하지 못하는 어려움은 아이의 의지와는 무관하게 발생하는 불안 반응일 수 있어요. 그러니 주변 선생님에게는 아이가 일부러 말하지 않는 게 아니라는 점과 함께, 학교 상황에서 느낄 수 있는 긴장감과 불안을 먼저 설명해 주세요. 또 아이 대신 말하거나, 계속 질문하거나, 말하라고 채근하거나, 조금이라도 말했을 때 크게 주목해서 반응하는 대신, 자연스럽게 넘어가거나 다른 방식으로 소통을 시도해 달라고 부탁할 수 있습니다.

학급 친구들에게는 불안을 주제로 한 그림책을 읽어 주거나, 감정 수업 등을 통해 다양한 감정이 어떻게 드러나는지 알려 주되, 감정이 사람에 따라 또 상황에 따라 다른 크기로 올 수 있다는 사실을 말해 줍니다. 정도의 차이일 뿐이지 우리 모두는 불안과 긴장을 느끼며 살아갑니다. 특히 불안과 관련해 구체적인 예를 들면서 학급 친구들이 말하기 어려워하는 아이를 이해할 수 있도록 도와주세요.

가령 "모두 너를 주목하고 있으면 긴장해서 말이 잘 안 나온 적 있지? 낯설고 편하지 않은 상황에서는 더 그럴 수 있어. 긴장이 계속되면 마음이 콩닥거리고 식은땀이 나고 불안해지기도 해. 어떤 친구는 처음부터 편안하게 말할 수 있는 반면, 어떤 친구는 다양한 상황에서 긴장감을 강하게 느낄 수 있어. 그럴 때 계속 말하라고 다그치거나 핀잔을 준다면 더 말하기 힘들어지고 숨고 싶어질 거야. 우리 반은 각자 다른 서로의 모습을 있는 그대로 존중하고 수용하며 기다려 줄 수 있으면 좋겠어."라고 말해 주는 거지요.

가능하다면 아이가 편안해하는 친구와 일대일로 먼저 소통을 시작하도록 안내하는 것도 좋은 방법입니다. 비록 소수라도 친구들의 인정과 지지는 아이가 용기를 내는 데 아주 큰 힘이 됩니다. 일대일 상황에서 그리고 점차적으로 몇 명의 아이들에게 조금씩 마음을 열고 말을 하기 시작한다면, 다양한 상황에서도 차차 말을 할 수 있게 될 거예요.

• 부모님의 양육 태도를 잘 살펴보세요 •

모든 상담이 그렇듯, 먼저 부모님의 심정에 공감하고 마음을 읽어 주는 것부터 시작하면 좋아요. 학부모 상담의 목표가 함께 협력해 아이를 잘 돕는 것이기 때문에, 협조를 최대한 이끌어 내기 위해서는 부모님과 먼저 신뢰로운 관계를 맺어야 합니다. 아이가 말을 하지 않는 어려움에 대해서는 부모님도 이미 알고 있고, 주변 사람들로부터 수도 없이 들어왔을 가능성이 커요.

일단 아이가 집에서 보이는 모습이 어떤지 묻고, 아이의 어려움에 대해 부모님이 어디까지 알고 있는지 공감적으로 확인합니다. 공감적으로 확인한다는 의미는 아이의 어려움이 부모님에게서 기인한 것 같은 뉘앙스나 태도를 내비치지 않고 '부모님의 어려운 마음, 답답한 마음' 등을 반영하며 탐색한다는 뜻입니다.

상황을 확인한 다음에도 바로 충고를 하거나 해결책을 제시하기보다는, 어떻게 하면 아이가 편안하게 느끼고 마음을 열 수 있을지 부모님과 의논해 보는 것도 좋아요.

말을 하지 않는 성향은 기질의 영향도 크기 때문에 부모님의 양육 태도에만 원인을 두는 건 옳지 않습니다. 그렇지만 부모님이 과도하게 아이의 감정이나 생각을 억압하진 않는지, 반대로 너무 허용적이거나 과잉보호하진 않는지를 살펴보는 것은 필요합니다. 너무 억압하더라도 아이가 얼어붙어 말하기 어렵지만, 과잉보호한다면 아이가 말하지 않아도 부모님이 미리 알아서 다 해 주니 아이의 말하지 않는 문제가 더 심해질 수 있기 때문이에요.

과하게 억압하는 부모님이면 아이의 마음을 조금 더 이해하는 쪽으로 상담을 이끌어 가고, 지나치게 허용적이고 과잉보호하는 부모님이라면 아이에게 적절한 한계를 정해 주고 아이가 스스로 하는 것의 중요성을 강조하면 좋습니다.

대략 만 10세 이후부터는 말을 하지 않는 어려움이 고착돼 바뀌기 힘들 수 있습니다. 아이가 초등학교 고학년 이상이라면 외부 치료 기관의 도움을 받도록 적극 추천해 주세요.

아이 지지하기

● **기다림과 응원으로 마음 문을 두드리세요** ●

제 첫째 아이가 초등학교 1학년 학기 초에 말하는 것을 어려워했습니다. 낯선 환경에 대한 불안과 긴장감 때문이었어요. 아이도 힘들었지만 엄마인 저도 마음이 아팠습니다. 말을 하라고 계속 요구하는 것이 아이를 더 긴장시킨다는 사실을 잘 알고 있었지만, 엄마로서 조급해지는 건 어쩔 수 없더라고요. 다행히 담임 선생님께서 아이가 조금씩 노력하는 점들을 저보다 더 잘 살펴 주었습니다. 담임 선생님은 경력이 많았지만, 겸손한 마음으로 이와 관련해 공부를 더 해서 아이가 조금이라도 편하게 학교생활을 하도록 돕겠다고 약속해 주었어요.

담임 선생님의 따뜻한 지지와 응원은 제게도 큰 힘이 되었습니다. 집에서 아이와 대화를 더 많이 하려고 노력하고, 아이가 편안하게 느낄 수 있게 애를 썼답니다.

한 달쯤 지났을까요? 아이가 어느 순간부터 편안하게 학교생활을 하고 학급 활동도 하게 되면서 서서히 말을 하기 시작했습니다.

언어적 의사소통에 문제가 없는데도 과도한 긴장과 불안으로 말하기 어려워하는 아이를 만나면 답답하고 안쓰럽습니다. 대체로 이런 아이는 성장 과정에서 자연스럽게 좋아지기도 합니다. 우리에게 필요한 건 아이의 좋은 점을 함께 볼 수 있는 여유입니다. 문제에만 너무 주목하기보다는, 아이가 지닌 다양한 모습을 발견해 가며 따뜻하게 지지하고 격려하는 것이 중요해요.

"말해, 말 좀 해 보라고!" 하며 다그쳐서는 효과를 기대하기 어렵습니다. 밖에서 망치로 아무리 때려도 깨지지 않는 아이의 굳건한 벽을 허물 수 있는 유일한 방법은 아이 스스로 그 벽을 허물고 나오는 거예요. 선생님의 따뜻한 공감과 지지는 때가 되었을 때 아이 스스로 그 벽을 허무는 힘을 갖게 해 줄 것입니다. 결국 나그네의 외투를 벗긴 것은 매서운 바람이 아니라 따뜻한 햇볕이었음을 기억해 주세요.

상담 핵심 노트

- 기질적 특성, 표현의 어려움, 말하지 않는 행동 강화, 중요한 사람과의 부정적인 관계 등이 원인이 되어 아이가 말을 하기 어려울 수 있어요.
- 말하기 어려워하는 아이에게는 일단 안전한 환경을 조성해 주세요. 그리고 나서 말하기 어려운 아이의 마음을 공감적으로 이해하고 반영해 줍니다.
- 소통 수단이 꼭 언어일 필요는 없어요. 다양한 도구로 아이의 마음을 열어 보고, 아이의 비언어적인 의사소통도 적극적으로 격려해 주세요.
- 과도한 주목은 아이를 더 긴장하게 만든다는 점을 기억하고, 연이은 질문은 삼가 주세요.

주의력 조절이 어려운 아이,
어떻게 상담하면 좋을까요?

사례 엿보기

● 한시도 가만있지 못하는 산이와 병욱이 이야기 ●

초등학교 2학년 1학기에 전학 온 산이는 수업 시간에 한시도 가만히 있지 못하고 교사의 지시를 따르지 않는다. 거기다 조금이라도 화가 나면 참지 못하고 소리를 지르거나 주먹부터 휘둘러 반 친구들과 갈등이 끊이질 않는다.

담임인 나조차 산이를 지도하기가 쉽지 않다. 잘못을 지적하면 얼굴이 빨개지면서 씩씩거리고 소리를 지르며 울거나 따지는 모습에 당황스럽다.

중2 병욱이는 수업 시간에 다리를 떨고 혼잣말을 한다. 친구들이 지적하면 화를 낸다. 보다 못한 교과 선생님도 주의를 주지만 그때뿐이고, 다시 산만한 행동으로 수업을 방해한다. 쉬는 시간에는 종이 치기 무섭게 운동장으로 달려 나가 회오리바람처럼 정신없이 뛰어다닌다. 평소에도 준비물과 교재를 제대로 못 챙기고, 기한 내에 제출해야 하는 서류를 한 번도 가져온 적이 없어서 늘상 학부모와 통화해야 한다.

병욱이를 따로 불러 이야기해 보면 자신의 잘못을 인지하고 노력하겠다고 약속하지만 전혀 개선되지 않는다. 그렇게 시간만 흐르니 이제는 내 말을 무시하나 싶은 생각이 들어 화가 난다.

충동적이거나 산만하며 친구들을 괴롭히는 행동 문제를 가진 아이는 학급의 다른 아이들에게도 영향을 미치기 때문에 선생님의 고민이 한층 깊을 수밖에 없습니다. 수업을 방해하거나 친구들에게 폭력을 가하는 행동, 욱하는 모습에 매일 같이 들려오는 아이들의 원성, 그와 관련한 학부모 민원, 동료 선생님들의 염려까지, 어디서부터 어떻게 풀어 나가야 할지 난감하지요.

이 사례에서 산이와 병욱이의 공통점은 '주의력'을 조절하는 데 어려움이 있고, 이것이 결국 수업 방해와 친구 관계 갈등으로까지 이어진다는 점입니다. 둘은 모두 '주의력 결핍 과잉 행동 장애(ADHD)'의 과잉 행동과 충동성 그리고 부주의의 어려움을 겪는 것으로 보입니다. 학교 선생님이라면 ADHD에 관해 많이 듣고 보았을 거예요. 현대 사회의 가장 유명한 진단명 중 하나지요. 유병률도 높아 스무 명 중 한 명꼴로 ADHD라고 하니, 한 학급에 평균 한두 명의 아이가 ADHD로 진단받는다고 볼 수 있습니다. 그만큼 ADHD는 학급에서 흔하게 만날 수 있는 아이의 어려움입니다.

솔직히 ADHD를 가진 아이들을 마주하면 우리 안에 여러 부정적인 감정이 올라올 수 있습니다. 해야 할 일을 지시해도 알겠다고만 할 뿐 행동은 전혀 바뀌지 않으니 '나를 무시하나?'라는 생각에 화가 날 수도 있고요. 혹은 아무리 이야기해도 소용없다는 지친 마음에 훈육이 필요한 상황에서도 눈을 감아 버리고 싶어집니다. 혼을 내고 타이르기도 하며 아이가 교실에 잘 적응할 수 있게 애써 보지만 변화가 없는 모습에 힘이 빠지고, 시간이 지날수록 화가 나고 포기하고 싶은 마음이 들면서 교사로서 자괴감을 느낄 때도 있을 거예요.

힘든 상황임을 모르지 않지만, 그럼에도 우리는 아이의 모든 행동에는 이유가 있다는 사실을 먼저 떠올려야 합니다. 어떤 문제 행동이라도 원인을 이해하면 해결에 한 발자국 더 가까워지고 화도 덜 나기 마련이지요.

• 가장 답답하고 힘든 건 아이 자신이에요 •

대개 ADHD는 여러 요인이 복합적으로 작용한 결과로 이해되지만, 주로는 호르몬이나 뇌 활동의 영향을 많이 받는 것으로 알려져 있습니다. 뇌의 특정 부위가 정상적으로 기능하지 않거나, 주의 집중, 충동 조절, 활동 수준 등에 영향을 미치는 뇌 신경 전달 물질의 불균형이 원인일 수 있지요.

특히 유전적 요소를 ADHD 발생의 주요 요인으로 꼽습니다. ADHD가 있는 아이의 부모나 형제가 ADHD를 가질 확률이 일반 인구에 비해 높고, 특정 유전자 변이가 ADHD와 관련 있다는 연구도 있어요. 한편 어린 시절 미디어에 노출된 정도, 임신 또는 출산 합병증, 양육 태도 등도 영향이 있다는 연구 결과도 있지만, 큰 영향은 미치지 못하는 것으로 알려졌습니다.

이렇듯 유전과 신경 생물학적 요인이 ADHD 발생의 주요한 원인이라면, 아이 입장에서는 자신도 알아차리지 못하는 사이에, 노력해도 안 되거나 돌아서면 잊어버리는 현상이 반복되는 셈입니다. 그러니 보는 우리도 답답하지만 사실 가장 괴롭고 힘든 건 아이 본인일 거라고 생각합니다.

● 문제 행동보다 긍정적인 행동에 주목해 주세요 ●

　주의력 조절이 어려운 아이는 보통 수업 시간에 착석이 어렵고 계속 돌아다니거나 과도하게 움직입니다. 쉽게 잘 잊어버리고, 교실 내 질서를 지키기 어려워하며, 나이에 비해 분노 조절 능력이 떨어져 충동성이 드러나는 경우도 많아요. 산이처럼 어릴수록, 충동적이고 과잉행동을 보이는 등 어려움이 수면 위로 더 잘 드러나기에 비교적 빠르게 개입해 치료를 시작할 수 있습니다. 그런데 병욱이같이 청소년기에 이르면 주의력 문제가 '부주의'나 '산만함'의 형태로 드러나기 때문에, 주변에 피해가 되지 않는다고 생각해 그냥 넘어가기 쉬워요. 하지만 청소년기에 접어든 아이가 지능에 이상이 없는데도 지시를 잘 따르지 못하고 잘 잊어버리거나 쉽게 산만해진다면 역시 주의력 조절에 도움이 필요한 상황일 수 있습니다. 아래에 해당하는지 잘 살펴보세요.

- 교실뿐 아니라 집이나 학원에서도 비슷한 문제 행동이 계속 발생한다.
- 자신이 좋아하는 활동은 지속할 수 있어도, 수업이나 숙제하기 등 연령

에 적합한 지속적인 주의력을 요하는 작업은 쉽게 포기하고 주의가 분산된다.

- 방금 들은 말도 잊어버리고, 지시를 잘 따르지 않는다는 느낌을 준다.
- 외부 자극에 의해 쉽게 산만해지거나, 사소한 일에도 쉽게 충동적인 행동을 한다.
- 여러 가지 자극 중, 선택적으로 주의를 기울여야 하는 자극에 집중하기 어려워한다.

　

물론 아이들은 학교에서 말썽을 부리고 산만하게 행동할 수 있습니다. 하지만 쉬는 시간에 정신없이 떠들고 돌아다니고 말썽을 부리더라도, 수업이 시작되었을 때 자리에 앉아서 수업을 들을 수 있다면 괜찮습니다. 문제는 수업이 시작되었는데도 여전히 의자에 앉지 못하고 산만한 행동을 보이는 것입니다.

이와 같은 어려움이 지속적으로 발생한다면 아이는 학교 상담을 넘어 전문적인 상담과 치료가 필요한 상황일 수 있습니다. 학교 내 상담 선생님과 의논해 아이가 주의 집중을 어려워하는 원인을 찾아내고 적절하게 개입하는 것이 가장 중요합니다. 그런 다음 학급에서 상담을 진행하게 되면 아래의 순서를 따라 주세요.

Step 1. 문제 행동을 바라볼 때, 아이가 일부러 그러는 게 아니라 증상임을 이해해 주세요.

아이가 일부러 선생님을 골탕 먹이려고 말을 안 듣는 게 아니에요. 제가 상담했던 한 아이는 "선생님 이야기를 들을 수 없게 하고 쉽게 잊어버리게 만드는 벌레가 내 머리에 들어 있는 것 같아요." 라며 괴로워했습니다. 누구보다 잘 듣고 주의 산만한 행동을 고치고 싶어 하는 건 아이 자신일 수 있어요.

Step 2. 문제 행동을 넘어 긍정적인 행동에도 주목하고 피드백해 주세요.

반복적인 조절 문제를 겪는 아이들이 가장 많이 듣는 말이 "안 돼.", "하지 마.", "또 시작이야?" 등이라고 합니다. 매일 지적받다 보니 어른들과의 관계가 상당히 부정적인 아이가 많아요. 자존감도 굉장히 낮고요. ADHD의 대표적인 동반 질환이 '우울증'과 '분노 조절 장애'라는 점도 이를 뒷받침합니다.

상담의 출발점은 '긍정적인 신뢰 관계 형성'입니다. 그렇기 때문에 비록 사소한 것이지만 의식적으로라도 아이의 긍정적인 행동과 모습을 짚어 내 피드백하는 것이 필요해요. 이때 중요한 점은 아이의 행동 결과보다 아이가 노력하는 과정에 주목하고 근거 있게 피드백하는 것입니다. 예를 들어 "선생님은 네가 노력하고 있는 걸 알아. 3월만 해도 수업 시간에 10분도 앉아 있기 힘들어 했는데, 지금은 수업 시간의 반을 앉아서 집중하고 있잖아? 기특하다고 생각해. 여기서 조금만 더 노력해 볼까?"라고 이야기해 주세요.

Step 3. 아이의 어려움을 공감적으로 이해하고, 학부모 상담 후 치료 기관과 연계하세요.

아이가 열심히 노력해도 안 되는 상황이라면 전문가의 도움이 필요할 수 있습니다. 조절 문제는 사회성뿐 아니라 학습 능력과도 관련 있기 때문에 시간이 지날수록 예후가 좋지 않아요. 가장 힘든 사람은 아이라는 걸 기억하고, 학부모와 상담 후 병의원이나 상담센터 등 외부 치료 기관에 의뢰해 원인을 제대로 파악하고 적절한 치료를 받을 수 있게 도와야 합니다. 이 과정에서 학교 내 '위(wee) 클래스'나 해당 지역 교육청 '위(wee) 센터'의 도움을 받는 것도 좋습니다. 하루라도 빨리 개입하는 것이 아이를 위한 길임을 기억해 주세요.

생활 지도하기 1

● 한 번에 하나씩, 전달 방법이 중요해요 ●

교사는 상담뿐 아니라 아이가 교실에서 지켜야 할 일과 해야 할 일에 관해 생활 지도를 할 때도 많습니다. 교실에서 주의력 조절에 어려움을 겪는 아이를 지도할 때, 아래의 '효과적으로 전달하기' 절차를 기억하고 있으면 분명 도움이 될 거예요.

Step 1. 전달 준비 활동을 합니다.

주의력 조절이 어려운 아이는 산만한 주변 상황에 주의가 쉽게 분산됩니다. 주변이 시끄럽고 자극적인 요소가 많다면, 잠깐 그 상황에서 벗어나 비교적 조용한 곳에서 일대일로 전달해야 합니다. 이때는 아이와 눈을 마주치고 계속해서 주의를 선생님에게 둘 수 있도록 지도해 주세요.

Step 2. 한 번에 하나씩, 긍정적으로 전달해 주세요.

주의력 조절이 힘든 아이는 여러 가지 전달 사항을 한꺼번에 들으면 기억하기가 더욱 힘듭니다. 반드시 한 번에 한 가지, 핵심 사항만 전달해 주세요. 이 아이들은 평소 "하지 마."라는 말을 많이 듣기 때문에 자존감이 낮고 위축된 경우가 많습니다. 반면 화가 가득 차 있다 보니 선생님 말에 저항하고 쉽게 화를 내기도 하지요. 이 아이들에게는 "하지 마." 대신 "~해 줘."라는 긍정적인 지시가 훨씬 효과적입니다.

Step 3. 메시지가 잘 전달되었는지 점검하고 칭찬해요.

마지막으로, 선생님이 전달한 사항을 아이가 잘 이해했는지 아이의 언어로 다시 들어보세요. 아이가 제대로 말하지 못해도 한숨을 쉬거나 면박 주지 말고, 다시 한 번 명확하게 전달합니다. 그리고 방금 들은 말을 다시 들려 달라고 요청하세요. 아이가 전달 사항을 잘 이해했다면 칭찬을 듬뿍 해 주세요.

생활 지도하기 2

● 목표 행동을 정하고 보상해요 ●

주의력 조절이 힘든 아이에게 가장 효과적이라고 알려진 심리 치료법은 '행동 치료'입니다. 행동 치료는 긍정적인 행동에 보상을 주고, 부정적인 행동에 처벌함으로써 긍정적인 행동을 강화하는 방법이에요. 수업에 방해가 되는 아이에게 교실에서 도움을 줄 수 있는 행동 수정 팁은 다음과 같습니다.

Step 1. 아이의 수준에서 목표 행동을 정합니다.

아이마다 집중할 수 있는 시간이 다릅니다. 5분만 가만히 앉아 있을 수 있는 아이에게 30분 동안 앉아 있으라는 지시는 소용이 없습니다. 아이 입장에서는 지킬 수 없는 기준이기 때문에 바로 포기해 버리지요. 이럴 때는 아이 수준에 맞게 목표 행동을 정해서 5분-10분-15분씩 점차적으로 늘려 가야 합니다.

목표 행동은 관찰과 측정이 가능할수록 좋으니, 시간과 횟수 등 구체적인 기준을 두고 아이 수준에 맞는 목표를 함께 정해 보세요. 도저히 집중하기 어려울 땐, 선생님과 아이만의 사인을 만들어 표현하게 합니다. 아이에게 잠시 쉬어 가는 시간을 주는 것도 필요합니다.

Step 2. 아이가 목표 행동을 수행했을 때의 보상을 정해요.

아무리 사소한 것이라도 목표 행동을 정하고 약속을 지켰다면 아이에게 보상을 제공합니다. 보상은 아이와 함께 정하되, 바로바로 보상을 하기보다 **'토큰 기법'**을 추천합니다. 토큰 기법은 아이가 약속한 행동을 할 때마다 스티커를 제공하고, 일정 분량의 스티커를 모으면 그에 상응하는 보상을 제공하는 방법입니다.

보상 수준도 중요합니다. 아이와 의논해 현실적인 수준에서 가능한 보상을 정해야 효과를 기대할 수 있어요. 첫 보상이 물건이나 돈처럼 물질적인 것이라면 부모님과 의논해 정하면 좋습니다. 눈에 보이는 보상도 당장은 필요할 수 있지만, 궁극적으로 지향해야 할 최고의 보상은 칭찬과 인정 같은 사회적 보상이라는 사실도 잊지 마세요.

Step 3. 계획을 세웠다면 실행합니다.

가장 좋은 계획은 아이 수준에 맞추어 융통성 있게 변화할 수 있는 계획입니다. 목표 행동에 도달할 수 있도록 함께 노력하면서, 아이에게 난이도가 너무 낮으면 조금 높이고, 난이도가 너무 높으면 조금 낮추는 식으로 조절해 나가야 하지요.

그 밖에 교실에서 아이에게 도움을 줄 수 있는 방법이 있습니다. 먼저, 되도록 아이를 선생님이 있는 곳과 가까운 자리에 앉힙니다. 또 하루를 시작하는 조회 시간에는 그날의 일정을 미리 확인하거나 스스로 일일 계획서를 작성하며 확인할 수 있도록 도와주세요. 아이에게는 규칙적이고 구조화된 환경, 예측 가능한 환경이 좋습니다.

학부모 상담하기

● 어려움에 공감하고, 전문 심리 평가를 추천해요 ●

내 아이가 어릴 때부터 충동성과 부주의함이 지속되어 왔다면 부모로서 심정이 어떨까요? ADHD 아이는 더 부정적이고 반항적이며, 더 많은 부모님의 주의를 요구합니다. 하지만 부모님은 아이의 반복적이고 빈번한 문제 행동에 좌절을 거듭하며 무기력해지고, 결국 더 적대적인 양육 태도를 취하게 된다고 합니다. 몇몇 연구는 ADHD 아이가 있는 가족이 일반 아이의 가족보다 더 높은 수준의 부부 갈등을 겪는다고 해요. 그만큼 충동적이고 부주의한 아이를 양육하는 일은 굉장한 심리적인 부담과 스트레스를 유발합니다. 부모님과 협력해 아이를 도우려면 먼저 이런 부모님의 마음과 노력을 알아주고 그에 공감하는 것이 필요해요.

다음으로는 부모님에게 정확한 심리 평가를 받아보도록 안내합니다. 이 과정에서 조심할 부분이 있어요. 선생님은 의사가 아니기에 ADHD로 확신해 부모님에게 섣불리 알려선 안 된다는 점입니다. 다만 ADHD 진단 기준 중에서 학교생활은 매우 중요한 지표이므로, 학급의 다른 아이들과 비교해 아이가 겪는 어려움을 있는 그대로 근거를 가지고 전달하면 됩니다.

이때는 평가적인 언어 대신 관찰한 내용을 있는 그대로 전달하세요. 예를 들어 "아이가 충동적이고 공격적입니다."라는 말 대신 "아이가 친구와 살짝 부딪히기만 해도 금세 화를 내고 참지 못해요."라고 말합니다. 그러다 보니 친구들도 조심스러워서 아이에게 잘 다가가지 못하고, 반에서 혼자 있는 시간이 많아 걱정이 된다고요. 무엇보다 가장 힘든 사람은 아이이기에, 전문적인 심리 평가를 통해 행동의 원인을 알고 적절한 도움을 주는 것이 필요하다고 이야기해 주세요.

때로 상담과 외부 치료 연계에 부정적인 반응을 보이는 부모님도 있습니다. 그런 경우에는 일단 어떤 마음 때문에 거부감이 드는지 질문하고 귀 기울여 들어 보세요. 예를 들어 커 가면서 자연스럽게 나아질 거라고 말하면, 물론 그럴 수도 있지만 그 과정에서 아이가 너무 힘들어 하거나 자존감이 많이 떨어질 수 있다는 점을 짚어 주세요. 아이의 문제로 고통스러워 외면하고 싶은 부모님 마음도 이해하지만, 치료 시기를 놓치면 아이에게 더 큰 어려움이 지속될 수도 있습니다.

부모님이 약물에 대한 두려움으로 검사 자체를 거부한다면, 만 6세 이상의 ADHD 아이에게 가장 효과적인 치료는 '약물 치료'임을 안내해 주세요. ADHD는 신경 생물학적 원인이 크기 때문에 약물 치료를 잘 받으면 증상이 꽤 호전됩니다. 부작용 때문에 걱정하는 부모님이 많은데, ADHD 관련 약물은 오랫동안 연구돼 왔고 믿을 만한 약물이 많아서 의사와 상의하며 아이에게 맞는 약을 찾아갈 수 있습니다. 오히려 약을 먹지 않았을 때 보이는 행동으로 계속 지적받고 비난받을수록 아이의 자존감에 더 부정적인 영향을 미칠 수 있다는 점을 알려 주세요.

부모님의 양육 태도는 ADHD 아이의 증상 관리와 발달에 중요한 영향을 미친다고 알려져 있어요. 그만큼 ADHD 아이와 관련해서는 부모님의 양육 태도가 특별히 더 중요하기 때문에 부모 상담과 코칭이 필수입니다. 이에 관해서는 선생님이 교실에서 효과를 본 경험을 나누는 것도 좋지만, 학교 내 상담 선생님이나 외부 치료 기관과 연계해 부모님이 아이를 효과적으로 도울 수 있도록 안내하는 것이 반드시 필요합니다.

'학생건강정보센터' 홈페이지에 올라와 있는 「2022년도 ADHD 자녀 이해하기 워크북(부모용)」 자료를 참고하도록 알려주세요. 이 자료를 활용하면 ADHD 아이를 이해하고 양육하는 데 도움을 받을 수 있습니다.

아이 지지하기

• 잠재된 창의력의 씨앗일 수도 있어요 •

국내 초등학생 기준으로 ADHD 유병률이 13%로 추정된다고 합니다. 초등학교 저학년을 중심으로 ADHD 아이 수가 증가하면서 교실 내 학습권 침해나 장애 학생 인권 보호 등 여러 갈등 상황과 이슈가 발생하지만, 교육 당국 차원의 별도 조사나 치료 지원이 부족한 상황이라 선생님들이 더 힘들 거라고 짐작합니다.

또한 청소년임에도 여전히 부주의하고 학습과 관계 등 생활 전반에 어려움을 겪는 자녀를 안타까워하는 부모도 많이 봅니다. 선생님도 교실에서 부주의하고 산만하며 충동적인 아이를 만나면 걱정이 앞서고 막막하지요.

그렇지만 너무 절망하지는 마세요. 역사에 큰 획을 그은 위인 가운데 ADHD를 가졌다고 추측되는 이들이 많습니다. 토머스 에디슨, 레오나르도 다빈치, 빌 게이츠 등이 그들이지요. 그러니 적절한 치료적 개입과 더불어 부모와 선생님의 적극적인 지도가 뒷받침된다면, 아이가 품고 있는 창의적인 생각과 재능이 성장 과정에서 긍정적으로 발현될 수 있다는 점을 꼭 기억해 주세요.

상담 핵심 노트

- 뇌신경 전달 물질의 불균형, 유전적 요인 등 신경생물학적 요인이 ADHD의 주요 원인으로 꼽혀요.
- 가장 괴롭고 힘든 사람은 당사자 아이임을 기억해 주세요.
- 문제 행동을 바라볼 때, 아이가 일부러 그러는 게 아니라 증상임을 이해합니다. 또 문제 행동을 넘어 긍정적인 행동에도 주목하고 피드백해 주세요.
- 주의력 조절이 어려운 아이에게는 전하고 싶은 말을 한 번에 하나씩 이야기하세요.

등교를 거부하는 아이,
어떻게 도울 수 있을까요?

사례 엿보기

• 분리 불안으로 등교를 거부하는 지인이 이야기 •

10살 지인이는 아침마다 불안한 듯 고개를 떨구고 울먹이며 교실로 들어온다. 3월 학기 초에는 교문 앞에서 엄마 옷자락을 잡고 늘어져 한참 실랑이를 벌이곤 했다. 교감 선생님, 상담 선생님 모두 달려 나와 아이를 달래 봤지만 헛수고였다.

그래도 4월이 되니 엄마와의 실랑이 시간도 줄어들고, 느린 걸음이지만 교실로 들어오려고 한다. 하지만 여전히 심하게 위축된 표정이다. 머리나 배가 아프다고 자주 호소하며, 집에 가고 싶다고도 한다. 혹시 건강에 이상이 있나 염려되어 부모님과 상담을 진행했는데, 병원에서는 아무런 이상이 없다고 했단다.

지인이는 밤마다 가족과 헤어지거나 나쁜 사람에게 공격 당하는 악몽을 자주 꾼다고 한다. 그러다 보니 매일 밤 자주 깨고 엄마 옆에서 떨어지지 않으려 한다는 것이다. 등교 때마다 교문 앞에서 지인이를 어르고 달래는 어머니가 많이 지쳐 보인다.

선생님 주변에도 지인이처럼 등교를 힘겨워하는 아이가 있나요? 두통이나 복통을 호소하며 조퇴나 지각을 반복하는 아이는요?

이런 반응이 등교 거부로 이어질까 봐 걱정돼 상담을 진행하고, 학교에 잘 나오자고 약속도 해 보지만, 계속해서 결석하는 아이를 마주하면 난감합니다. 부모님과 협력해 아이를 지도해 보려 해도, 부모님도 도대체 어떻게 해야 할지 모르겠다고 하소연하지요.

이렇게 막막한 상황에 놓이면, 교실에서의 일들이 주마등처럼 머릿속을 스쳐 갑니다. 내가 지도하는 방식이 잘못되었나, 학급 분위기에 문제가 있는 건가, 자책 어린 반성도 들고요. 하루 중 많은 시간을 보내는 학교가 아이들에게 즐겁고 행복한 공간이면 좋겠는데, 등교를 거부하는 아이에게는 학교가 견디기 힘든 무겁고 답답한 곳이겠다는 생각이 들어 안타깝습니다.

최근 들어 학교 현장에는 학교 부적응 문제가 여러 양상으로 드러납니다. 학교 폭력, 자해, 자살 같은 위기 문제뿐 아니라, 학교에 가지 않고 집에 머무는 아동과 청소년이 많아지는 추세입니다.

대한민국 헌법 제31조는 '모든 국민은 그 보호하는 자녀에게 적어도 초등교육과 법률이 정하는 교육을 받게 할 의무를 진다.' 라고 규정해 놓았습니다. 현재 우리나라에서는 「교육기본법」 제8조에 따라 중학교까지 의무 교육을 실시하고요. 이처럼 아이들이 학교를 다니는 것은 기초 학문 교육, 사회적 기술 발달, 규칙과 규율 학습 등 다양한 이유로 매우 중요합니다. 그럼에도 등교를 거부하는 아이들이 점점 늘고 있어요. 아이가 등교를 거부하는 경우, 적절한 조치가 취해지지 않으면 학업 중단으로 이어질 수 있어 최대한 빨리 개입하는 것이 좋습니다.

아이 이해하기

● 아동과 청소년의 등교 거부 원인이 달라요 ●

등교 거부는 왜 일어날까요? 아동과 청소년으로 나누어, 각각의 등교 거부 양상과 원인을 생각해 보겠습니다.

먼저 아동의 경우에는 앞서 지인이 사례처럼 엄마나 주요 양육자와 떨어지는 것이 두려워 등교를 거부하고, 억지로 학교에 보내면 조퇴해 돌아오기를 반복합니다. 학교에 가기 싫다고 말하지 못하는 아이라면 몸이 아프다며 신체 증상을 호소하기도 합니다. 부모님 입장에서는 선생님이 무섭거나 학교 수업이 어렵거나 또래들과 어울리지 못해서 혹은 괴롭힘을 당해서 아이들이 등교를 거부한다고 생각하기 쉽습니다. 그래서 교사와 학부모 사이에 오해가 생기고 큰 문제로 불거지기도 하지요. 하지만 세밀하게 살펴보면 많은 경우 아이들은 중요한 대상(부모 혹은 양육자)과 떨어지기 힘들어 등교를 거부합니다.

전에는 등교를 거부하는 아이를 두고 '학교 공포증(school phobia)'이나 '등교 거부증(school refusal)' 등의 용어를 사용했는데, 최근에는 심리적 원인이 있을 경우 '분리 불안 장애(separation anxiety disorder)'의 증상으로 등교 거부가 발생한다고 보고 있어요.

분리 불안 장애는 12세 미만 아동에게 흔히 발생하는 불안 장애 중 하나로, 부모의 과보호적인 양육 태도나 가족 또는 반려동물의 죽음, 부모의 질병이나 치료, 이사나 전학 같은 사건으로 인해 발병할 수 있습니다. 트라우마적인 상황을 적절히 해소하지 못할 때 아이는 특정 자극이 없는 상황에서도 지나친 불안에 휩싸일 수 있습니다. 가령 자신이 사랑하고 의지하는 부모에게 교통사고나 재난이 발생해 다시 보지 못할 것 같은 불안 때문에 부모로부터 떨어질 수 없는 거지요.

물론 이는 아이가 타고난 기질의 영향일 가능성이 높아요. 분리 불안 장애를 가진 아이 대다수가 어릴 때부터 수줍음이 많거나, 낯설고 새로운 상황에 잘 적응하지 못하는 모습을 보이기도 합니다. 그러니 학교뿐 아니라 친구 집이나 낯선 곳에 가는 것도 아이에게는 어려운 일이지요. 나이가 어릴수록 아이는 자신의 심리적인 불안을 말로 표현하기 어려워 메스꺼움, 두통, 복통 등의 신체 증상을 호소하고, 부모와 헤어져야 하는 등교 시간이 되면 심하게 저항하고 아침마다 전쟁을 일으킬 수 있습니다.

아이의 등교 거부를 살필 때 주의할 점이 있어요. 새 학기에는 아이들이 낯선 환경에 적응하느라 일시적으로 등교 거부 증상을 보이기도 합니다. 그러니 새 학기 동안에는 여유를 가지고 좀 더 지켜보기를 권합니다. 새 학기가 지나 다른 아이들이 어느 정도 적응해 가는데도 여전히 4주 이상 등교 거부 증상이 지속되면 분리 불안 장애를 고려해 보세요.

다음으로, 청소년의 등교 거부는 청소년 초기에 주로 발생합니다. 청소년 초기에는 뇌 발달이 미성숙해 다양한 인지, 정서, 행동적인 어려움이 폭발적으로 일어날 수 있습니다. 물론 이 시기에도 무의식적으로 부모의 관심과 돌봄을 받고 싶어서 신체적 고통을 호소하며 등교를 거부할 수도 있어요.

또는 관계의 어려움이 원인이 되기도 합니다. 가정 내의 어려움에 따른 불안과 무기력으로 등교를 거부하기도 하고, 학교에서 또래 관계의 어려움 때문에 등교를 거부하는 아이도 많습니다. 특히 요즘은 한 반에 소수의 아이들이 생활하다 보니, 같이 놀던 무리에서 갈등이 생겼을 때 다른 무리에 섞이지 못하고 자신이 설 곳을 잃어버리면서 학교에 나오는 것을 두려워할 수 있어요.

이 밖에 교사와의 갈등, 학업에 대한 부담감과 학업 스트레스로 인해 등교를 거부하는 경우도 많습니다. 이처럼 청소년의 등교 거부는 아동에 비해 원인이 다양하기 때문에 상담을 통해 더 면밀한 평가를 진행할 필요가 있습니다.

아이 상담하기

• 학교에 '안전 기지'를 만들어 주세요 •

분리 불안 때문에 등교를 거부하는 아이를 상담할 때 핵심은 가능한 빨리 교실을 안정적인 공간으로 인식할 수 있게 돕는 것입니다. 그 첫 단추는 선생님의 작은 관심과 애정일 수 있습니다. 끊임없이 불안해하고 뾰로통해 있는 아이에게 계속해서 지지를 보내고 위안과 격려를 제공하면, 아이는 더디지만 조금씩 교실을 안전하다고 느끼게 될 거예요. 며칠간 등교하지 않던 아이가 등교했다면 반갑게 인사를 건네고 용기를 북돋아 주세요.

우리 반 아이 하나하나에 온전히 관심을 쏟기란 참 어려운 일임을 잘 압니다. 때론 지치고 부담도 되지만, 특히 어린 아동일수록 학교에서 부모가 아닌 또 다른 애착 대상이나 **'안전 기지'(safe zone)'**가 생기면 등교 거부 증상이 줄어들 수 있어요. 안전 기지는 아이가 주변 환경을 탐색하고 배우는 과정에서 심리적 안전감을 제공하는 주요 애착 대상을 의미해요. 아이는 이 안전 기지를 통해 외부 세계를 탐험할 수 있는 자신감을 얻고, 필요할 때는 안전 기지로 돌아와 위로와 안정을 찾을 수 있어요.

선생님 혼자서 지도하기 어렵다면 학급 아이들과 함께 등교 거부 아이를 도울 방법을 찾아 보세요. 선생님뿐 아니라 반 아이들이 등교 거부 아이에게 인사를 건네거나 관심을 가질 수 있도록 개입하는 것도 좋습니다. 학급에 또래 상담자나 친화력이 좋은 아이가 있다면 등교를 거부하는 아이에게 연락을 취하거나 작은 관심을 표현하도록 도움을 요청해도 좋아요.

이제 본격적으로 등교 거부 학생을 상담하는 방법을 알아볼까요?

Step 1. 아이의 마음을 궁금해하며 다가가 보세요.
먼저 '나는 아무것도 모른다.' 는 자세로 아이의 이야기에 오롯

이 귀 기울일 준비를 해야 해요. 공감적으로 다가갈 때, 아무것도 알지 못한다는 겸허한 태도로 다가갈 때, 아이의 이야기가 더 잘 들립니다.

아이가 이야기를 하고 싶어 하지 않으면 끄적끄적 그림으로 대화를 이어 나가도 좋아요. 어린 나이일수록 그림으로 자신의 마음을 표현하거나 인형을 가지고 이야기를 나누는 것도 효과적입니다.

Step 2. 등교를 거부하는 원인을 탐색해 보세요.

아이의 가족, 친구 관계, 학교생활 등을 조심스럽게 물어 나가며 등교 거부 원인을 탐색합니다. 일상생활에 관해 듣던 중 자연스러운 분위기에서 "○○는 학교에 오기 힘든 이유가 뭘까?" 하고 물으면 아이들은 이런저런 이야기를 풀어놓을 거예요. 이 과정에서 등교 거부에 영향을 미치는 문제 영역을 파악할 수 있고, 학교에서의 스트레스와 불안을 줄일 방법을 찾을 수 있습니다.

교실에 들어오는 것이 어색하고 무섭다고 말하면, 아이가 좋아할 만한 것들을 찾아 활용해 보세요. 예를 들어 아이가 좋아하는 친구가 있다면 그 친구 옆에 앉힙니다. 또는 그림 그리기를 좋아하는 아이라면 그림을 그릴 수 있는 도구 등을 가까이 비치해 쉬는 시간에 언제든지 사용할 수 있게 해 줍니다.

Step 3. 분리 불안에 대처할 수 있는 방법을 찾아요.

마지막으로, 불안에 효과적으로 대처하는 방법을 찾아봅니다. 교실과 학교, 선생님과 친구들이 안전하다는 느낌을 지속적으로 제공하는 거예요.

불안이 올라올 때는 풍선 불기 등을 통해 호흡을 천천히 내뱉고 들이마시는 연습을 합니다. 학교에서 안정감을 느끼고 마음을 열기 시작한다면 아이는 조금씩 더 자주 학교에 나오기 시작할 거예요. 그럴 때 수업 태도 등에서 아주 작은 변화나 장점을 찾아 꾸준히 칭찬하는 것도 좋습니다.

학부모 상담하기

• 아이의 긍정적 자원을 찾는 데 가정의 협조가 필수예요 •

분리 불안으로 인한 등교 거부 상담의 핵심은 부모 교육과 상담을 병행하는 것입니다. 분리 불안으로 아이뿐 아니라 부모님도 고통을 경험하기 때문이에요. 부모님이 겪을 고통에 충분히 공감하고, 함께 협력해 아이의 긍정적 자원을 찾아 나가야 합니다. 선생님은 학교생활 중에 발견한 아이의 긍정적인 면을 떠올리며 협력자로서 최선을 다해 주세요.

부모님과 협력해 아이가 등교를 거부하지 않고 출석할 때마다 스티커 판에 스티커를 모아 보세요. 이런 '토큰 기법'을 활용해 출석이라는 행동을 강화해 갈 수 있어요. 예를 들어 일주일 동안 등교 일수를 아이와 함께 약속해서 정해 봅니다. 그리고 아이가 학교에 등교할 때마다 아이가 좋아하는 작은 간식 등으로 보상하고, 집에서는 아이가 좋아하는 게임 또는 주말에 부모님과 노는 시간 늘리기 등으로 보상해, 등교를 할 때마다 즐겁고 흥미로운 일이 생긴다는 인식을 심어 주는 것입니다. 필요한 경우에는 학교나 교실까지 부모님이 일정 기간 동행해도 좋습니다.

등교 거부 아이가 청소년이라면, 또 여러 복합적인 문제가 원인이 되어 등교 거부로 이어진 상황이라면, 위의 방법과 함께 반드시 전문 상담자의 도움을 받도록 연계하는 것이 필요합니다. 상처가 깊을수록 더 긴 시간 동안 집중적으로 심도 있게 개입하고 도와야 하지요.

부모님과 함께 아이의 등교 거부 원인에 관해 충분히 이야기를 나누고, 어떻게 도움을 줄 수 있을지 구체적으로 상의해 보길 바랍니다. 청소년기에 많이 발생하는 학업 중단에 관해서는 위기 상담을 다루는 Part 2의 '질문 15'에서 더 자세히 살펴보겠습니다.

아이 지지하기

● 환한 인사와 미소로 아이를 맞아 주세요 ●

등교 거부 학생을 상담할 때면 제 둘째가 생각납니다. 초등학교에 입학한 지 일주일쯤 지났을까요? 신나게 웃고 수다를 떨며 교문 앞에 도착했는데, 아이가 갑자기 제 손을 꼭 잡고 놓아주지 않았어요. 교실로 들어가야 한다고 재차 이야기하자, 눈물까지 글썽이며 세상에서 가장 무거운 한 걸음 한 걸음을 내디뎠습니다. 일단 교실 앞까지 동행해야겠다는 생각이 들어 아이 손을 잡고 교실 복도까지 걸어갔어요.

"이제 진짜 헤어져야 해. 우리 다섯 시간 뒤에 다시 만나자."라고 해도 아이는 미동도 없이 꼭 잡은 손을 놓지 않았어요. 머릿속에선 학교에서 무슨 일이 있었는지 아니면 선생님이 무서워서 그러는지 온갖 의문이 떠올랐지만 일단은 침묵했습니다. 아이를 동요시키면 교실에 들어가기 더 힘들어지고, 엄마의 불안한 표정이 아이를 더 불안하게 만들 것 같았거든요.

"이제는 우리가 헤어져야 할 시간~ 다음에 또 만나요~" 노래를 부르며 들어가야 한다는 사인을 보내는데, 때마침 담임 선생님이 그 장면을 보고 복도로 달려 나왔습니다. 선생님은 아이와 반갑게 인사를 나눈 뒤 저 대신 아이 손을 잡고 교실로 들어갔답니다. 선생님이 빛나는 구원자처럼 여겨졌습니다.

아이를 그렇게 교실로 보내고 하루 종일 걱정했지만, 다시 만난 아이는 환하게 웃고 있었습니다. 나중에 아이에게 들어 보니 주말 동안 온전히 엄마, 아빠와 시간을 보냈기에 특히 월요일에는 학교가 낯설고 무섭더랍니다. 그래도 친절한 담임 선생님 덕분에 용기를 낼 수 있었다고 해요. 선생님의 환한 웃음과 인사가 아이에게 안정감을 준 것이지요.

어른인 우리도 매일 출근하는 학교가, 내 공간이라고 여기는 교실과 교무실이, 무섭고 낯설 때가 있잖아요. 그러니 아직 어린 아이들은 오죽할까요? 세상으로 내딛는 아이의 발걸음이 더 이상 무섭지 않도록 어른인 우리가 더 보듬어 주고 안아 줘야겠습니다.

상담 핵심 노트

● 새 학년, 새 학기에는 낯선 학교 환경에 적응하느라 등교 거부가 생길 수 있어요.

● 분리 불안으로 등교를 거부하는 아이에게 선생님이 안전 기지가 되어 주세요.

● 등교를 거부하는 아이가 교실에서 좋아하는 것을 찾아 흥미를 가질 수 있도록 지원해 주세요.

🖊 동적 학교 생활화(KSD) 그림 검사

동적 학교 생활화(KSD, kinetic school drawing) 그림 검사를 통해 아이의 학교생활을 엿볼 수 있습니다. 아이가 학교에서 만나는 친구와 선생님과의 상호 관계나 학교생활에서의 보호 요인, 어려움 등을 파악할 수 있어요. 그림 검사를 실시하고 이야기를 나눈다면 등교를 거부하는 아이들의 숨겨진 내면이 드러날 수 있습니다. 다만 아이가 그린 그림은 아이의 심리 상태 진단용이 아닌 상담 자료로 활용하기를 추천합니다.

준비물	A4 용지, 4B 연필, 지우개
활동 방법	① 선생님(상담자)의 지시 사항에 따라 그림을 그리도록 합니다. **(지시 사항)** "자신을 포함해서 선생님과 한 명 이상의 친구가 학교에서 무언가 하고 있는 그림을 그려 보세요. 사람을 그릴 때는 만화나 막대기, 졸라맨 같은 모습이 아닌 완전한 사람 형태로 그려 주세요." ② 종이 방향은 가로든 세로든 아이가 자유롭게 선택하도록 하며, 시간을 제한하지 않습니다. ③ 그리는 도중 아이가 "그림을 잘 못 그려요.", "뭘 그려야 해요?" 등을 질문해도 특별한 단서를 제공하지 않고 그리고 싶은 대로 그리라고 안내합니다. ④ 이때, 선생님은 아이가 그림을 그리는 순서, 과정, 행동 등을 관찰합니다. ⑤ 그림이 완성되면 그림을 그린 순서와 그림 속 인물이 누구며, 그 사람이 무엇을 하고 있는지 질문하고 기록합니다. **(질문 예시)** "학교에서 무엇을 하고 있는 장면인가요?"

| 활동 방법 | "(그림 속 인물을 가리키며) 이 사람은 무얼 하고 있나요?", "나와의 관계는 어떤가요?"<br>"나는 어디에 있나요? 학교에서 나는 주로 무엇을 하나요? 나의 기분은 어떤가요?"<br>"그림을 그리고 난 뒤 기분이 어떤가요?"<br>"학교생활에서 즐거울 때는 언제인가요?"<br>"학교생활에서 어려운 부분은 어떤 것인가요?"

그림을 함께 보며 위의 질문으로 이야기 나누는 동안 아이의 학교생활을 탐색해 봅니다. 이를 통해 아이가 경험하는 학교생활의 문제점(등교 거부 원인 등)을 파악하고, 친구와의 관계, 선생님과의 관계, 학교생활에 관해 파악할 수 있어요. 또 학교에서의 지지 자원을 발견하고 이를 강화하는 방안을 모색할 수 있습니다. |

감정 조절이 힘든 아이,
때로는 두려움이 올라와요.

사례 엿보기

● 갑자기 버럭 화를 내는 지호 이야기 ●

우리 반 지호는 활발하고 씩씩한 아이다. 운동도 잘하고 수업 시간에도 적극적으로 참여한다. 평상시에는 유머러스하고 친근해 아이들도 잘 따르는 편이다. 하지만 한순간 화가 나면 걷잡을 수 없이 화를 내고 소리를 지른다.

시간이 흐를수록 분노를 참지 못하고 주변 물건을 집어던지거나 친구와 치고받는 행동까지 하니 난감하기 그지없다. 급기야 최근에는 복도에서 부딪힌 아이의 멱살을 잡아서 학교 폭력 문제로까지 확대되었다.

반 아이들은 지호를 이제 '분노장(분노 조절 장애의 줄임말)'이라고 놀린다. 그럴수록 지호는 심한 욕설을 내뱉는다. 내가 애써 지도해도 틱틱거리기 일쑤다. 얼마 전에는 싸움을 말리려던 선생님을 향해 욕설까지 내뱉었다고 하니, 혹여 내게도 공격적인 언행을 할까 두려워 출근하는 발걸음이 무겁다.

지호처럼 예상치 못한 순간에 격렬하게 씩씩거리고 폭력을 행사하는 아이를 지도하는 선생님은 두려울 수밖에 없습니다. 최근에는 친구뿐 아니라 선생님을 폭행한 아이에 관한 기사도 종종 접하지요.

모 지역 초등학교 3학년 교실에서 선생님이 수업 시간 중 특정 행동을 반복하는 아이를 훈계했다가 폭행 당해 골절상을 입은 사건이 있었습니다. 수업 도중이라 학급 아이들이 모두 그 장면을 목격했고, 한 아이가 보다 못해 동료 선생님을 불러오면서 폭력을 행사한 아이는 교실에서 분리되었습니다. 폭행 당한 선생님은 매일 밤 악몽을 꾸고, 학교로 돌아갈 수 있을지 모르겠다며 괴로움을 호소한다는 기사를 보았어요. 아이에게 폭력과 폭언을 당한 선생님 마음이 오죽할까요. 현장을 목격한 아이들의 고통까지 헤아리며, 몸도 마음도 굉장히 고통스러우리라 생각됩니다.

때론 포기하고 싶은 마음이 굴뚝 같지만 차마 포기할 수 없는, 쉽게 분노하는 아이들. 이 아이들을 어떻게 이해해야 할까요?

• 분노는 인간에게 필요한 감정이에요 •

우리가 흔히 경험하는 감정에는 기쁨·즐거움, 슬픔, 불안, 분노 등이 있어요. 이 감정들은 우리가 살아가는 데 필수적입니다. 좋은 감정이 있고, 나빠서 없애 버려야 하는 감정이 따로 있는 건 아니에요. 감정은 그 자체로 삶의 일부라 볼 수 있습니다. 그중 '분노'라는 감정은 불쾌한 기분 가운데서도 제일 격한 감정입니다. 분노는 '화가 난다.' 또는 '성이 난다.'고 표현되는, 노엽거나 언짢아 달아오르는 불쾌하고 불편한 정서지요. 그러나 분노는 위험한 상황에서 나를 지킬 수 있는 힘을 주기 때문에 한편으로는 유용한 감정이기도 합니다.

한편 분노와 비슷한 용어로 사용되는 것이 '공격성'이에요. 친구가 나를 자극하거나 놀릴 때, 또는 내 맘대로 되지 않을 때, 화가 나거나 분노하는 감정이 나타날 수 있습니다. 그런데 분노를 자주 경험하다 보면 주변 친구나 심지어 선생님에게까지 분노를 공격성으로 표현할 수 있어요. 공격성은 다른 사람에게 손상을 입히고 불쾌감을 주기 때문에 명백히 해로운 사회적 상호 작용입니다.

즉, 분노라는 감정 자체는 누구나 경험하는 것이고 다른 사람에게 해를 입히진 않지만, 공격성은 주변에 피해를 줄 수 있는 행동적 요소도 포함되기에 분노와 공격성은 다른 개념으로 이해되어야 합니다.

간헐적으로 폭발하듯 공격성을 표출하는 아이라도 지호처럼 평소에는 애교가 많고 인사를 잘하는 아이인 경우도 많습니다. 선생님이 보기에는 저렇게까지 화낼 일이 아닌데 심하게 분노하고 더 나아가 공격적인 행동을 하는 아이를 마주하면 도대체 왜 그럴까 궁금할 거예요. 지금부터 그 이유를 하나씩 살펴보겠습니다.

아이 이해하기 2

● 분노 조절을 어렵게 만드는 원인이 있어요 ●

전기 회로의 퓨즈가 나가듯, 뇌에 이상이 생긴 것처럼 발작하듯 화를 내는 아이를 어떻게 이해할 수 있을까요?

먼저, 기질적으로는 안드로겐(androgen, 남성 호르몬이나 이와 비슷한 생리 작용을 갖는 물질) 수치가 높은 호르몬 요인이 원인일 수 있고, 유전적 취약성으로 인해 스트레스 통제력이 낮기 때문일 수도 있습니다. 또 가정에서 화가 날 때 분노를 조절하도록 돕는 적절한 양육을 받지 못했을 가능성도 있습니다. 가정 내 불화, 부모와의 빈

번한 갈등, 부모와의 원치 않은 분리 등에서 오는 스트레스가 쌓여서일 수도 있고요. 아이가 기질적으로 자기주장과 독립성이 강한데, 부모 역시 아이를 통제하고 지배하려는 성향이라면 계속 부딪칠 수밖에 없겠지요. 이런 상호 작용이 반복되면 가정에서의 스트레스가 학교와 같은 외부 상황에서 쉽게 분노나 공격성으로 표출될 수 있습니다.

한편, 분노 감정은 사고와 연관 지어서도 생각해 볼 수 있어요. 누구나 그렇듯 화가 나면 머릿속이 극단적이고 위험한 생각으로 가득 찹니다. 하지만 대부분 화를 적절히 조절해 나가지요. 그런데 분노를 잘 조절하지 못하는 아이는 상황을 잘 판단하고 사회적으로 수용 가능한 분노 처리 방법을 선택하기보다, 주먹을 휘둘러 다른 사람을 공격하거나 물건을 부서뜨리는 등의 행동을 하게 됩니다.

정신의학자 프랭크 미너스(Frank Minirth)는 "분노는 무시당하거나 자신이 무가치한 존재로 취급될 때 폭발한다."고 말합니다. 한창 자라나는 아이들은 존중과 수용 욕구가 강합니다. 그래서 자신이 존중받고 수용받는지에 대해 예민하게 반응하고, 자신의 가치나 욕구, 더 나아가 자신의 존재가 인정받지 못하고 거부당한다고 느끼면 화를 낼 수 있어요.

분노를 잘 못 참는 사람의 뇌를 살펴보면 감정을 담당하는 편도체가 과도하게 활성화되어 있다고 합니다. 이를 의학적으로는 '편도체 납치(amygdala hijack)'라고 부릅니다. 불안과 두려움으로 지나치게 활성화된 편도체가 이성적인 판단과 명령을 담당하는 전전두엽의 기능을 억제해, 현실을 직시하지 못하는 상태가 되어 버리는 거지요. 뇌 기능적 측면에서는, 이성적인 뇌가 마비되었기 때문에 분노가 조절되지 않는 것은 정상이라고 볼 수 있습니다.

특히 사춘기 때는 생물학적으로 분노 조절이 여의치 않습니다. 사람의 뇌는 완성된 채로 태어나는 것이 아니라 성장 과정을 통해 끊임없이 변화하면서 점차 안정된 신경 회로를 완성해 나갑니다. 뇌의 부위 중 전전두엽은 행동을 계획하고 충동을 조절하는 기능을 한다고 알려져 있는데, 청소년기에는 감정과 행동을 조절하는 전전두엽의 기능이 아직 완성되지 않았기에 충동적인 행동을 보일 가능성이 높은 것이지요.

그런데 똑같은 상황에서도 어떤 사람은 화를 내고 어떤 사람은 화를 내지 않습니다. 작은 자극에도 쉽게 화를 내는 사람, 심한 자극에도 좀처럼 분노하지 않는 사람을 만난 적이 있을 거예요. 이들은 어째서 똑같은 상황에 다르게 반응할까요?

사실 '화'라는 감정은 화를 일으키는 외부 사건이나 상황(친구가 욕을 하거나, 지나가다 다른 반 학생과 어깨를 부딪히거나)에 의해서도 일어나지만, 이 상황을 해석하는 내면의 소리에 의해서도 유발됩니다.

즉, 화를 일으키는 상황을 아이들이 어떤 마음과 어떤 생각으로 받아들이는가에 따라 분노의 모습이 달라지지요.

앞서 지호 사례로 돌아가 볼까요? 학교에서는 아이들이 좁은 복도를 오가다 '어깨빵' 때문에 싸움이 일어나는 경우가 잦습니다. 이때 지호가 '저 자식이 날 일부러 친 거야. 나한테 시비를 거는 게 분명해.' 또는 '저 자식이 나를 무시하는 거야.'라고 생각하면 어떻게 될까요? 점점 분노가 커지겠지요. 1에서 시작한 화가 10을 훌쩍 넘어서면 "야, 이 자식아!" 하고 욕설이 나가면서 주먹 다툼을 하게 됩니다.

이번엔 같은 상황에서 지호가 '우연히 부딪혔겠지. 날 치려는 의도는 없었을 거야.'라고 생각하면 어떨까요? 부딪힌 순간에는 짜증이 날 수 있지만, 분노가 용암처럼 마구 치솟진 않을 거예요. 아무 말 없이 지나쳐 가거나 "조심하자!"라고 말하면서 웃어넘길 수 있습니다.

이 사례만 살펴봐도 분노를 조절하는 데 있어 상황을 어떻게 생각하고 해석하느냐가 얼마나 중요한지 알 수 있습니다.

● **분노 행동을 대체할 행동을 함께 찾아봐요** ●

씩씩거리며 화를 내는 아이와 함께 상담을 진행하는 것은 여간 어려운 일이 아닙니다. 이럴 땐 스노 볼(snow ball)을 떠올려 보세요. 스노 볼을 흔들면 요란스럽게 눈꽃이 흩날리는 걸 볼 수 있습니다. 하지만 시간이 지나면 언제 그랬냐는 듯 눈꽃이 바닥으로 가라앉는 것처럼, 아이의 화도 시간이 흐르면서 조금씩 가라앉습니다. 아이의 화가 진정될 때까지 기다렸다가 다음과 같이 상담을 시작해 보세요.

Step 1. 아이의 감정을 읽어 주고 공감해요.

먼저 아이와 좋은 관계를 맺어야 합니다. 분노를 쉽게 느끼는 아이는 "넌 왜 그렇게 화를 잘 내니? 좀 참아 봐."라는 말 등으로 지적당하고 비난받으며, 부정적 피드백을 경험한 적이 많을 거예요. 그러니 선생님이 자신을 도우려고 할 때조차 도움을 준다고 생각하기보다 자신을 혼내려 한다거나 자신을 싫어한다고 느낄 수 있습니다. 이때는 먼저 아이가 왜 화가 났는지 들어 주고, 아이가 느낀 분노를 이해하고 공감해 주는 것이 필요해요.

상담의 첫 단계에서는 우선 아이의 행동과 분노 표현을 고치려하기보다 아이가 '왜 화가 났는지'에 관심을 가져야 합니다. 분노를 쉽게 느끼는 아이들은 상황을 왜곡해서 인식하는 경우가 많아서 선생님으로서는 공감하기 힘들 수 있어요. 그럼에도 불구하고 아이의 이야기를 먼저 듣고 아이의 심정에 공감하려고 노력해야 합니다.

예를 들어 지호가 친구를 주먹으로 때린 상황이라면, 먼저 무슨 일인지 물어봅니다. 친구가 자신의 어깨를 쳐서 화가 나서 때렸다고 하면, 우리는 흔히 "친구가 조심하지 않고 어깨를 친 것은 잘못이지만 때리는 건 안 좋은 행동이야."라며 곧장 행동을 교정하려 듭니다. 이때, 한 템포만 늦춰 보면 어떨까요? 친구가 어떻게 자신을 치게 되었는지 상황을 묻고, 지호의 생각과 기분을 물어보는 거예요. 지호가 너무 화가 나고 자신을 무시해서 이런 일이 반복된다고 대답한다면 "친구가 나를 일부러 치고 갔다고 생각하면 정말 화가 나겠구나.", "한두 번도 아니면 정말 화가 나겠구나."라며 아이의 감정에 공감해 줍니다.

Step 2. 이제 행동에 한계를 정해 주세요.

앞서 감정을 공감했다면 이제 행동에 한계를 정하는 것이 필요합니다. 다시 강조하지만, 개입에서 중요한 건 '순서'입니다. 행동 교정을 서두르지 말고 아이 마음에 충분히 공감한 뒤 행동을 제한해 주세요.

"선생님이 들어도 지호가 화가 날 만해. 그런데 화가 난다고 친구의 멱살을 잡거나 친구를 때린다면 어떤 일이 벌어질까?"라며 이후에 벌어질 상황을 예측해 보는 것도 좋습니다. 아이가 "몰라요."라거나 "화가 났다니까요."라고 한다면, 그 자리에서 바로 대답을 들으려 하지 말고 화를 좀 가라앉힌 뒤 생각해 보도록 기다려 주세요. 이런 과정을 통해 아무리 화가 나도 주먹으로 친구를 때리거나 멱살을 잡는 행동을 해서는 안 된다고 한계를 정해 줄 수 있답니다.

Step 3. 아이의 비합리적 사고를 찾아봅니다.

이제 자신의 생각 때문에 더 화가 난 건 아닌지, 아이가 자신의 사고 과정을 탐색해 보도록 안내합니다.

앞서 살펴본 것처럼 분노는 '나에게 닥친 상황'보다 상황에 대한 '비합리적인 생각' 때문일 경우가 더 많아요. '친구가 날 무시해서, 친구가 날 만만하게 봐서' 등은 아이의 기분에 따른 판단과 생각일 수 있습니다. 이를 비합리적 생각으로 볼 수 있는데, 현실적으로 이치에 맞지 않고 자신의 목표 달성에도 도움이 되지 않습니다. 화가 난 상황에 대한 아이의 해석이 대부분 비합리적인 생각으로 흘러간다면 이에 관해 논박하고 점검하는 과정이 필요해요.

공격 행동의 방아쇠 역할을 하는 트리거(trigger) 생각 단계에서 발생하는 비합리적 사고에는 어떤 것이 있을까요? 비합리적 사고의 예로는 '쟤는 항상 저랬어.(과잉 일반화)', '늘 나한테만 그래. 도대체 왜 나만 못살게 굴어?(개인화)' 등이 있습니다. 또 폭력에 대한 왜곡된 인지로는 '친구들은 힘으로 제압해야 해.', '주먹을 쓰는 게 세상을 사는 방식이지.', '참는 건 바보 같은 일이야.', '무슨 일이든 약한 모습을 보여선 안 돼.' 등이 있습니다. 특히 자신이 가진 힘을 드러내 보이려고 애쓰는 사춘기 남학생들은 이런 생각에 사로잡히기도 해요.

그렇기 때문에 아이들이 자신의 생각을 지혜롭게 지킬 수 있도록 돕는 게 중요합니다. 분노를 느꼈을 때라도 생각이나 감정, 행동 등을 스스로 선택할 수 있다고 알려 주고, 자신의 감정과 행동을 조절해 보자고 제안해 보세요.

Step 4. 화가 났을 때의 대처 방법을 찾아요.

많은 연구가 감정과 생각, 행동이 서로 연결되어 있다고 말합니다. 선생님도 화가 났을 때 천천히 호흡하는 동안 마음이 가라앉는 경험을 했을 거예요. 또는 노래를 부르는 행위에 집중하다 보니 화난 감정이 희석된 적도 있을 테고요. 이렇게 감정, 생각, 행동은 서로 연결되어 있기 때문에, 화를 가라앉히기 위해서는 몸을 편안하게 만들어 편안한 감정이 따라오게 하거나, 거꾸로 화나는 생각을 바꿈으로써 기분을 편안하게 만들 수 있습니다.

몸을 편안하게 만들어 화를 지연시키고 편안한 감정이 따라오게 하는 방법으로는 "스톱(stop)!"을 외친 뒤 화가 난 상황을 잠시 피하거나, "후~" 하고 숨을 깊게 내쉬는 심호흡하기가 있습니다. 화가 가라앉을 때까지 숨을 들이마시고 내쉬는 동작을 여러 차례 반복하는 거지요. 호흡은 불안과 분노를 가라앉히는 손쉬운 방법이지만 훈련이 필요합니다. 복식 호흡은 가능한 천천히 하고, 특히 들이마시는 호흡보다 내쉬는 호흡을 더 길게 하는 것이 중요해요. 또 긴장된 근육을 이완시키는 방법으로, 주먹 꽉 쥐었다 폈다 하기, 편한 자세 취하기, 목 돌리며 긴장 풀기 등이 있답니다.

다음으로 화나는 생각을 바꿔 기분을 편안하게 만드는 방법으로는 눈감고 구구단 외기, 좋아하는 노래 흥얼거리기, 과거의 즐겁거나 좋았던 순간 떠올리기 등이 있습니다. 사전에 그림 그리기 활동 등을 통해 자신의 '안전 기지'나 좋았던 순간을 떠올려 본 적이 있다면, 화가 난 순간에 다시 그 이미지와 만나게 할 수도 있어요. 아이가 누적된 분노가 많고 적개심이 높다면 상담 시간에 신문지 구겨서 던지기, 신문지 찢기, 찰흙 던지기, 찰흙 만지기와 같은 비공격적인 방법으로 분노를 표출하게 하는 것도 도움이 됩니다.

● 감정을 언어로 표현하는 연습을 자주 해 주세요 ●

평소 교실에서 감정 카드를 활용해 감정을 언어로 표현하는 연습을 자주 하도록 도와주세요. 감정 카드를 게임처럼 활용해 보는 것도 좋아요.

모둠별로 다양한 감정 카드를 고르고, 술래를 정해 언어로나 몸짓으로 감정을 소개하게 합니다. 나머지 모둠원들은 술래가 표현한 감정을 알아맞히고요. 게임을 진행한 뒤 선생님이 설명을 곁들이면 더 좋습니다.

또 한 가지 방법으로 학급에서 일어난 일들에 대해 간략한 감정 일기를 매일 쓰게 할 수도 있어요.

미국의 연구팀은 화난 사람이나 공포에 질린 사람의 얼굴 사진을 피험자에게 보여 주고 뇌에서 일어나는 변화를 조사했습니다. 그러자 뇌의 편도체가 활성화되면서 격한 감정이 일어나는 활성화 현상이 나타났어요. 다음으로 사진에 어울리는 '분노한', '두려운'이라는 단어를 선택하게 한 뒤 다시 뇌를 촬영한 결과, 전전두엽이 활성화되면서 편도체가 크게 진정되었습니다. 이 연구를 통해, 슬프거나 화가 날 때 다른 사람에게 자신의 감정을 말하면 그 고통이 크게 줄어든다는 사실이 밝혀졌어요. 그러니 아이들이 화가 났을 때 스스로 분노 감정을 인정하고 누군가에게 말하도록 돕는다면, 편도체를 조절하는 이성의 뇌인 전전두엽을 깨울 수 있습니다.

　교실에서 선생님 수업 시간에 갑작스럽게 화를 내는 아이가 있다면 먼저 아이를 분리해 주세요. 학급 아이들이 보는 앞에서 분노한 아이와 맞부딪히면 얻는 것보다 잃는 게 더 많을 수 있습니다. 선생님이 순간 욱해 맞서면 아이는 더 흥분하게 됩니다. 지시나 훈계를 해도 아이의 뇌는 이미 생각하는 능력을 잃은 상태이기 때문에 잘 들리지 않을 거예요. 그러므로 안전한 공간을 확보해 아이를 분리하는 것이 우선입니다. 혼자서 중재하기 어렵다고 판단되면 주변 아이에게 도움을 요청해 교무실에 있는 다른 선생님의 도움을 받는 것이 좋습니다.

　아이를 분리한 뒤에는 조용한 공간에서 스스로 화난 감정을 차분히 들여다보게 해 주세요. 이때 폭신한 인형이나 공 등을 끌어 안게 하거나 말랑이 등을 만지작거리게 한다면 진정하는 데 도움이 됩니다.

● 가정에서도 'S.T.O.P' 훈련으로 감정 조절을 연습해요 ●

　분노 감정이 자동으로 공격적인 행동으로 연결될 경우, 분노 조절 문제가 발생할 수 있습니다. 아이가 분노 조절에 어려움을 겪으면 학교 폭력, 품행 장애, 적대적 반항 장애, 심각한 규칙 위반 등과 연관되어 학교 부적응이 발생합니다. 따라서 가정에서도 분노 조절이 힘든 아이를 도울 수 있도록 학부모 상담을 반드시 진행해 주세요.

　부모님에게 아이의 공격성과 분노에 관해 전달할 때는 평가적이거나 감정적인 단어를 배제하고, 사건의 사실을 중심으로 알려야 합니다. 가정에서도 비슷한 문제가 발생한다면, 부모님과 함께 분노 조절 훈련 방법을 연습하면서 학교와 가정에서 같은 방법으로 지도합니다.

　예를 들어, 분노 조절 훈련으로 'S.T.O.P'을 함께 외쳐 볼 수 있습니다. 분노가 올라올 때 일단 "스톱!"을 외치고, 아래의 'S.T.O.P' 절차를 따르며 아이를 도와줍니다.

　1단계 'S'는 **멈추기(stop)**입니다. 화가 난 순간 '일단 멈춤' 버튼을 작동시키도록 지도합니다. 2단계인 'T'는 **심호흡하기(take a** breath)'입니다. 흥분하거나 화가 나 숨이 가빠질 때 호흡을 고르는 것만으로도 흥분된 감정을 조절할 수 있어요. 3초간 숨을 들이마셨다가 6초간 느리게 내쉬도록 안내합니다. 부모님이 아이 얼굴을 마주 보고, 숨을 들이마실 때 "하나, 둘, 셋", 내쉴 때 "하나, 둘, 셋, 넷, 다섯, 여섯" 하고 숫자를 세어 주면 훨씬 도움이 됩니다. 어린 아동이라면 자신의 손가락 모양을 하나씩 훑어가며 숨을 내쉬는 연습을 할 수 있어요. 3단계 'O'는 **'관찰하기(observe)'**로, 화가 났을 때 자신의 신체 감각, 충동 혹은 외부 상황이나 나를 화나게 한 대상을 두루 관찰할 수 있게 돕는 과정입니다. 4단계 'P'는 **'처리하기(process)'**예요. 화와 더불어 올라오는 모든 복합적인 감정, 충동, 감각 등을 알아차려 감정을 조절하도록 도와줍니다. 이 훈련을 가정과 학교에서 동시에 한다면 아이는 화를 조금씩 조절해 갈 수 있을 거예요.

아이 지지하기

• 아이의 숨겨진 마음을 궁금해해 주세요 •

'학교는 작은 사회'라는 말이 있습니다. 학교는 아이들에게 학습을 가르칠 뿐 아니라, 아이들이 규칙과 질서를 통해 더불어 사는 법을 배우는 장이기도 합니다. 지속적으로 지도와 지시에 불응하고 오히려 선생님을 위협하는 아이를 보면, 개입해 봤자 소용이 없을 것 같은 생각이 들기도 합니다. 아이를 위하는 마음으로 교육했는데 선생님을 아동 학대로 신고하는 요즘 같은 때는 포기하고 싶은 마음이 더더욱 간절할 수 있지요. 눈을 치켜뜨고 씩씩대는 아이를 눈 질끈 감고 그냥 넘기고 싶은 순간, 그래도 우리는 차마 포기할 수 없어 다시금 마음을 다잡곤 합니다.

십여 년 전, 선생님과 학급 친구에게 폭력을 가한 아이를 상담한 적이 있습니다. 아이를 만나기 전, 상황의 전말을 듣고는 사안이 끔찍해 상담을 포기하고 싶었어요. 하지만 지금까지 많은 어른이 아이 마음을 알려고 하기보다 아이를 다그치거나 피했을 거라 생각하니, 나라도 아이의 이야기를 들어 줘야겠다는 생각이 들었습니다.

첫 만남에서 아이는 성적인 농담을 하면서 저를 얕보고 무시하는 말을 내뱉었습니다. 요즘이라면 교권 침해로 신고가 가능한 수준이었지만, 그때는 일단 할 수 있는 데까지 해 보자는 심정으로 마음을 다잡았어요. 좀처럼 상담에 응하지 않던 아이에게 "너의 마음이, 숨겨진 너의 마음이 궁금해."라고 말하며 조심스럽게 다가가자 아이는 저의 진심을 느끼고 조금씩 속내를 털어놓기 시작했고 이후로는 급속도로 변해 갔어요. 어른이 된 그 아이와 지금도 가끔 연락을 합니다. 저와 상담하면서 자신 안에 이글거리던 불 같은 화가 서서히 소멸해 갔다고 이야기해 주었어요.

　어떤 아이라도 끝까지 희망을 놓지 않는 것. 참으로 울퉁불퉁한 돌밭 길이지만 조력자로서 우리가 기꺼이 걸어가야 할 길이 아닐까 생각해 봅니다.

상담 핵심 노트

- ♥ '분노'라는 감정은 나빠서 없어야만 하는 감정이 아니에요.
- ♥ '분노'의 감정이 '공격성'으로 표출되어 문제가 생긴다면 즉시 개입해 주세요.
- ♥ 자주 화를 내는 아이가 있다면, 어떤 이유로 화를 내는지 궁금한 마음으로 관찰해 주세요.
- ♥ 씩씩거리며 화를 내는 아이에게는 바로 지적을 하기보다 감정을 가라앉힐 시간을 허락해 주세요. 그런 다음 화가 날 수밖에 없는 마음에 공감해 주고, 이어서 행동에 대한 한계를 정해 주면 좋아요.

친구들과의 갈등으로 힘들어하는 아이,
어떤 지원이 필요할까요?

사례 엿보기

• 관계가 어려운 유진이와 사랑이 이야기 •

초등학교 5학년 담임을 맡았다. 1학기가 지나면서 유진이 얼굴이 많이 어두워져 상담을 하니, 반에서 혼자가 되었다고 했다. 하지만 다른 반에는 친구가 있기 때문에 이 반의 다른 무리에 낄지 말지 고민 중이란다. 유진이의 이전 담임 선생님들과도 대화를 해 보니 유진이가 처음에는 친구를 잘 사귀지만 매번 친구들과 틀어지는 경향이 있다고 했다.

내가 관찰한 유진이는 외향적이고 친화력이 좋아 친구에게 먼저 다가가지만, 잘 놀다가 어떤 상황에서 자신이 맞다고 주장하며 말싸움으로 이어지는 경우가 많다. 말싸움을 할 때는 논리적으로 말을 잘하는 듯 보이지만 결국 친구와 마음이 상해 사이가 틀어진다. 유진이는 늘 리더 역할을 하며, 자신의 말을 무시하거나 따르지 않으면 분노가 높아져 상대를 비난하는 경향이 있다.

사랑이는 붙임성이 좋고 사랑스러운 아이다. 그런데 4월부터 쉬는 시간마다 내 자리로 찾아온다. 시무룩하게 앉아 있거나 막 흥분해서 열변을 토하는 사랑이가 점점 버겁다. "선생님, 친구들이 나를 소외시키는 것 같아요." "선생님, 애들이 막 웅성거리다가 제가 들어가니까 조용해졌어요. 선생님도 느꼈어요? 아무래도 내 뒷담화를 한 것 같아요." "선생님, 희수가 계속날 째려보는 것 같은데, 이러다 왕따를 당하면 어떡하죠?"
처음에는 사랑이가 얼마나 힘들까 싶어 경청하고 진심으로 공감했는데, 조금만 힘들어도 내게 쪼르르 달려와 하소연하는 사랑이가 부담스럽고 피하고 싶은 마음도 든다. 사랑이도 점점 반 친구들과 어울리기 힘들어하는 게 보이고 친구들도 사랑이가 너무 예민하다며 사랑이를 멀리하는데, 어떻게 도와야 할지 머리가 아프다.

선생님들은 친구 관계가 어렵다는 아이들의 하소연을 종종 듣습니다. 특히 여자아이들 경우에는 관계가 복잡하게 꼬이고 꼬여서 A, B, C, D 이름을 붙여 가며 듣지 않으면 헷갈릴 정도예요. 어른들이 볼 때는 왜 이렇게 복잡한지, 사소한 문제 같은데 이렇게까지 서로를 비난하며 돌아서야 하는지 이해가 안 될 수도 있습니다. 때론 친구 관계에 굉장히 집착하면서 정작 해야 할 일에는 손을 놓고 있는 아이를 보면 속이 상하고 답답하지요.

위 사례처럼 친구 관계에서 아이가 보이는 문제가 뭔지 감은 잡히지만 어떻게 도와야 할지 모르겠다는 선생님의 막막함에 충분히 공감합니다. 사실 관계라는 것은 서로가 서로에게 영향을 미치는 것으로, 혼자만 잘한다고 되는 게 아니기 때문에 지도하는 선생님 입장에서는 더 어렵지요.

아이가 친구들과 어울리지 못하면, 초등 저학년 때는 선생님이 억지로 친구를 붙여 보기도 합니다. 그런데 아이들이 커 가면서 이런 방법은 더 이상 통하지 않습니다. 밝고 사교성이 좋은 아이를 곁에 붙여 주어도 친구 관계는 일방적으로 맺어지는 게 아니기에 서로 힘들어질 뿐입니다.

갈수록 복잡하고 어려워지는 아이의 친구 관계, 선생님들이 어떻게 도울 수 있을까요?

• 사회성 수준이 낮은 원인은 여러 가지예요 •

학교에서 아이들이 경험하는 또래 관계 어려움은 원인이 다양하고 복합적입니다. 개인적, 사회적, 가정적 요인이 서로 영향을 주고받으며 나타나기 때문입니다. 하나씩 살펴볼까요?

먼저 개인적 요인으로는 낮은 자존감, 의사소통 능력·감정 조절 능력·문제 해결 능력 같은 사회적 기술 부족, 높은 불안 수준, 충동적인 성향 같은 기질적 특성과 발달 속도 차이 등을 꼽을 수 있습니다. 이들 요인은 아이가 친구들과 원만한 관계를 맺기 어렵게 만들 수 있어요. 다음으로 부모의 사회 경제적 지위 차이로 인한 상대적 박탈감, 과도한 경쟁과 비교를 부추기는 학교 분위기 같은 사회적 요인도 또래 관계 어려움에 영향을 미칩니다. 마지막으로 과잉보호, 억압적인 부모, 일관성 없는 양육 태도, 무관심 등 원만하지 못한 부모 자녀의 상호작용 역시 아이의 사회적 기술 발달에 부정적인 영향을 미치고, 또래 관계의 어려움으로 이어질 수 있답니다.
　이런 이유들로 친구 관계에 어려움을 겪는 원인을 딱 잘라 말하기는 어렵지만, 높은 수준의 사회성을 가진 아이는 사회적 상호

작용을 더 잘하고 관계에서 어려움도 더 건설적으로 잘 풀어 나
간다는 연구 결과가 많습니다. 반면 사회성 수준이 낮은 아이라면
관계에서 어려움을 더 많이 경험할 수 있어요.

친구와 좋은 관계를 맺고 유지할 수 있는 능력을 '사회성'이라
부릅니다. 사회성은 소통, 공감, 협력, 갈등 해결, 적응, 규칙 준수
등에 대한 개인적인 능력을 측정하는 것이기에 하루아침에 만들
어지지 않습니다. 많은 연구 결과가 사회성의 시작은 결국 가정이
라고 강조합니다. 가정에서 부모와 맺은 관계의 경험이 이후 사회
로까지 확대되며 영향을 미치지요. 이렇게 사회성은 발달 과정에
서 자연스럽게 형성되고, 가정뿐 아니라 학교나 또래 집단에서의
경험들을 통해 더 견고하게 발달해 갑니다.

그런데 이 과정에서 아이마다 관계에서 경험하는 어려움의 주
제가 다를 수 있어요. 어떤 아이는 친구를 처음 사귀는 것이 어려
울 수 있고, 또 어떤 아이는 친구 관계를 유지해 나가는 것이 어려
울 수 있습니다.

청소년기에는 관계가 조금 더 복잡하고, 그만큼 고민도 커집니
다. 그 이유를 뇌 발달 측면에서 살펴볼 수 있어요. 청소년기에는
이성을 주관하는 뇌의 전두엽이 가장 많이 발달하고 추상적인 사
고가 가능하게 되면서 종합적으로 사고하는 능력이 생깁니다. 그

러다 보니 경험하지 않은 것을 사고할 수 있고, 자신에 관해 진지하게 고민하게 되고, 다른 사람의 입장을 헤아려 보기도 합니다.

하지만 이런 사고 활동이 청소년 아이의 머리를 더 복잡하게 만들기도 해요. 지나치게 남을 의식하면서 과도하게 친구의 환심을 사려고 노력하거나, 단순한 문제도 복잡한 의미를 부여해서 어렵게 생각하는 면도 생깁니다. 그러다 보니 사소해 보이는 일에도 갑자기 화를 불쑥 내거나 엉뚱하게 성질을 내기도 합니다. 이런 청소년기의 특징을 심리학 용어로는 '의사 우매성(pseudo-stupidity)'이라 불러요.

의사 우매성은 상황을 더 복잡하게 생각하려는 청소년 아이들의 특징을 가리킵니다. 의사 우매성 때문에 답이 뻔한 일도 자꾸 상상에 상상을 더하느라 쉽게 결정을 내리지 못합니다. 예를 들어, 체육 시간을 앞두고 화장실에 다녀오느라 반에 늦게 들어갔는데 단짝 친구들이 이미 체육관으로 가 버린 것을 알게 되었습니다. 이때 아이는 어떻게 생각할까요? 일반적으로 생각하면 친구들이 나를 기다리다가 수업에 늦을까 봐 먼저 갔을 수도 있는데, 청소년 아이는 '혹시 내가 뭘 잘못했나? 내가 오늘 어떤 식으로 애들을 대했지? 어제 문자에서 이상한 점은 없었나? 생각해 보니 오늘 ○○이 표정이 좀 이상했어.' 하는 식으로 생각이 복잡하게 이어지는 경우가 많아요. 그러다 보니 "내가 좀 늦었네~."라거나 "에이, 먼저 가니까 서운했어."라며 쉽게 말을 건넬 수 있음에도, 어떻게 말해야 할지 모르겠고 위축되어 감정이 급격히 어두워집니다. 하지만 이런 복잡성은 청소년기에 자연스럽게 일어나는 발달 과정의 모습으로, 전두엽이 잘 발달하고 있다는 증거이기도 해요.

아이 상담하기

● 성장통의 하나라고 말해 주세요 ●

아이들이 또래 관계에서 어려움을 겪는 이유는 다양합니다. 아이를 이해하는 것과 더불어 이런 문제들을 어떻게 다루어야 할지 고민하는 선생님들을 위해 상담 방법을 소개해 볼게요.

Step 1. 성장기의 자연스러운 모습으로 인정하고, 아이의 이야기를 경청하고 공감해 주세요.

아이가 선생님에게 친구 관계의 어려움을 이야기한다면 긍정적인 신호입니다. 평소 아이가 선생님을 신뢰하고 그만큼 소통이 원활했기에 고민을 털어놓는 것이니까요.

먼저 아이에게 또래 관계의 고민은 모든 아이가 경험할 수 있는 자연스럽고 정상적인 발달 과정 중 하나라고 알려 주세요. '나만 이런가, 나만 이상한 건가?' 하고 생각하던 아이의 마음이 편안해질 거예요. 그렇기는 해도 또래 관계의 어려움은 가볍게 넘겨서는 안 될 문제입니다. 아동·청소년기의 또래 애착은 학교생활을 넘어 자존감, 자아 정체성과 진로에까지 영향을 미치는 강력한 요인입니다. 부모 관계 못지않게 또래 관계 역시 아이들이 건강하게 자랄 수 있는 안전 기지 역할을 하기 때문이지요. 아이의 어려움을 가벼이 여기지 않는 선생님의 태도와 공감을 통해 격렬한 감정이 잦아들면, 아이는 조금씩 이성적인 사고가 가능해집니다.

Step 2. 아이와 함께 구체적인 해결 방안을 생각해 봅니다.

초등 저학년이 겪는 관계의 어려움은 기질의 영향이 큽니다. 아이가 지나치게 수줍어하거나 지나치게 활발한 모습을 보이더라도, 사회성이 좋다거나 나쁘다고 말하기 어려운 시기예요. 따라서 저학년까지는 선생님이 개입해 아이가 다양한 친구를 만나 보면서 자신에게 맞는 성향의 친구를 찾고 관계 맺음을 연습할 수 있도록 기회를 제공해 주면 좋습니다. 아이들은 자기 조절력이 아직 미숙해서, 또 어떻게 표현해야 할지 몰라서 관계에서 갈등을 겪는 경우도 많아요. 이런 때는 선생님이 더 구체적이고 직접적으로 나서서 관계에서 해야 할 것과 하지 말아야 할 것을 가르쳐 주면 도움이 됩니다.

하지만 아이가 사춘기로 넘어가면 사실상 또래 관계에서 선생님이 할 수 있는 일은 상당히 제한적이에요. 사춘기 아이에게는 더 이상 이래라저래라는 지시가 통하지 않습니다. 다만 어른으로서 조언하고 권유할 수는 있습니다. 아이들은 경험의 폭과 시야가 아직 좁기 때문에 더 전체적으로 조망하면서 지금 당면한 문제를 어떻게 해결하면 좋을지 조언해 주는 어른이 필요합니다. 아이 수준마다 다른 조언이 필요하겠지만, 아이의 마음을 경청하고 공감한 뒤 어떻게 하면 자신과 맞는 친구를 사귈 수 있을지, 어떻게 친구에게 공감할 수 있을지, 어떻게 스스로를 보호할 수 있을지 등을 가르쳐 주세요.

때로는 선생님이 모든 것을 다 가르쳐 주고 알려 줄 수 없습니다. 사춘기에 접어든 아이라면 "어떻게 하면 좋을지 생각하고 의논해 보자."라며 스스로 문제 해결 방법을 생각하도록 시간을 주는 것이 필요해요. 물론 이런 과정은 한두 번으로 끝나지 않기 때문에, 선생님이 인내를 가지고 이 과정을 반복해 주어야 합니다.

Step 3. 실행 가능한 목표를 세우고 아이를 격려해 주세요.

친구 관계에서도 아이가 갈등을 해결해 보는 성공 경험이 정말 중요합니다. 그렇기 때문에 아이가 달성할 수 있는 목표를 세워야 하지요. 예를 들어, 친구를 사귀기 어려워하는 아이라면 '친구 한 명 사귀기'를 목표로 상담을 진행합니다. 인사조차 건네기 힘든 아이라면 '인사하기'를 목표로 잡기 전에, 친구와 눈을 마주쳤을 때 '웃어 주기'를 우선 목표로 삼는 거지요. 이처럼 목표는 아주

쉽고 달성 가능한 것부터 시작합니다. 아이가 조금씩 노력해 가는 과정을 충분히 격려해 주세요. 그렇게 조금씩 관계의 경험이 확장되면서 아이는 관계 맺음을 배워 나갈 거예요.

그러면 사랑이처럼 매시간 곁에 와서 친구 관계가 힘들다고 징징대는 아이는 어떻게 해야 할까요?

아이를 돕고 싶은 선생님 마음은 충분히 이해하지만, 선생님의 소진을 막기 위해서라도 한계를 명확히 정하는 것이 중요합니다. 반에는 선생님의 도움과 관심을 바라는 여러 아이가 있으니까요. 아이에게 상담 시간을 정확하게 안내하고, 그 시간에만 상담을 진행하기를 권합니다.

반면 분명히 어려움을 겪고 있는데 도움을 청하지 않는 아이는 어떻게 하면 좋을까요?

이럴 땐 선생님이 먼저 관심을 표현해 보세요. "아침은 먹고 왔니?", "요즘 별일 없어?" 등을 물어보는 거지요. 아이는 "없다."고 잘라 말하거나 짧게 얼버무릴 수 있습니다. 대답을 안 할 수도 있고요. 그래도 괜찮습니다. 그냥 자연스럽게 넘어가면 됩니다. 꼭 말이 아니라도 미소와 부드러운 말투의 인사, 따뜻한 시선 등 선생님이 아이에게 관심을 갖고 있음을 부담스럽지 않게 전한다면, 아이가 정말 필요할 때 선생님에게 마음을 터놓을 수 있을 거예요.

생활 지도하기

● 아이들에게 대화의 장을 열어 주세요 ●

담임으로 학급 내 관계의 어려움을 호소하는 아이를 대할 때면 곤란한 순간들이 있습니다. "선생님은 ○○ 편만 든다."는 말을 들을 수도 있고, 어떤 경우에는 어긋난 아이들의 관계가 회복 가능할까 의심스러운 때도 있을 거예요.

무엇보다 아이들의 관계 문제는 선생님의 개입으로 완전히 풀리거나 해결될 수 있다는 기대를 내려놓는 편이 좋습니다. 아이들이 성장하는 만큼 마음도 관계도 복잡해지기 마련이고, 더군다나 관계는 억지로 한다고 뜻대로 되는 게 아니니까요. 선생님은 학교에서 아이들의 보호자로 할 수 있는 만큼의 노력을 할 뿐입니다.

또래 관계의 어려움은 한 번에 생겨난 것이 아닐 확률이 높아요. 어려움을 차곡차곡 쌓아 오다가 사소한 일에 빵 하고 터지는 경우가 많지요. 그러니 평소 선생님이 반 분위기를 세심히 살피고, 아이들의 관계를 잘 관찰하는 노력이 필요합니다. 담임 선생님이 우리에게 관심이 있고, 우리를 잘 알고 있다는 믿음은 아이들에게 큰 힘이 되지요.

그러나 또래 사이에 갈등이 생긴 뒤 아이들이 도움을 요청하거나, 반 전체에 영향을 미칠 정도로 문제가 심각하다면 선생님이 개입해야 합니다. 이때 도움이 되는 한 가지 방법이 있습니다. '회복적 서클(restorative circle)'에서 이야기하는, 갈등을 해결하고 회복하는 데 사용하는 대화법이에요. 일대일 또는 다수 간에 적용할 수 있는 대화법인데, 간단히 소개해 보겠습니다.

먼저 갈등을 겪고 있는 아이들을 한 명씩 만나서 대화를 나누자며 초대합니다. 이때 선생님은 아이들에게 그간 무슨 일이 있었는지 자신이 직접 관찰한 것 위주로 이야기하고, 그 사건이 자신에게 미친 영향(감정과 생각)에 관해 상대를 비난하지 않고 말하며, 자신이 원하는 바람(욕구)을 함께 나누면 좋겠다고 미리 안내해 주세요.

서클이 시작되면 선생님은 대화의 규칙을 설명합니다. "한 사람이 말할 때 다른 사람은 그의 말이 끝난 뒤 자신의 이야기를 해야해요.", "비난이나 탓하는 말 대신 자신의 느낌과 경험을 이야기합니다." 같은 규칙을 알려 주는 거지요. 이때는 '토킹 스틱(talking stick)'을 활용하면 도움이 됩니다. 토킹 스틱은 대화를 주도하는 사람이 들고 있는 막대기로, 인형이나 나무막대기 같은 물건을 활용합니다. 토킹 스틱을 가진 사람만 말을 할 수 있기 때문에, 발언자는 다른 사람에 의해 발언이 끊어지지 않고 끝까지 말하는 경험을 할 수 있습니다. 말하고 싶은 사람은 토킹 스틱이 자기에게 올 때까지 기다리며 다른 사람들의 말을 들어야 하지요.

서클에서 선생님은 갈등을 직접 중재하기보다 촉진자(facilitator)로서 중립적인 위치에서 아이들이 서로의 이야기를 듣고 상대를 이해하는 과정을 돕는 역할을 합니다. 촉진자 역할에 충실하되, 아이들이 모호하게 이야기하거나 느낌과 경험이 잘 드러나지 않으면 "~해서 ~한 감정을 느꼈다는 거니?"라고 되물어 명료화해 주면 좋습니다.

또 비난하는 말이 오가면 대화를 중단시키고, 그것을 '느낌'으로 말할 수 있게 도와줍니다. 느낌은 말 그대로 '감정 단어'입니다. 감정 카드와 바람(욕구) 카드를 준비하고 대화에 활용하는 것도 효과적입니다. 아이들은 자신의 느낌과 바람을 어떻게 말로 표현해야 할지 모르는 경우가 많아요. 시간은 더 걸리겠지만, 이렇게 대화를 나누다 보면 서로의 속마음을 듣게 되고 용서와 회복이 일어납니다.

하지만 노력해도 회복되지 않는 관계는 어쩔 수 없다고 받아들일 수도 있어야 해요. 다만 서로를 괴롭히거나, SNS 등을 통해 저격하거나, 뒷담화를 하고 다니는 등 학교 폭력으로 이어지지 않도록 구체적으로 교육해야 합니다. 학교 폭력이 만연한 요즘, 아이들이 경각심을 가질 수 있도록 개입하는 것이 필요합니다.

• 아이의 어려움에 부모님까지 매몰되지 않아야 해요 •

아이가 친구 관계에서 어려움을 겪으면 부모님 마음도 굉장히 무겁고 불편합니다. 이대로 가다가 아이가 홀로 되지 않을까, 학교 폭력의 피해자가 되지 않을까 하는 극단적인 생각도 하지요. 이런 불안이 지속되면 아이의 어려움을 크게 인식하게 되고, 상황에 알맞은 해결책을 생각해 내기가 더 어려워집니다. 게다가 아이 입장에서는 자신의 문제에 부모님이 자신보다 더 힘들어한다고 느껴 죄책감이 들고, 부모님은 도움이 되지 않는다고 생각해 더는 말하고 싶어 하지 않을 수 있어요.

지금 아이가 경험하는 어려움이 학교 폭력에 가까운 괴롭힘 형태가 아니라면, 아이들 간의 갈등은 성장 과정에서 일어나는 자연스러운 현상이라는 점을 부모님에게 설명해 주세요. 그렇기 때문에 부모님이 의연한 태도로 아이를 대하고, 설사 마음이 힘들더라도 그것을 과도하게 티 내지 않는 것이 좋다는 점도 안내합니다. 아이는 이 과정을 통해 관계를 맺고 유지하는 방법을 배워 가는 중이라고 말해 주세요.

선생님도 부모님도 어린 시절 친구와의 갈등으로 힘들고 어려웠던 경험이 있지만, 거기서 배운 점도 있을 거예요. 그런 이야기를 나누면서 부모님 마음을 편안하게 해 주세요.

상담 중에 부모님이 느끼고 깨달은 점을 아이와 나누어도 도움이 됩니다. 걱정하는 마음에 꼬치꼬치 캐묻기보다는 평소 아이 모습을 잘 관찰하고, 아이가 도움을 요청하면 이야기를 경청하고 공감하도록 방법을 알려 주세요.

부모-자녀 관계의 대화는 자녀 사회성의 기초가 됩니다. 자녀와의 대화법과 관련된 책, 예를 들어 '감정 코칭'과 '비폭력 대화' 등에 관한 책을 소개하는 것도 도움이 됩니다. 부모님과 아이 사이의 갈등이 지나치게 심각한 상황이라면 반드시 상담을 통해 관계를 회복할 수 있도록 전문 기관과 연계해 줍니다.

아이 지지하기

● 아이들은 갈등을 겪으며 배우고 성장해 가요 ●

선생님의 학창 시절을 한번 떠올려 보세요. 관계에 어려움이 없었던 사람은 없을 거예요. 저 역시 어릴 때 수줍음이 많고 감정적으로 예민해서 친구와 놀고 난 뒤 혼자 상처받아 운 적이 많습니다. 억울한 마음에 '다음번에는 속상하면 꼭 그 자리에서 얘기해야지.' 하고 결심했다가 부적절하게 터뜨려서 싸운 적도 있고요.

이런 경험을 반복하다가 어떻게 해야 상대방이 기분 나쁘지 않게 내 마음을 표현할 수 있는지를 배운 것 같아요. 그러면서 관계 속에서 나라는 사람을 더 이해하게 되었고, 나와 잘 맞는 친구는 어떤 친구인지도 알아 갈 수 있었답니다. 관계의 갈등이 없었다면 이런 배움도 일어나지 않았겠지요?

우리 모두는 저마다 관계에서 크고 작은 갈등을 경험합니다. 그리고 이 갈등에서 무엇이든 배우며 좋은 것과 나쁜 것을 적절하게 버무리며 살아가는 방법을 익힙니다. 그러니 선생님도 아이들이 겪는 관계의 어려움을 너무 심각하고 어렵게만 여기지 말고, 이 과정에서 어떻게 하면 아이들이 조금이라도 덜 상처받고 잘 배울까를 고민하며 아이들을 도와주면 좋겠습니다.

상담 핵심 노트

- 또래 관계의 고민은 모든 아이가 경험할 수 있는 자연스럽고 정상적인 발달 과정 중 하나라고 알려 주고, 아이의 이야기를 경청해 주세요.
- 학급 내 관계 갈등이 심각하다면, '회복적 서클'을 적극 활용해 보세요.
- 관계의 갈등이 학교 폭력으로 이어지지 않도록 아이들을 지도해 주세요.
- 학부모 상담에서는 부모의 불안과 두려움에 공감하고, 조금 더 의연한 태도로 아이의 관계를 살피고 도울 방법을 찾아 나가자고 격려해 주세요.

✎ '나와 친구들 그리기' 활동

다음의 그리기 활동을 통해 아이들이 자신과 친구 그리고 관계를 이해하고 조망할 수 있게 도울 수 있습니다.

1. 그림 그리기

- 남자는 네모로, 여자는 동그라미로 그린다.
- 중앙의 큰 동그라미는 나. 친밀감은 거리로 표시하고, 나와 친하면 크게 그리고 친하지 않으면 작게 그린다.
- 그 친구를 생각하면 떠오르는 색깔로 네모/동그라미를 칠한다.

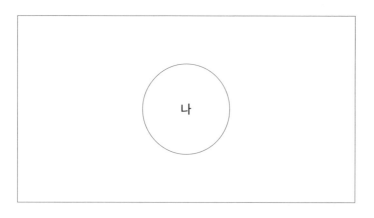

2. 질문하기

– 네가 가장 좋아하는 친구의 성격이나 특징은 무엇이니?

– 이 친구와 너의 공통점과 차이점은 뭐야?

– 이 친구에 대한 색을 ~로 정한 이유는 뭘까?

– 관계에서 네가 가장 힘들고 어려운 상황은 어떤 것이니?

– 너는 친구와 어떤 것들을 하고 싶어?

– 네가 원하는 친구 관계는 어떤 것이니?

– 네가 원하는 관계를 맺기 위해 너는 어떤 노력을 할 수 있을까?

이런 질문들을 토대로 상황에 맞게 응용하며 아이와 대화를 나누어 보세요.

우울의 늪에 빠진 아이,
저도 같이 힘이 빠져요.

● 마음이 공허하다는 영수 이야기 ●

우리 반 영수는 수업 시간이나 쉬는 시간에 대부분 엎드려 있다. 늦게까지 공부하느라 피곤한가 싶어 어깨를 토닥이며 조심스럽게 깨워 보지만 다시 엎드리기 일쑤다. 그나마 시험에 나올 중요한 내용이라고 하면 힘겹게 일어나 들으려 애쓰는 걸 보면 공부와 아예 담을 쌓은 건 아닌 것 같다. 하지만 선생님의 질문에 대답을 잘 하지 않고 목소리도 매우 작다. 학기 초보다 살이 많이 빠진 것 같고, 가냘픈 어깨가 더 위축돼 보인다.

주변 아이들도 내게 영수에 대한 걱정을 토로한다. 혼자서 눈물을 훔치기도 하고, 멍하니 앉아 있을 때가 많다고.

두고 보기만 해선 안 되겠어서 영수를 불렀다. 무슨 일이 있는지 조심스럽게 물으니 눈물을 한참 쏟아 내고는 힘겹게 한 마디 한 마디 내뱉었다.

"그냥… 세상에 저 혼자인 것 같아요. 마음이 허전하고 너무 공허해요."

아이의 우울로 자문을 요청하는 선생님을 종종 만납니다. 도움을 주려고 다가가지만 울기만 하는 아이에게 무엇을 어떻게 해 줘야 할지 몰라 난감하다고요. 때로는 수많은 아이를 지도하느라 바쁜 중에 아무 말 없이 눈물만 흘리는 아이를 기다리다 보면 시간에 쫓겨 초조해진다고도 합니다. 한 선생님은 잦은 민원과 밀려드는 학생 지도로 울고 싶을 때가 종종 있는데, 아이가 자신 앞에서 눈물을 보이면 자신도 왈칵 눈물이 쏟아질까 봐 걱정이라고 해요. 우울한 감정은 쉽게 전염되기에 이는 지극히 자연스러운 현상입니다. 나까지 덩달아 마음이 무거워져, 피하고 싶고 모르는 척하고 싶을 때가 당연히 있을 수밖에 없답니다.

아이의 우울을 이해하기에 앞서 선생님 마음부터 살펴볼까요?

선생님은 언제 우울한 기분을 느끼나요? 어른이 되어서도 종종 울고 싶은 순간이 있지요? 내가 원하는 대로 일이 잘 해결되지 않을 때, 다른 이들에 비해 내가 못났다고 느낄 때, 속마음을 누구에게도 털어놓을 수 없어 혼자라고 느낄 때 등 누구에게나 우울한 순간이 찾아옵니다.

아이들은 어떨까요? 부모님과 선생님의 기대에 못 미치는 시험 성적, 친구와의 갈등, 외모나 신체에 대한 열등감, 가족의 불화 등 다양한 부정적인 생활 사건 속에서 우울한 정서를 경험할 수 있어요.

우울한 기분, 눈물은 때로 우리 삶에 도움이 됩니다. 자기 삶을 반성할 수 있고, 자신이 한 실수를 곱씹어 봄으로써 한 단계 발전할 수도 있어요. 우울한 기분 없이 마냥 행복하고 좋기만 하다면 삶이 어떨까요? 기분이 붕 뜬 채 브레이크 없이 마구잡이로 살아갈 수 있습니다. 우울 스펙트럼상에서 우울의 극단에 있는 조증처럼요. 그러니 우울감도 우리 삶에 필요한 정서입니다.

아이 이해하기

• 드러난 우울에 가려진 내면의 우울을 살펴요 •

대부분 아이는 하루 이틀 기분 침체나 가벼운 우울 증상을 보이다가 곧잘 회복합니다. 하지만 어떤 아이는 우울감이 지속돼 학교생활이나 학업을 이어 나가기 힘들어요. 너무 많이 먹거나 먹지 않는 등의 식욕 변화가 생기기도 하고, 살이 빠지거나 급격히 증가하는 체중 변화가 나타나기도 하지요. 수면에도 어려움이 생겨 잠을 충분히 자지 못하고 자주 깨는 등 불안정한 수면 양상을 보이기도 합니다. 눈물 바다에서 허우적대는 아이들, 우울에 잠식된 아이들을 어떻게 이해할 수 있을까요?

아이들이 우울한 이유를 한 가지 원인으로만 설명할 수는 없어요. 생물학적, 심리학적, 환경적 요인 들이 복합적으로 관여하기 때문이지요. 특히 청소년기에는 즐거움과 기쁨을 느끼게 하는 행복 호르몬인 세로토닌이 아동기나 성인기보다 훨씬 적게 생성됩니다. 따라서 감정 기복이 심해지고 우울감, 짜증, 적대감 같은 부정적 감정이 증가할 수 있어요.

또 아이의 우울감을 이해하기 위해서는 환경적 요인을 살펴보는 것이 중요합니다. 우울한 감정은 진공 상태에서 발생하지 않고, 부정적인 생활 사건이 중요한 역할을 하는 경우가 많아요. 앞서 사례에서 만난 영수를 상담해 보니 영수는 자신이 가장 소중하게 여기던 반려견의 갑작스러운 죽음으로 우울감에 빠졌습니다. 가까운 사람이나 반려동물의 죽음, 즉 중요한 대상을 상실했거나 소중한 사람과 이별하면 당연히 우울해질 수밖에 없지요. 그 밖에 또래 관계의 어려움, 학업 스트레스, 부모 관계에서의 갈등, 실패 경험 등이 우울감에 영향을 미칩니다.

그런가 하면 낮은 자존감이 불러오는 '인지적 왜곡'이 심할수록 우울해지기도 합니다. 인지적 왜곡이 생기면 자신과 세상, 미래에 대한 부정적이고 비관적인 생각이 증폭됩니다. 친구 한 명과 오해가 생겨 사이가 틀어졌는데 '모든 친구가 나를 싫어해.' 라고 생각하거나, 수학 문제를 풀다가 실수로 틀렸을 때 '나는 항상 실수만 하는 멍청이야.' 라는 식으로 인지적 왜곡을 하면 더욱 우울해지기 마련이지요. '나는 뭘 해도 안 돼. 나는 살 가치가 없어.', '세상은 나를 싫어해.', '미래에 나는 실패자가 될 거야.' 등이 우울을 보이는 아이들이 가지는 주된 인지적 왜곡의 형태입니다.

요즘 같은 디지털 시대에는 SNS으로 인한 우울을 호소하는 아이도 많아요. '카.페.인 우울증'이라는 말을 들어 본 적 있나요? 언뜻 보면, 카페인을 과다 복용해서 우울증이 생긴 건가 싶지만, '카.페.인.'은 인기 있는 SNS의 앞 글자를 따서 조합한 신조어예요. 바로 카카오 스토리, 페이스북, 인스타그램이지요.

2015년 영국 글래스고대학교에서 실시한 연구에 따르면, SNS를 과도하게 이용하는 청소년이 우울증을 경험할 가능성이 높다고 합니다. 밤늦게까지 SNS를 들여다보니 수면의 질이 떨어지는 것은 물론이고, SNS에서 화려하고 완벽해 보이는 사람들과 비교하면 자신의 삶이 더 초라하게 느껴지고 스스로 찌질해 보여 우울해지지요. SNS 이용은 정도가 지나치면 엄청난 감정 소모를 가져옵니다. 페이스북의 내부 고발자가 인스타그램이 추천하는 게시

물들이 10대 청소년의 불안, 우울증, 심지어 자살 충동까지 불러일으킨다고 경고하기도 했습니다. 아이들이 SNS를 통해 우울한 이야기, 영상 등을 많이 접하면 부정적인 감정에 전염되고 우울증에 빠질 수 있습니다.

한편, 아이들의 우울감은 성인이 경험하는 우울과는 조금 다른 양상으로 나타나기도 합니다. 명확한 우울감이 겉으로 드러나지 않은 채, 과민한 기분, 과다 행동, 비행, 공격성, 신체적 호소로 위장되지요. 정서적으로 우울한 모습보다는 겉으로 드러나는 행동적인 문제가 주로 눈에 띄기 때문에 '가면성 우울'이라 부르기도 해요. 잘 웃다가도 친구가 장난으로 던진 사소한 농담에 갑자기 예민하게 반응하고 짜증을 내기도 합니다. 축 처져 있기보다는 충동적이거나 과잉 행동을 보일 수 있고요. 기분 변덕이 심해 반항하거나 등교를 거부하기도 합니다.

청소년 우울증은 위험한 장난, 성적 문란, 흡연 등으로 나타나는 비행과 다양한 중독의 문제 행동으로 드러날 수 있어요. 질풍노도의 시기인 사춘기에 이런 증상은 흔히 보이는 모습이라 여기고 간과할 경우, 조기 개입의 타이밍을 놓치고 증상을 더 키울 수 있습니다. 아이의 우울은 외현화된 문제 행동에 가려진 경우가 많다는 사실을 반드시 기억해 주세요.

아이 상담하기

● 가볍고 편안한 주제로 대화를 시도합니다 ●

우울감에 매몰된 아이는 누구에게도 마음의 문을 열지 않으려 합니다. 그러니 도와주려고 애쓰는 선생님도 부모님도 애가 타지요. 좀처럼 대답하지 않는 아이에게 어떤 질문을 할지 고민에 고민을 거듭해 질문하지만, 별다른 반응이 없으면 포기하고 싶은 마음도 듭니다. 말없이 눈물만 뚝뚝 흘리는 아이들의 마음 문을 조심스럽게 '똑똑' 두드려 볼까요?

Step 1. 아이 마음에 가만히 다가갑니다.

우울한 아이의 마음 문은 어떻게 생겼을지 상상해 봅니다. 빗장을 건 듯 굳게 닫힌 마음의 문, 철옹성 같은 자물쇠가 채워진 마음의 문일 것 같아요. 비록 굳게 닫힌 문이지만 살며시 다가가, 봄날의 기분 좋은 선선한 바람처럼 '똑똑!' 두드려 봅니다. 외로움과 슬픔으로 가득 찬 아이에게 "선생님이 항상 기다리고 있어."라고 말해 주듯 가만히 머물러 주세요. 그저 안부를 묻고, 요즘 보이는 모습이 걱정된다고 가볍게 말을 건넵니다.

"영수야. 선생님이 요즘 보니 영수가 주로 책상에 엎드려 있는 것 같아. 혹시 무슨 일이 있는 건 아닌지, 힘든 일이라도 있는지,

걱정되네. 잘 지내고 있니?" 하며 아이의 마음을 헤아리고 도와주고 싶다는 의사를 전합니다. 처음부터 무겁고 진지한 대화보다는 가벼운 대화를 자주 시도하고, 편안하게 대화하는 분위기를 조성하는 것이 필요합니다.

"모르겠어요. 그냥 다 싫어요. 괜히 눈물이 나고 우울해져요."라고 대답한다면, "야, 너 사춘기인가 보다. 금방 지나가. 얼른 정신 차리고 공부나 해!"라며 별것 아니라고 치부해 버리기보다 "그렇구나. 영수 마음이 요즘 울적하구나. 선생님은 언제든 영수 이야기를 들어 줄 준비가 되어 있어."라고 말해 준 뒤 아이 말을 경청합니다. 어떤 이유를 말하든 비판하지 않는 태도로 공감하는 것이 중요합니다. 깊은 슬픔이나 우울감에 빠진 아이는 다른 사람에게 도움을 청하는 걸 상당히 어려워해요. 그렇기 때문에 선생님이 먼저 다가간다면 아이는 속으로 고마워할 거예요.

Step 2. 약물 치료를 고려하는 것도 필요해요.

보통 우울 증상을 치료할 때, 나이가 어릴수록, 정도가 심하지 않으면 비약물적인 치료를 선호합니다. 하지만 약물 치료가 효과적일 때도 많습니다.

우울증 치료에 있어 약물 치료는 증상을 빠르게 호전시키는 효과적이고 안전한 방법입니다. 약물은 우울증을 야기하는 호르몬이나 뇌 기능 이상을 보다 직접적으로 치료해 줍니다. 특히 불면

증 혹은 과다 수면으로 인한 수면 곤란, 우울과 동반된 불안 증세, 느리고 무기력한 신체 증상 등을 개선하는 데 더욱 효과적이며, 재발 방지에도 도움이 되지요.

일반적으로 우울 증상은 약물 치료를 시작한 지 1~2주가 지나야 개선되기 시작하고, 최소 6개월은 꾸준히 치료를 받아야 효과를 지속시킬 수 있습니다. 약물 치료를 시작했다면 약을 잘 먹고 있는지 확인하는 것도 아이를 돕는 방법입니다. 약물 치료와 더불어 학교 내 '위클래스'나 전문 상담 기관과 연계해 상담을 병행하면 더욱 효과적이에요.

Step 3. 중요한 지지 체계를 구축할 수 있도록 도와주세요.

우울한 아이들은 모든 면에서 의욕이 없고 사회성 기술이 부족하기 때문에 친구를 사귀는 데 어려움을 겪기도 해요. 이런 경우에는 학급 내에서 좋은 친구를 연결 지어 긍정적인 영향을 받을 수 있도록 도와줍니다. 사람에게 상처를 받기도 하지만 상처를 낫게 하는 것도 사람이라고 하잖아요.

전에 우울감을 호소하던 아이를 만났을 때 또래 상담자의 도움을 받은 적이 있어요. 또래 상담자를 연결해 급식과 과제 등을 함께 하게 했더니, 학교를 그만두려 했던 아이가 우울을 잘 극복하고 졸업을 할 수 있었습니다. 이처럼 친밀감, 돌봄, 소속감을 제공할 수 있는 긍정적인 사회적 지지 체계를 갖추도록 도와준다면,

우울감을 지닌 아이도 학교에 잘 적응해 나갈 수 있을 거예요.

생활 지도하기

● 작은 노력과 성공에도 진심으로 칭찬하고 격려해요 ●

우울한 아이는 무기력에 빠져 있기 쉬워요. 학습된 무기력에 빠져 무얼 해도 안 된다는 부정적인 생각을 갖고 있기도 합니다. 아이의 학교생활을 잘 관찰해서 아무리 사소한 것이라도 긍정적 요소를 찾아내 아이를 격려하는 것이 중요해요. 꼭 성공하지 않아도 무언가를 시도해 이뤄 낸 작은 성과를 진심으로 칭찬하고 격려하면, 무기력에서 벗어나는 데 도움이 됩니다.

어쩌면 아이는 처음 받아 보는 칭찬과 격려가 낯설 수 있습니다. 변화에 대해 두려움을 가질 수도 있고요. 오랫동안 무기력에 빠진 아이는 반복된 실패로 인해 노력할 에너지조차 없어 칭찬과 격려가 부담스럽기도 합니다. 이럴 때 "영수는 충분히 노력했어."라며 노력 자체를 인정하고 격려하면 아이들은 조금씩 성장합니다.

다만 지나친 권유나 압박은 아이 마음을 부담스럽고 힘들게 만들 수 있으니, 아이의 속도에 맞추어 천천히 개입해 주세요. 항상 아이 입장이 되어 먼저 이야기를 들어 주고 반응을 보여야 합니다. 아이는 도움을 얻고 싶어 어렵게 마음을 열었다가도 작은 상처에 다시 마음을 닫고 더 깊은 우울에 빠질 수 있어요.

또한 학급에서 즐거운 기분을 경험하는 때가 언제인지, 어떤 활동을 할 때 조금이라도 활기가 생기는지를 선생님이 파악하고 아이에게 긍정적 영향을 주는 활동을 점차 확대하는 방향으로 개입해 나가면 좋습니다.

우울 증상 중 가장 심각하고 위험한 것이 자살입니다. 상담을 통해 아이가 반복해서 죽음을 생각하고 있거나, 자살에 대한 생각이나 시도, 자살을 위해 구체적인 계획을 세운 적 있다는 사실을 발견하면 곧바로 전문 기관과 연계해야 합니다. 우울로 고통을 겪는 많은 학생이 죽음을 생각하고, 실제로 10~15%가 자살 시도를 해요. 우울증을 앓고 있는 아동과 청소년은 성인보다 자살 시도율이 높기에 반드시 주의 깊게 살펴 주세요.

학부모 상담하기

● 아이 마음에 공감하고, 필요한 치료를 받도록 안내해 주세요 ●

아이의 우울 증상이 심각해 보이면 부모님과 상담을 진행합니다. 많은 부모님이 아이의 심리·정서적 상태를 이해하지 못하고, 다 지나가는 과정이라며 대수롭지 않게 여깁니다. "학생이 공부나 하라."며 다그치기도 하고요.

부모님과 상담할 때는 선생님이 학교에서 관찰한 아이의 객관적인 행동 양상(수업 시간에 내내 엎드려 있다, 수업 도중 갑자기 눈물을 흘린다 등)을 전달하고, 중요한 것은 아이를 다그치기보다 공감하는 일임을 강조해야 합니다. 아이가 잠을 잘 못 자거나 잘 먹지 못하면 우울증이 더 심해질 수 있으니, 부모님이 아이의 일상생활을 관리하도록 안내하는 것도 필요해요. 최근에는 우울증 환자에게 에어로빅과 피트니스 같은 신체 활동을 강조합니다. 아이가 방과 후 운동을 하거나 부모님과 함께 산책을 하는 것도 좋습니다. 햇빛을 쬐는 것도 우울증을 치료하는 중요한 방법입니다.

사실, 부모님에게 아이의 약물 치료 필요성에 관해 말하기가 쉽지는 않습니다. 하지만 앞서 설명한 대로 우울증에는 약물 치료도 중요하기 때문에, 조심스럽게 치료를 권해 주세요. 부모님이나 아이가 약물 치료에 부정적인 시선을 가지고 있다면, 충분히 생각할 시간을 줍니다. 모든 약물 치료가 그렇듯, 약물 중독이나 의존, 학업 수행 방해, 약물 부작용 등의 염려가 따르겠지만, 이는 의사와 상의해 해결할 수 있습니다. 약물 치료를 하지 않으면 우울로 인해 더 심각한 문제가 생길 수 있다는 점을 설명해 주세요. 약물 복용을 임의로 조절하면 증상이 악화될 수 있으니, 약물을 임의로 끊지 않도록 사전에 안내하는 것도 잊지 말고요.

최근에는 정신건강의학과의 문턱이 많이 낮아졌지만, 부모님 입장에서는 정신과를 방문하면 기록이 남는다는 생각에 병원 치료를 꺼리는 경우가 종종 있습니다. 하지만 개인의 질병 정보는 건강보험공단에서 5년간 보관한 후 폐기하며, 병·의원 의무 기록은 10년까지만 보존하게 되어 있어요. 이 기록들은 14세 미만은 보호자 동의 없이, 14세 이상은 본인 동의 없이 절대 열람할 수 없답니다. 그러니 안심해도 된다고 말해 주세요.

• 마음 문을 여는 열쇠는 관심과 애정이에요 •

'마음의 감기'로 불리는 우울증은 평생 유병률이 15%에 이를 만큼 흔한 질병이에요. 그만큼 학교에서 아이들을 지도하며 드물지 않게 마주치는 심리·정서적 어려움 중 하나입니다.

배터리가 방전되고 엔진이 멈춰 버린 것처럼, 아무것에도 관심 없고 아무것도 하기 싫어하는 아이에게는 선생님의 관심과 애정이 마음의 문을 여는 열쇠가 될 수 있습니다.

마음 문을 연 아이는 어느새 자신의 감정을 직접 마주하고, 만나고, 목 놓아 펑펑 울면서 그간 표현하지 못한 다양한 감정을 드러내 보일 거예요. 그리고 언제 그랬냐는 듯 다시 일어설 겁니다. 우리는 그저 "그래, 네 맘 알아. 울고 싶으면 실컷 울어 버리렴." 하고 말하면서 등을 토닥여 주면 됩니다.

- ♥ 우울한 아이가 있다면, SNS 사용 빈도가 많은 건 아닌지, 수면이 부족한 건 아닌지 살펴봐 주세요.

- ♥ 아동과 청소년의 우울 양상은 슬픈 감정을 내비치기보다, 화를 내거나 비행을 저지르는 등 문제적 행동으로 표출하는 경향이 있어요. 이런 이유로 '가면성 우울'이라 부르기도 하지요.

- ♥ 우울한 아이와 상담할 때는 왜 우울한지 직접적으로 이유를 묻기보다 가벼운 안부 인사를 먼저 건네 보세요.

- ♥ 아이의 우울 증상이 심각한 수준으로 판단된다면 위클래스나 전문 상담 기관과의 연계를 적극 고려해야 합니다.

🖊 우울 체크리스트

아래 항목에서 하나 이상의 증상이 2주 이상 지속될 때 우울증 가능성을 생각해 볼 수 있습니다. 해당 항목에 체크(✓)해 보세요.

☐ 자주 울고 슬퍼하며 눈물을 흘린다.

☐ 일상생활에 의욕이 떨어지고 예전에 즐겼던 일들에 흥미가 떨어지고 관심이 없어진다.

☐ 희망이 없다는 말을 자주 한다.

☐ 에너지가 없고 무기력하다.

☐ 집중력이 떨어진다.

☐ 대인관계를 어려워한다.

☐ 친구들과 잘 만나려 하지 않고, 혼자 있으려고 한다.

☐ 사소한 일에도 쉽게 짜증을 내거나 화를 내고 공격적으로 반응한다.

☐ 자신감이 떨어지고 죄책감을 느낀다.

☐ 실패나 거절에 대해 매우 예민하다.

☐ 두통이나 복통을 자주 호소한다.

☐ 식욕이나 수면 습관의 변화가 있다. (현저한 식욕 감소 또는 증가/ 매일 불면 또는 과다 수면)

☐ 학교 가기를 싫어한다.

☐ 학교 성적이 떨어진다.

☐ 컴퓨터 게임에 지나치게 몰두한다.

☐ 죽고 싶다는 생각을 하거나 자해를 한다.

출처「2024년 정서행동특성검사 및 관리 매뉴얼」교육부·학생정신건강지원센터

시험을 앞두고 불안해하는 아이,
보기 안쓰러워요.

사례 엿보기

● 시험 불안에 시달리는 수연이 이야기 ●

시험이 다가오면 아침 조회 시간에 아이들과 밝게 인사하기도 쉽지 않다. 잠이 덜 깬 눈으로 나를 바라보는 모습이 안쓰럽다. 평상시보다 더 낭랑한 목소리로 아이들을 독려하지만, 아이들의 대답에는 힘이 없다.

최근 들어 특히 시험 불안을 호소하는 아이가 많아져 어떻게 상담해야 할지 걱정이다. 몇몇은 더욱 집중해야 할 시기에 집중을 못해 공부가 안된다고 울상이다. 분명 공부했는데 시험 문제 앞에선 알고 있는 것도 생각나지 않아 틀리기 일쑤고, 시험 생각만 해도 머리가 지끈지끈 아파 온단다.

강렬한 시험 불안에 시달리던 수연이는 등굣길에 갑자기 가슴이 답답하고 심장이 빨리 뛰어 죽을 것 같은 불안이 밀려왔다고 한다. 화들짝 놀라 응급실을 찾아갔지만 신체적으로는 아무런 이상이 없다고 했단다. 하지만 수연이는 다시 그런 일이 생길까 봐 늘 불안하다고 호소한다.

중고등학교에서는 시험 기간이 다가오면 상담실이나 보건실을 찾는 아이들이 부쩍 늘어납니다. 공부, 시험, 성적 등 학업 관련 스트레스가 아이들이 가장 흔하게 경험하는 어려움이기 때문이지요. 저의 학창 시절에도 시험 기간만 되면 화장실을 들락날락하며 힘들어하는 친구들이 있었습니다. 긴장감 때문에 지나치게 예민해지고, 식은땀을 흘리거나 소화가 잘 안돼 구토를 하는 친구도 있었고요. 돌이켜 보면 이 모두가 시험 불안으로 인한 신체화 증상이 아니었을까 생각됩니다.

많은 선생님이 공부 스트레스를 경험하는 아이를 만날 때면 학업과 관련된 지식을 알려 주는 것 외에 어떤 도움을 더 줄 수 있을까 고민합니다. 특히 시험 불안으로 인해 자신의 실력만큼 발휘하지 못하는 아이들을 보면 안타까운 마음에 몸 둘 바를 모르겠다고 해요. 아이가 불안해하더라도 나까지 덩달아 불안해하지 않고 아이의 마음을 진정시키는 데 도움을 주고 싶다고 합니다.
불안은 위험 상황에 대한 경고 신호이기에 우리 삶에 필수적인 감정이에요. 특히 시험같이 부정적인 결과가 나올 수 있는 위험하고 위협적인 상황에서 아이들이 경험하게 되는 자연스러운 정서 반응이라고 볼 수 있습니다. 불안하기에 공부를 해서 시험을 준비합니다. 이처럼 적절한 불안은 학습 동기의 원동력이 되기도 하지만, 불안이 지나치면 오히려 시험 준비를 제대로 못 하고 실력을 온전히 발휘하기도 어렵습니다. 그러니 지켜보는 선생님은 안타깝고 어떻게든 돕고 싶은 마음이 간절하지요. 우리 함께 아이들이 경험하는 불안의 이야기 속으로 들어가 볼까요?

● 걱정이 불안을 강화해 발작으로 이어질 수 있어요 ●

아이가 시험을 얼마나 두렵고 위협적으로 느끼는지에 따라 불안 반응이 다양하게 나타날 수 있습니다. 시험의 중요성, 시험을 통해 받은 긍정적 보상과 부정적 경험, 시험에서 자신이 기대하는 성공과 실패 가능성, 시험에 관한 인식 등이 시험 불안에 영향을 미칩니다.

우리가 주목해야 할 것은 인지적 요인인 '걱정'입니다. 심리학자 어니 J. 젤린스키(Ernie J. Zelinski)에 따르면, 우리가 하는 걱정의

96%는 불필요한 것이랍니다. 걱정의 40%는 결코 현실에서 일어나지 않는 일에 대한 것이고, 30%는 이미 일어난 일, 22%는 사소한 일에 대한 것이며, 4%만이 우리 힘으로 변화시킬 수 있는 일에 대한 것이라고 해요.

시험 불안에 시달리는 아이들의 걱정도 자세히 들여다보면 비현실적이고 불필요한 것, 현실에서 결코 일어나지 않는 일에 대한 것들이 있습니다. 시험 기간이 한참 남았음에도, 또 이미 시험이 끝났음에도, 여전히 시험에 대해 과도하게 불안해하고 긴장한다면 어떨까요? 잠도 잘 수 없고, 배가 아프고, 급기야 책상에 앉는 일조차 어려워진다면요? 시험 성적은 점점 더 떨어질 거예요. 또는 시험에서 원하는 성적을 내지 못했을 때, 자신을 지나치게 비판적으로 평가하거나 다른 사람들이 자신을 부정적으로 평가할 것을 염려하면 시험 불안은 더 심해지지요.

위 사례의 수연이처럼 시험 불안으로 힘들어하던 중 죽을 것 같은 공포에 시달리며 공황 발작을 경험한 경우는 더 유의해서 살필 필요가 있습니다. 수많은 연예인이 앓고 있다고 고백한 질병 중 하나가 공황 장애인데, 갑자기 엄습하는 강렬한 불안, 즉 공황 발작(panic attack)을 반복적으로 경험하는 질병이에요. 공황 발작은 경련 같은 발작이 아니라, 갑작스럽게 심한 불안(공황)이 나타납니다. 공황 발작이 일어나면, 가장 흔하게는 호흡이 가빠지면서 숨쉬기가 힘들어지고, 심장이 두근거리고, 식은땀이 나거나 어지러움 등의 신체 감각 변화를 경험해요. 공황이 오면 순간적으로 자신이 미치지 않을까, 죽지 않을까, 통제를 잃어버리지 않을까 두려움에 떨게 됩니다.

공황 발작은 극도의 죽음 공포를 야기시키기 때문에 공황 발작이 없는 시기에도 언제 또 공황 발작이 찾아오지 않을까 하는 예기 불안에 늘 시달릴 수밖에 없어요. 마치 호랑이와 함께 우리 안에 있는 것 같은 공포가 지속된다고 보면 됩니다. 이로 인해 등굣길에 버스를 타지 못하고, 학교 엘리베이터를 타지 못하거나, 친구들이 많은 교실에도 못 들어가게 되지요. 심장 마비에 대한 두려움으로 달리기 같은 운동을 못 하게 되어, 체육 수업에 대한 손실과 학교 적응에 심각한 결함을 가져오기도 하고요. 이처럼 시험 불안이 심해지면 공황 장애에 노출될 수도 있습니다.

아이 상담하기

• 불안을 부르는 부정적이고 비합리적인 사고를 수정해요 •

불안을 일으키는 시험 자체를 없앨 수 있으면 좋으련만, 현실적으로 가당치 않은 일이지요. 실제로 불안 유발 요인을 제거하는 것이 불안한 아이를 돕는 가장 좋은 방법은 아니에요. 살아가는 데 있어 어느 정도의 불안은 필요하고, 스트레스는 존재하기 마련입니다. '피할 수 없으면 즐겨라.' 는 말처럼, 즐기기는 어렵더라도 시험 불안을 조절하는 방법을 알려 주는 건 아이에게 큰 도움이 됩니다. 불안과 스트레스의 시간을 잘 견뎌 내는 힘, 이 힘을 아이들이 키워 나갈 수 있도록 도와주세요.

Step 1. 시험 불안으로 힘겨워하는 아이 마음에 공감해 봅니다.

어른인 우리 안에서도 겁쟁이가 불쑥 튀어나올 때가 있지요? 겉으론 뭐든지 척척 잘하는 사람도 알고 보면 마음속에 겁쟁이가 살기도 하고요. 누구라도 불안을 느끼는 순간이 있습니다. 그럴 때면 순식간에 작아져 아무도 없는 곳으로 도망가고 싶고 숨고 싶어져요. 그런 때는 "너도 그래? 나도 그래!"라는 말로 아이의 불안한 마음에 공감할 수 있습니다.

불안해하는 아이는 자신의 마음을 꽁꽁 숨길 때가 많습니다. 특히 사춘기에는 자신의 나약한 모습을 누군가에게 보이기 싫어합니다. 허세가 가득한 시기니까요. 그런 아이들에게 "너만 그런 게 아니야."라며 불안을 우리 모두에게 있을 수밖에 없는 감정으로 수용해 준다면 아이는 고개를 들어 세상을 다시 바라볼 거예요. 아이가 불안한 마음을 표현할 수 있도록 아이의 불안에 공감해 주세요.

Step 2. 시험 불안을 일으키는 부정적 사고를 점검해요.

아이 마음에 충분히 공감했다면 이제 시험 불안에 사로잡히게 만드는 부적응적인 사고가 있지는 않은지 함께 찾아봅니다. 불안이 높을 때 나타나는 비합리적인 생각으로는 다음과 같은 것들이 있어요.

'100점을 받지 못하면 그건 100% 내 책임이야.' (과도한 책임감)

'일등을 하지 못하면 내 인생은 망하는 거야.' (최악의 상황을 가정, 파국화)

'시험 때문에 좌절하는 상황을 나는 결코 견딜 수 없을 거야.' (낮은 좌절 인내력)

이런 생각은 지나치게 과장되어 있는 데다가 자신에게 큰 책임을 지웁니다. 거기다 시험에 실패하면 고등학교에 진학하지 못할 거라는 등 최악의 상황을 가정하고 비관적인 미래에 빠지게 만들지요. 이런 생각들이 과연 현실적인지, 자신을 더 힘들게 만들진 않는지, 자신을 살아 있게 하는지, 타인과의 관계를 힘들게 하지는 않는지 등을 함께 점검해 보세요.

Step 3. 비합리적인 사고를 하나씩 수정해 가요.

아이에게서 비합리적인 사고를 발견했다면, 잘못된 믿음이나 생각에서 벗어나 합리적으로 사고할 수 있도록 돕는 과정이 뒤따라야 합니다. 무조건 자기를 탓하고 비난하기보다, 그리고 끔찍한

결말을 예상하기보다, 상황을 현실적으로 조망하는 눈을 키워 주는 거지요.

예를 들어 '완벽하게 공부하지 않으면 시험을 망칠 거야.' 라는 생각은 '완벽하게 공부하고 싶지만 그럴 수도 없고 꼭 그럴 필요도 없어.' 라고 바꿔 보는 거예요. 완벽의 기준이 저마다 다르고, 완벽한 인생이란 없다는 점도 알려 줍니다. '이번 시험을 망치면 내 인생 망하는 거야.' 라는 생각은 '시험을 망치면 너무 안타깝겠지만 그래도 최악은 아니야.' 로 고쳐 생각해 봅니다. 생각을 어떻게 하느냐에 따라 감정과 행동이 달라질 수 있어요.

이처럼 비합리적인 사고를 수정할 때는 'A-FROG', '개구리 한 마리'를 떠올리세요. 인지 치료 창시자인 아론 벡(Aron Beck)은 인지 타당성을 평가하는 기준을 A−FROG로 설명합니다.

- A(alive) : 나의 생각이 나를 생기 있게 하는가?
- F(feel) : 나의 생각이 기분을 더 나아지게 만드는가?
- R(reality) : 나의 생각이 현실적인가?
- O(others) : 나의 생각이 다른 사람과의 관계에 도움이 되는가?
- G(goals) : 나의 생각이 나의 목표 달성에 도움이 되는가?

이런 질문을 통해 내 사고가 현실적으로 타당한지, 나와 내 상황을 이해하는 데 도움이 되는지를 점검할 수 있습니다.

Step 4. 불안을 잠재우는 방법을 연습해요.

마지막으로 불안할 때마다 몸과 마음을 편안하게 만들어 주는 방법을 안내하고, 함께 연습해 봅니다. 마음을 안정시키는 방법으로는 복식 호흡, 점진적 근육 이완법, 심상법 등이 있어요.

먼저 **'복식 호흡'**은 천천히, 조용히, 리듬감 있게 호흡을 반복하는 것입니다. 허리를 펴고 바른 자세로 앉은 다음, 마음속으로 '하나' 하면서 천천히 코로 숨을 들이쉬고 '괜찮아' 혹은 '편안하다' 라고 생각하면서 입으로 천천히 숨을 내쉽니다. 이때 4-4-6 숫자를 기억하면 좋아요. 4초간 숨을 들이마시고, 4초간 숨을 잠시 멈추었다가, 6초간 길게 '후~' 하고 내쉬는 거지요.

이 호흡법을 5분 정도 천천히, 조용히 그리고 자신만의 리듬감을 가지고 반복하다 보면 긴장했던 몸과 마음이 서서히 이완됩니다.

다음으로 **'점진적 근육 이완법'**은 몸의 근육을 강하게 5~10초 정도 긴장시켰다가 푸는 방식입니다. 이를 통해 긴장된 몸의 구석구석을 편안히 쉬도록 만들 수 있어요. 긴장한 상태에서는 보통 주먹을 꽉 쥐거나 목과 어깨가 뻣뻣해지는 것을 경험합니다. 그러니 주먹부터 목·어깨, 손·팔, 등, 배, 발·다리 순으로 근육을 천천히 풀어 주세요.

앞서 언급한 부위들을 5초 동안 강하게 꽉 쥐었다가 천천히 펴 보면 긴장이 완화되는 것을 느낄 수 있어요. 근육 이완법뿐 아니라 목, 어깨, 허리 등을 자주 스트레칭 하는 것도 좋습니다.

'심상법'은 평소 자신이 안정감을 느끼고 좋아하는 이미지를 형상화해 두고 불안할 때마다 떠올리는 방법입니다. 저는 아이들과 미술 치료 작업으로 '나만의 안전 지대 만들기' 활동을 자주 해요. 나만의 안전 지대를 떠올려 보면서 그림을 그리거나 클레이로 꾸미는 활동이지요.

아이들이 떠올린 안전 지대를 살펴보면 자신의 방에서 포근한 침대에 누워 있는 장면, 가족들과 함께 놀러 갔던 산과 바다, 물속에 누워 편히 쉬고 있는 모습이 많습니다. 머릿속에 이미지를 떠올리는 데서 끝내지 않고, 직접 그림을 그리거나 만들어 보면 이미지가 더욱 선명해지고 마음속에 저장하기에도 훨씬 효과적이에요. 심상법에서는 시각, 촉각, 청각, 후각, 미각을 충분히 동원해서 안전 지대를 풍부하게 상상하도록 하는 것이 관건입니다. 학기 초 아이들과 자신만의 안전 지대 그리기 수업을 진행한 뒤 그림을 학급 게시판에 게시하면, 아이가 불안할 때마다 자신의 안전 지대 그림을 보며 마음을 안정시킬 수 있어요.

생활 지도하기

• 호흡과 그라운딩으로 발작을 진정시켜 주세요 •

교실에서 강렬한 불안으로 인해 발작을 일으키는 아이를 만난다면 어떻게 도와줄 수 있을까요? 시험 도중에 공황 발작이 일어나는 경우가 종종 발생하기에 방법을 미리 숙지해 두면 도움이 됩니다.

공황 발작을 일으킨 아이를 발견했다면 주변을 먼저 진정시킵니다. 선생님과 친구들이 당황하면 아이는 더욱 불안해질 수 있습니다. 만약 아이들이 많은 교실에서 공황 발작이 일어났다면 아이를 조용한 공간으로 이동시켜 주세요. 이때는 아이를 부축해서 천천히 걸어 봅니다. 한 발짝씩 내디디며, 아이에게 공황 발작은 일시적이고 곧 지나갈 거라고 차분하게 알려 주며 안정시켜 주세요. "○○야. 숨이 가빠져서 당황했지? 괜찮아. 곧 지나갈 거야. 늘 그랬듯이 언제 그랬냐는 듯 잘 지나갈 거야."라고 말해 주세요.

과호흡으로 인해 숨을 쉬기 어려워하면 옆에서 천천히 "하나, 둘, 셋" 하고 숫자를 세어 호흡을 조금씩 맞춰 가게 합니다. 아이가 조금씩 진정된다면 주의를 현재에 둘 수 있도록 '그라운딩(grounding)'을 합니다. 그라운딩이란 아이가 지금 있는 이곳에 안정적으로 잘 연결되도록 돕는 기법이에요. 예를 들어, 지금 눈에 보이는 물건 다섯 가지를 찾게 하거나, 지금 귀에 들리는 소리 세 가지를 찾게 하면서 주의를 공황 증상에서 현재로 가져오도록 돕는 거지요. 또는 오늘이 무슨 요일인지, 지금 우리가 있는 곳이 어디인지 질문하면서 증상에 초점화된 주의를 분산시킬 수 있습니다.

"○○야, 지금 주변을 한번 살피면서 눈에 보이는 것 다섯 가지 정도를 선생님한테 이야기해 주겠니?"

"주변에서 빨간색 사물을 찾아서 선생님한테 이야기해 줄 수 있겠니?"

"주변에서 들리는 소리 세 가지 정도를 말해 볼 수 있겠니?"

아이는 주변에 보이는 물건을 찾고, 창문 밖에서 들려오는 교통 소음, 째깍째깍 울리는 시계 소리, 아이들이 떠드는 소리 등에 집중하면서 주의를 현재로 가져오게 돼요.

학부모 상담하기

• 아이의 불안 양상을 자세히 전달하고, 조절법을 알려 주세요 •

시험 불안이나 공황 발작 때문에 아이들이 힘들어한다면 부모님 상담은 필수입니다. 먼저, 아이가 학교에서 보이는 불안 양상을 잘 관찰해서 부모님께 전달하는 것이 중요해요. 공황 발작이 나 불안 증상이 실제 있었는지, 교실이나 운동장 등 주로 어디에서 증상이 나타났는지, 횟수와 강도 등을 파악한 뒤 안내해야 합니다.

부모님이 아이 상태를 알고 있다면 병원에서 심리 평가 등을 통해 진단을 받았는지, 현재 상담을 받고 있는지, 학교의 도움이 필요한 사항은 무엇인지를 함께 조율해 나가면 좋아요.

아이가 공황 증상이 심하고 불안으로 인해 학교생활에 부적응이 보임에도 불구하고 부모님이 상황을 인지하지 못하고 있다면 치료가 필요한 상황임을 알려야 합니다. 가정에서도 아이가 불안해할 때 어떻게 조절할 수 있는지 등을 안내하면서, 아이 상담에서 함께 연습한 안정화 기법을 부모님에게도 알려 주세요.

아이 지지하기

• 불안을 적절히 버무려 건강한 삶으로 나아가요 •

시험 불안에 빠진 아이들을 가만히 살펴보면, 시험 성적으로만 자신의 가치가 증명된다고 생각하는 경우가 많습니다. 아이들이 시험 성적으로 자신을 판단하지 않고, 다른 사람의 인정이나 칭찬을 떠나 자신을 있는 그대로 존중할 수 있게 하는 것이 어른인 우리가 가장 먼저 가르쳐야 할 일이라고 생각합니다. 평소 자신을 안정시키는 음악을 듣거나 스트레칭 등의 신체 활동을 통해 기분을 전환하고 마음의 건강까지 챙길 수 있게 돕는 것도 필요하고요. 그렇게 하면 아이들은 불안을 자신의 삶 안에 적절히 버무리며 점차 건강한 삶을 살 수 있게 될 거예요.

한 가지 더, 아이들을 상담하며 보니 시험 기간에 탄산 음료나 에너지 드링크, 커피, 초콜릿 등 카페인이 함유된 음식을 밥보다 더 많이 먹는 아이가 많았습니다. 한 아이는 시험 기간에 에너지 드링크를 두세 병씩 마시다가 갑자기 졸도해 놀란 적도 있어요. 심장이 두근거린다, 손발이 떨린다, 하는 신체 증상을 호소하는 아이의 일상을 살펴보면 고카페인의 영향도 무시할 수 없었습니다. 자라나는 아이들에게 고카페인은 심장을 두근거리게 만들고 부정적인 신체 증상을 발현시킬 수 있으니 섭취량을 제한하도록 안내해 주세요.

불안이라는 파도가 오는 걸 막을 순 없지만, 그 파도를 타고 유유히 서핑할 수 있는 아이들의 내일을 기대해 봅니다.

- 시험 기간 중에 보건실을 자주 찾는 아이는 불안이 신체화 증상으로 나타난 것일 수 있어요.

- 불안이 강렬해지면 갑자기 숨쉬기가 어렵고 죽을 것 같은 공황 발작에 시달릴 수 있어요.

- 교실에서 공황 발작을 일으켰다면 먼저 아이를 안전한 곳으로 이동시키고, 공황 발작이 곧 지나갈 거라고 안심시켜 주세요. 과호흡으로 힘들어하는 아이에게는 옆에서 "하나, 둘, 셋" 숫자를 세어 주며 천천히 숨을 쉴 수 있게 도와주세요.

- 시험 불안에 시달리는 아이를 상담할 때는 아이가 현재 가지고 있는 부정적이고 비합리적인 사고를 함께 점검하며 하나씩 수정해 가요. 어떻게 사고하느냐에 따라 감정과 행동이 달라집니다.

수업 시간마다 자는 아이,
게임 중독 같아요.

사례 엿보기

● 게임 중독에 빠진 윤호 이야기 ●

중3 윤호는 요즘 학기 초에 비해 수업에 잘 집중하지 못한다. 학기 초에도
수학 시간에 졸기는 했지만 다른 수업 시간에는 집중하려고 노력했는데,
지금은 모든 수업 시간에 꾸벅꾸벅 졸거나 아예 엎드려 잔다. 지난 중간고
사 때보다 기말고사 성적이 굉장히 떨어졌지만 윤호는 별로 개의치 않는
것 같다. 걱정스런 마음에 윤호를 불러 이야기해 봐도 눈에 초점이 없고
피곤해하면서 다소 짜증난 듯한 모습이다.

윤호 어머니와 통화를 하니 올해부터 어머니 근무지가 지방으로 바뀌어

평일에는 아빠와 윤호만 생활하고 주말에만 함께 지낸다고 한다. 그런데 아빠도 바쁘다 보니 윤호가 집에 혼자 있는 시간이 많은데, 게임을 하기 시작하더니 점점 통제가 안 되는 지경에 이르렀다고 했다. 게임을 하느라 밤낮이 바뀌었고, 최근에는 게임 아이템을 사려고 휴대폰으로 50만 원을 결제해 엄청 혼을 냈다는 것이다.

아무래도 윤호가 게임에 중독된 것 같은데, 윤호를 어떻게 상담하고 지도해야 할지 모르겠다.

어른인 우리도 스마트폰 사용을 자제하지 못할 때가 있습니다. 잠자리에 들어서 "이것만 보고 자야지."라고 다짐하지만, 알고리즘이 우리의 관심사를 자극하며 끝없는 스크롤의 늪에 빠뜨립니다. "이것만… 이것만…" 하다가 어느새 새벽을 맞이하기도 하고요. 어른도 이런데 아이들은 오죽할까요?

최근 학교에서 윤호 같은 아이들을 자주 봅니다. 남자아이들은 게임에 빠지고, 여자아이들은 SNS에 몰두합니다. 대부분 심각한 중독까지는 아니지만, 일부 아이들은 다양한 이유로 인터넷과 스마트폰에 중독됩니다. 여기서 얻는 즉각적인 보상과 가상 세계의 짜릿하고 새로운 경험이 아이들에게는 매력적일 수밖에 없어요.

인터넷 중독은 '과도한 인터넷 사용으로 인해 일상생활의 중요한 영역에 장애가 발생하는 상태'로 정의됩니다. 특히 게임 장애는 중독 행동으로 인한 장애로, 세계보건기구(WHO)에서 공식적인 정신 건강 질환으로 인정하는 심리적 질병 중 하나예요. 또한 인터넷 게임 중독은 미국정신의학회(APA)가 발행하는 정신 질환의 분류와 진단 기준에 관한 매뉴얼 「DSM(Diagnostic and Statistical Manual of Mental Disorders)」의 'DSM-5'에서 처음으로 '추가 연구가 필요한 부적응 상태'로 제시되었습니다. 그만큼 인터넷 게임 중독을 이제는 심각한 정신 질환의 하나로 인정하는 분위기예요.

인터넷 게임 장애 증상을 나타내는 아이는 학업이나 학교생활을 소홀히 하고, 컴퓨터나 휴대폰을 사용해서 오랜 시간 게임을 합니다. 보통 하루에 8~10시간 이상, 일주일에 적어도 30시간 이상 게임을 하면서 시간을 보내요. 주말은 밤을 새서 게임을 하고, 평일에도 하교한 후 새벽까지 게임을 하다 보니 수업 시간에 졸기 일쑤지요. 심지어 밥도 먹지 않고 잠도 자지 않고 게임에 몰입하기도 해 가정에 불화가 생깁니다. 게임을 못하게 하면 아이가 불안해하거나 분노해 그야말로 전쟁이 일어날 수도 있어요.

학교에서 인터넷 중독에 빠진 아이를 만나면 어떻게 상담하고 지도해야 할지 막막할 거예요. 학교생활을 제대로 못 하는 것도 문제지만, 선생님의 지도나 상담에 저항하는 모습을 보이면 그냥 내버려 두고 싶은 마음이 들 수도 있습니다. 하지만 인터넷 중독은 초기에 개입하지 않으면 치료가 매우 어려워요. 따라서 아이가 대부분의 시간을 보내는 학교에서 선생님이 아이의 변화를 빨리 알아차리고 개입하는 것이 중요합니다.

인터넷 중독에 빠진 아이를 이해하고, 이들을 효과적으로 지도하기 위한 구체적인 전략과 접근 방법을 살펴보겠습니다.

아이 이해하기

● 현실에서 긍정적으로 존중받은 경험이 부족해요 ●

인터넷 중독은 알코올 중독처럼 실제 물질 중독과 매우 유사한 패턴을 보여요. 금단, 내성, 일상생활 장애 등 중독의 일반적 증상뿐 아니라, 인터넷 매체로 인해 나타나는 특별한 증상을 포함합니다. 하나씩 설명하면 다음과 같아요.

'금단 증상'은 인터넷을 사용하지 않을 때 보이는 불안, 짜증, 우울, 분노 등을 말합니다. 인터넷과 차단돼 있을 때는 초조해하고 힘들어하지만, 인터넷을 다시 사용하면 괜찮아져요.

'내성 증상'은 인터넷 사용량이 점점 증가해야 만족스러운 상태가 되는 것입니다. 같은 수준의 만족을 얻기 위해 사용 시간을 점차 늘려 나가거나 점점 더 강렬한 자극을 추구하게 되지요.

'일상생활 장애'는 윤호처럼 수업 시간에 집중하기가 힘들고 잠을 자는 등 학교생활 적응에 문제가 생기거나, 온라인상의 관계에만 지나치게 몰두해 가족이나 친구들과의 관계가 소원해지는 등 일상에 적응하는 데 어려움을 겪는 현상입니다. 인터넷 사용을 제지하는 가족과 격렬한 갈등을 겪기도 하고, 수면이나 식욕 등에도 문제가 생길 수 있습니다.

한국지능정보사회진흥원(NIA)에서 배포한 '스마트폰 과의존 척도'에는 인터넷 중독의 특징이 보다 자세히 나와 있어요. 제시된 문항들을 체크해 보면서 선생님이 만나는 아이의 상태를 점검해 보세요.

[유아동] 스마트폰 과의존 척도 Smartphone Overdependence Scale

· 유아동(만3~9세) 관찰자용

요인	항목	전혀 그렇지 않다	그렇지 않다	그렇다	매우 그렇다
조절 실패 self-control failure	❶ 스마트폰 이용에 대한 부모의 지도를 잘 따른다.	①	②	③	④
	❷ 정해진 이용 시간에 맞춰 스마트폰 이용을 잘 마무리한다.	①	②	③	④
	❸ 이용 중인 스마트폰을 빼앗지 않아도 스스로 그만둔다.	①	②	③	④
현저성 salience	❹ 항상 스마트폰을 가지고 놀고 싶어 한다.	①	②	③	④
	❺ 다른 어떤 것보다 스마트폰을 갖고 노는 것을 좋아한다.	①	②	③	④
	❻ 하루에도 수시로 스마트폰을 이용하려 한다.	①	②	③	④
문제적 결과 serious consequences	❼ 스마트폰 이용 때문에 아이와 자주 싸운다.	①	②	③	④
	❽ 스마트폰을 하느라 다른 놀이나 학습에 지장이 있다.	①	②	③	④
	❾ 스마트폰 이용으로 인해 시력이나 자세가 안 좋아진다.	①	②	③	④

※ 기준점수(36점 최고점) : ❶~❸번 문항 역채점(1점→4점, 2점→3점, 3점→2점, 4점→1점으로 변환)
  채점 결과 : 고위험군 28점 이상, 잠재적 위험군 24~27점, 일반 사용자군 23점 이하

고위험 사용자군 | 총점 28점 이상 -스마트폰 과의존 성향이 매우 높으므로 관련 기관의 전문적인 지원과 도움이 필요합니다.
잠재적 위험 사용자군 | 총점 24점 이상~27점 이하 -과의존의 위험을 깨닫고 스스로 조절하고 계획적으로 사용하도록 노력이 필요합니다.
일반 사용자군 | 총점 23점 이하 -스마트폰을 적절히 이용하고 있지만, 앞으로도 지속적인 자기 점검이 필요합니다.

[청소년] 스마트폰 과의존 척도 Smartphone Overdependence Scale

· 청소년(만10~19세) 자기 보고용

요인	항목	전혀 그렇지 않다	그렇지 않다	그렇다	매우 그렇다
조절 실패 self-control failure	❶ 스마트폰 이용 시간을 줄이려 할 때마다 실패한다.	①	②	③	④
	❷ 스마트폰 이용 시간을 조절하는 것이 어렵다.	①	②	③	④
	❸ 적절한 스마트폰 이용 시간을 지키는 것이 어렵다.	①	②	③	④
현저성 salience	❹ 스마트폰이 옆에 있으면 다른 일에 집중하기 어렵다.	①	②	③	④
	❺ 스마트폰 생각이 머리에서 떠나지 않는다.	①	②	③	④
	❻ 스마트폰을 이용하고 싶은 충동을 강하게 느낀다.	①	②	③	④
문제적 결과 serious consequences	❼ 스마트폰 이용 때문에 건강에 문제가 생긴 적이 있다.	①	②	③	④
	❽ 스마트폰 이용 때문에 가족과 심하게 다툰 적이 있다.	①	②	③	④
	❾ 스마트폰 이용 때문에 친구 혹은 동료, 사회적 관계에서 심한 갈등을 경험한 적이 있다.	①	②	③	④
	❿ 스마트폰 때문에 업무(학업 혹은 직업 등) 수행에 어려움이 있다.	①	②	③	④

※ 기준 점수(40점 최고점)
   채점 결과 : 고위험군 31점 이상, 잠재적 위험군 23~30점, 일반 사용자군 22점 이하

고위험 사용자군 | 총점 31점 이상 -스마트폰 과의존 성향이 매우 높으므로 관련 기관의 전문적인 지원과 도움이 필요합니다.
잠재적 위험 사용자군 | 총점 23점 이상~30점 이하 -과의존의 위험을 깨닫고 스스로 조절하고 계획적으로 사용하도록 노력이 필요합니다.
일반 사용자군 | 총점 22점 이하 -스마트폰을 적절히 이용하고 있지만, 앞으로도 지속적인 자기 점검이 필요합니다.

출처_한국지능정보사회진흥원

그러면 인터넷 중독은 왜 일어날까요?

인터넷 중독의 원인은 사회 환경적 요인, 생물학적 요인, 개인적인 요인 등 다양한 요인이 복합적으로 작용해 발생한다고 알려져 있습니다. 제가 만난 인터넷 중독 아동·청소년의 공통점을 꼽자면, 가장 대표적인 것은 '현실에 대한 불만족감'입니다. 게임이든 SNS든 중독 수준에 이른 아이들은 현실 세계에 적응하는 데 어려움을 겪고 있었어요.

상담에서 만난 한 아이는 할 일이 없어서 게임을 하다가 중독 수준에 이르렀습니다. 그 아이는 대부분의 시간을 집에서 혼자 보내는데, 특히 코로나19 팬데믹 기간 동안 부모님이 출근한 뒤 혼자 남은 집에서 게임을 하다 만난 친구들과 소통하고 인정받는 경험이 좋았다고 해요. 그러다 보니 점점 게임을 중단하기 힘들어졌고, 게임에 몰두하느라 학원에 가지 않기 시작하면서 결국 등교 거부로 이어졌습니다. 앞 사례에서 만난 윤호도 비슷합니다. 일 때문에 지방으로 간 엄마와 바쁜 아빠, 혼자 집에 있는 시간이 부쩍 는 것이 게임 중독에 빠진 원인이었지요.

만약 이 아이들이 현실에서 게임보다 재미있고 자신 있게 할 수 있는 일이 있었다면, 함께 시간을 보내고 대화를 나눌 사람이 있었다면 어땠을까요? 적어도 인터넷에 과도하게 몰두하며 그 속에서 인정과 사랑을 받으려 애쓰지는 않았을 것입니다.

'인간 중심 상담 이론'을 만든 칼 로저스(Carl Rogers)에 따르면, 모든 사람은 더 나은 사람이 되고 싶은 욕구를 가지고 있습니다. 이를 위해서는 주변의 긍정적인 존중이 필요한데, 인터넷 중독을 경험한 아이들은 주변에서 긍정적인 존중을 받을 기회가 거의 없는 경우가 많아요. 이로 인해 관계의 어려움이나 현재 처한 상황 때문에 우울과 불안 같은 정서적 어려움을 겪으며, 현실을 회피하고 인터넷 세계로 빠져듭니다. 그곳에서라도 긍정적인 존중을 받고 싶기 때문이지요.

아이 상담하기

● 게임에 대한 아이의 양가감정을 탐색해 보세요 ●

중독에 빠진 아이를 상담하는 것은 선생님뿐 아니라 상담 전문가에게도 결코 쉬운 일이 아닙니다. 이들은 변화를 원하지도 않고, 상담을 받고 싶어 하지 않는 '비자발적 내담자'이기 때문입니다. 주변에서는 아이가 상담받기를 간절히 원하지만, 아이 자신은 상담에 저항적이에요. 중독에 빠진 아이는 종종 반항적인 태도로 상담실에 앉아 있으며, 어떤 아이는 오기 싫은데 억지로 데려왔다며 분개하기도 합니다.

아이들이 왜 이렇게 상담받기를 싫어하는지 이해하려고 하다 보면, 그들이 가장 두려워하는 것이 뭔지 알게 됩니다. 그들은 '어차피 게임을 못 하게 하는 게 목표인 상담은 받고 싶지 않다.'고 생각해요. 아이가 선생님과의 상담에서도 '어차피 선생님은 게임을 못 하게 할 거야.'라고 생각한다면, 상담을 진행하기가 정말 어려울 것입니다. 인터넷 중독에 빠진 아이들은 인터넷 사용 외에 현실에서 자신에게 만족감을 줄 만한 것이 거의 없어요. 그러다 보니, 인터넷 사용을 끊으려는 시도는 아이가 가진 유일한 재미를 뺏는 것처럼 느껴져 더 방어적인 태도를 취하게 되지요.

선생님이 인터넷이나 스마트폰 사용에 관해 아이에게 충고를 하거나 어떻게 해야 한다고 강하게 이야기하면, 아이에게 거센 저항을 불러일으킬 수 있습니다. "네. 선생님 말이 다 맞아요. 하지만…"이라고 말할지도 모르지요.

상담 이론 중 하나인 '동기 강화 상담'에서는 모든 중독 행위에는 양가감정이 존재한다고 합니다. 중독 행위를 계속하고 싶은 동시에 변화나 개선을 원하는 마음이 함께 있는 것이지요. 중독은 이점이 있지만, 그에 따른 대가도 따르기 때문이에요. 예를 들어, 밤새 게임을 하면 즐겁고 레벨도 업 되고, 나름 성취감도 느끼고, 게임 세계에서 인정받을 수 있을지 모르지만, 그에 따른 대가로 엄마의 잔소리, 수업에 집중하지 못함, 무기력과 나태함 등의 부정적인 결과도 감수해야 합니다.

그렇기 때문에 아이에게 게임을 줄이라고 직접적으로 설득하기보다 온라인 게임을 줄이는 것이 왜 이로운지, 온라인 게임을 지속하면 어떤 일이 일어날 수 있을지 아이 스스로 생각해 보고 이야기하는 기회를 제공하는 것이 중요해요. 이야기 중에 아이가 조금이라도 인터넷 사용 시간을 줄일 의향을 보이면, 비록 사소하더라도 그것을 격려하고 인터넷 사용을 어떻게 줄일 수 있을지 함께 고민해 보세요.

사례의 윤호를 상담할 때 선생님이 "윤호야, 네가 게임을 과도하게 하다 보니 수업 시간에 계속 엎드려서 자고 부모님도 걱정이 많으셔. 선생님도 윤호 성적이 계속 떨어지고 결국 학교생활이 더 힘들어질까 봐 걱정이 돼. 그러니 우리 이제 게임을 줄여 보자. 선생님이 도와줄게."라고 말하면 아이는 반발심이 들 수 있어요. 겉으로는 "네." 하고 대답해도 속으로는 '게임 말고는 혼자 있을 때 할 만한 게 없는데, 이걸 어떻게 줄여?' 라고 생각할 수 있지요. 그러니 게임 중독에 빠진 아이를 상담할 때는 다음과 같이 진행해 보세요.

Step 1. 아이가 게임에 관해 편히 말할 수 있도록 질문해요.
먼저 "어떤 게임을 하니?"라고 물으며 아이가 하는 게임에 관해 묻습니다. 그러면 아이는 신이 나서 이야기를 시작할 것입니다. 이때, 선생님은 그저 듣고만 있지 않고 맞장구를 쳐 가며 아이의 감정 선에 맞춰 주세요. 그러면 상담에 비자발적인 아이라도 선생님과 이야기를 하고 싶어 할 거예요. 게임 중독인 아이와 라포를 형성하는 방법은 아이가 좋아하는 게임에 대해 선생님도 호기심을 갖고 궁금해하는 것이에요. 아이가 좋아하는 게임을 원 없이 말하게 한 뒤에 "언제 또는 어떤 때 게임을 하게 되는 것 같아?", "어떻게 게임을 시작하게 됐어?", "게임을 하면 어떤 점이 제일 좋아?" 등 아이가 게임이나 인터넷, 스마트폰을 사용하는 이유와 그로부터 얻는 이득이 무엇인지 파악합니다.

아이가 게임을 하는 이유를 들으며 좌절된 아이의 욕구를 탐색해 볼 수도 있습니다. 게임에서 주로 만나는 친구가 있고, 팀별로 채팅을 하거나 통화를 하면서 하는 게임을 좋아하는 아이라면 현실 세계에서 친밀감의 욕구를 충족시킬 만한 친구가 없을 수 있습니다. 또는 레벨 업에 초점을 맞춰 게임을 하는 아이라면 현실 세계에서 성취 경험이나 인정 경험이 없어 게임상에서라도 그런 욕구를 충족시키고 싶은 것일 수 있어요.

Step 2. 아이의 말을 경청하고 느낌에 공감해 주세요.

아이의 이야기를 들으며 아이가 표현하는 감정과 생각들을 "네 입장이라면 그럴 수 있겠다."며 타당화하고 인정해 주는 것이 필요합니다. 늘 지적만 받던 아이는 자신의 입장을 이해하고 공감하는 선생님에게 마음을 열고 싶어질 거예요.

Step 3. 인터넷, 스마트폰, 게임 사용에 대한 양가감정을 탐색합니다.

위의 과정이 충분히 이루어지면 "그런데 혹시 게임 때문에 후회하거나 곤란하거나 걱정되는 일은 없니?" 하고 물어보세요. 이때 아이의 말을 판단하거나 평가하지 않고 있는 그대로 듣고 "~라는 거지?" 하며 명료화해 주면 됩니다. 이런 과정을 거치면서 아이는 자신이 왜 게임을 하게 되고, 어떤 마음에 게임을 지속하며, 무엇을 기대하고 무엇을 걱정하는지를 스스로 생각해 볼 수 있어요.

Step 4. 아이와 함께 대안 활동을 찾아보세요.

아이가 인터넷 사용을 조금이라도 줄이고 싶은 마음을 내비치면, "어떻게 그런 생각을 할 수 있었어?"라는 칭찬과 함께 대안 활동을 찾아 주는 것이 중요합니다. 학교에서도 친구들과 함께 즐겁게 할 수 있는 일, 게임 외에 자기 효능감을 느낄 수 있는 활동들을 적극적으로 찾아 주세요. 특히 아동·청소년은 친구의 영향을 많이 받기 때문에, 또래 집단에서 긍정적인 격려를 경험할 수 있게 지도하면 좋습니다.

이 단계는 가정의 협조가 무엇보다 필요합니다. 중독에 이른 아이들은 다른 활동을 해 본 적이 없고 할 수 있는 것도 제한적이기 때문에, 관심을 가질 만한 대안 활동을 찾기가 쉽지 않아요. 부모님이 아이와 눈을 더 많이 마주치고 함께 시간을 보낼 수 있게 안내해 주세요. 인터넷이나 스마트폰 사용 외에 아이와 함께 할 수 있는 활동 영역을 늘려 가는 것도 중요합니다.

물론 이런 노력들은 결코 만만하지 않습니다. 인터넷 중독은 전문적인 치료가 반드시 필요하므로 중독이 확인되면 학부모 상담과 함께 전문 상담 기관이나 학교 내 상담실로 연계해 주세요.

학부모 상담하기

• '따뜻함'과 '단호함'을 적절히 활용하도록 안내해요 •

다른 상담과 마찬가지로 인터넷 중독 문제도 반드시 가족 상담을 병행합니다. 인터넷 중독은 아이 혼자서 해결하기 어렵습니다. 부모님이 아이의 인터넷 사용을 적절히 관리하고 지원해야만 문제를 해결할 수 있어요. 그만큼 인터넷 중독 상담에서 부모님 역할은 매우 중요합니다. 부모 상담은 크게 두 가지 측면에서 이루어지면 좋습니다.

먼저는 '따뜻함'의 측면이에요. 중독에 대해 오랫동안 연구하고 상담해 온 최은영 교수에 따르면 중독은 '빠진다' 보다는 '기댄다' 는 표현이 더 어울린다고 합니다. 아이가 중독에 기댈 수밖에 없던 이유는 무엇일까요? 텅 빈 것 같은 공허함, 누구도 나를 알아주지 않는 것 같은 외로움, 내가 별로인 사람처럼 느껴지는 불안, 이대로 계속 나빠질 것 같은 막연한 두려움 등 여러 부정적인 감정들 속에서 우리 아이가 중독에 기댈 수밖에 없을 정도로 허덕이고 있지는 않았을까요?

부모님이 아이의 상황을 잘 살펴보고 아이 마음에 가만히 다가가도록 안내하세요. 아이의 공허하고, 외롭고, 우울하고, 불안했던 마음이 부모님 마음에도 와 닿을 거예요. 아이가 느꼈을 그 마음을 따뜻하게 반영하고 공감해 주는 것이 중요합니다.

다음으로는 '단호함' 의 측면입니다. 따뜻하기만 해서는 아이의 변화를 이끌어 내기 어렵습니다. 인터넷 사용에 관한 규칙을 명확하게 설정하고 지켜 나가는 것이 필요하지요. 이때 부모님은 조금 더 지시적이고 단호한 태도로 주도하되, 아이가 청소년이라면 함께 협의해 지킬 수 있는 규칙을 세우는 것이 좋습니다. 좋은 규칙은 아이가 지킬 수 있는 것이어야 하고, 수정이 가능해야 하며, 목표 달성 정도를 체크할 수 있는 규칙입니다.

한번 생각해 볼까요? 9시간 동안 게임을 하는 아이라면 단번에 30분으로 줄이는 것은 불가능에 가깝습니다. 현재 아이의 수준에서 지킬 수 있는 만큼을 설정해야 해요. 이때 아이와 의논해서 도전해 볼 만한 규칙을 정하면, 아이는 성취감을 느끼며 규칙을 지켜 나가고 싶은 마음이 들 수 있습니다. 또한 규칙에는 반드시 정해진 시간에 어디서 어떻게 인터넷을 사용할 것인지에 관한 내용을 포함시켜야 해요. 규칙을 잘 지켰을 때의 보상과 지키지 않았을 때의 벌을 명확히 정하고 예외 없이 지켜야 합니다. 규칙에서 중요한 것은 부모님 기분에 따라 규칙이 변하지 않고 일관성 있게 유지되는 것입니다. 부모님도 아이와 함께 규칙을 지키며 모범을 보이면 효과가 훨씬 좋겠지요.

인터넷 사용을 규제할 때는 적절한 환경 조성도 필요하답니다. 가능하면 공용 공간에서 인터넷을 사용하도록 가족의 협조를 요청하세요. 거실이나 주방과 같이 가족들이 함께 있는 공간에서 아이가 인터넷을 사용하게 합니다.

끝으로, 아이가 인터넷 사용을 줄이는 것을 넘어서 인터넷을 하지 않는 시간에 무엇을 할지, 대체 활동을 함께 찾아보도록 권하세요. 몸을 움직이는 활동이면 더 좋습니다. 대체 활동을 찾기가 정말 힘들다면 아이가 즐겨하는 게임 등에 부모가 관심을 갖고 그에 관해 대화를 나누는 것부터 시작할 수도 있습니다. 또는 인터넷 중독 전에 아이가 좋아했던 활동들이 있다면 부모님이나 친구와 함께 해 보기를 권유하는 것도 도움이 됩니다.

이렇게 부모님과 아이가 함께 인터넷 사용에 대한 규칙을 정하고 이를 지키기 위해 협력하는 과정에서 인터넷 중독을 예방할 뿐 아니라, 아이는 부모님으로부터 관계를 경험하는 법, 타협하는 법을 배워 갈 거예요.

아이 지지하기

● 아이들에게 있어 인터넷 세계의 의미를 이해해 주세요 ●

2022 항저우 아시안게임에서 44세 나이로 '스트리트 파이터 시리즈 5'에서 금메달을 딴 김관우 선수를 아시나요? 그는 어릴 때 게임을 너무 좋아해서 엄마에게 혼이 많이 났다고 합니다. 엄마가 우스갯소리로 "너 그러다가 금메달 따겠다?"라고 했는데, 정말로 e-스포츠 게임으로 금메달을 땄어요.

아이들 사이에서 게임을 잘하는 것은 큰 자부심입니다. 자기 효능감에 영향을 미칠 만큼요. 그래서 최근에는 프로게이머를 꿈꾸는 아이도 많습니다.

현대 사회에서 인터넷은 다양한 편의를 제공하며, 우리의 일상에 깊숙이 통합되어 있습니다. 특히 청소년들에게는 가장 사랑받는 엔터테인먼트 수단이 되었지요. 아이들 세계에서는 게임을 잘하는 아이, SNS를 잘 활용해 자신을 어필하는 아이의 영향력이 엄청납니다. 그렇기에 무작정 막기보다는, 아이들과 함께 인터넷의 세계에 뛰어들어 그들이 더 건강하고 균형 잡힌 인터넷 사용을 할 수 있게 도와주는 것이 필요해요. 우리 어른들이 아이들의 인터넷과 스마트폰 문화의 즐거움을 이해하고 지지하는 동시에 건전한 사용을 촉진하며 돕는 것이 지금 현실의 교육에서 가장 중요한 부분이라고 생각합니다.

상담 핵심 노트

- 인터넷 중독은 물질 중독과 매우 유사한 패턴을 보여요. 금단 증상, 내성 증상, 일상생활 장애의 어려움이 뒤따를 수 있어요.
- 인터넷 중독 아동·청소년의 공통점으로 '현실에 대한 불만족감'을 꼽아요.
- 인터넷 사용을 줄이라고 강하게 설득하는 것은 아이에게 반발심을 불러일으킬 수 있어요. 아이의 말을 경청하고 공감하며 인터넷 사용에 대한 아이의 양가감정을 탐색하며 대안 활동을 찾는 것이 필요합니다.
- 학부모 상담에서는 아이의 마음을 공감하고 이해하는 '따뜻함'과 인터넷 사용에 관한 규칙을 명확하게 설정하고 지켜 나가는 '단호함'이 모두 필요하다는 사실을 강조해 주세요.

✎ 인터넷 일과표 작성

인터넷 중독에 빠진 아이에게는 자신의 인터넷 사용 시간을 객관적으로 모니터링하는 일이 중독에서 빠져나오는 데 도움이 될 수 있습니다. 아이가 스스로 일과표를 작성해 보는 과정에서 인터넷 사용 시간이 생각보다 많다는 사실을 직접 확인하며 변화의 동기를 발견할 수 있어요.

일과표						
	월	화	수	목	금	토	일
6시							
7시							
8시							
9시							
23시							
24시							
1시							
2시							
3시							
4시							
5시							

느리고 눈치가 없는 아이,
어떻게 도와야 할까요?

사례 엿보기

● 매사 한 박자 느린 시온이 이야기 ●

조용하고 내성적인 시온이는 학교 적응 전반에 어려움이 있었다. 담임으로서 지켜본 바로는 수업 시간에 수업 내용을 이해하기 어려워했고, 숙제도 마치지 못한 때가 많았다. 시온이가 학습 내용을 이해할 수 있게 더 자세히 반복해서 설명해도 시간이 더 필요해 보였고, 노력했음에도 불구하고 잘되지 않자 시온이는 좌절감을 느끼는 것 같았다.

특히 친구 관계는 시온이에게 또 하나의 도전이었다. 시온이는 친구들을 좋아하고 어울리고 싶어 했지만, 친구들의 간단한 농담이나 대화의 뉘앙스를 이해하지 못해 곧잘 겉돌았다. 이처럼 학습에도 어려움을 겪고 친구 사이에서도 소외되다 보니, 시온이는 점점 짜증이 많아졌고 억울하다고 호소하는 일이 잦아졌다.

시온이 부모님은 상담에서 아이가 어릴 때부터 언어나 학습 속도가 조금 느렸을 뿐 별다른 특이 사항은 없었다면서, 오히려 반 아이들이 시온이를 안 좋게 보는 게 아니냐며 방어적인 태도를 보였다.

시온이와 상담해도 매번 제자리걸음인 것 같아 답답하고, 포기하고 싶은 마음이 든다.

가끔 '애가 지금 내 말을 이해 못 한 건가?' 하는 의문이 들 만큼 기본적인 의사소통이 잘 안 되는 아이들이 있습니다. 대화를 해도 서로 생각을 주고받으며 이야기를 이어가지 못하고 말이 겉돌기 일쑤며, 결국 답답함만 남기고 대화가 끊어지기도 하지요. 이런 아이는 선생님 말만 이해하지 못하는 게 아닙니다. 또래 사이에서도 대화의 맥락을 곧잘 놓치고, 친구들의 뉘앙스나 농담을 잘 파악하지 못해 함께 어울리기 힘들지요. 아이의 발달 연령에 맞는 의사소통이 잘 이루어지지 않는 듯합니다. 게다가 학습과 관련해서도 학년이 올라갈수록 더 따라가기 힘들어하고 무기력한 모습을 보입니다.

또래에 비해 어리숙한 느낌이 드는 아이들, 학습뿐 아니라 관계에서도 흐름을 따라가는 것이 아주 느리게 발달하는 아이들이

'느린 학습자'라 불리는 아이들입니다.

• 누적된 좌절에 따른 무기력감을 들여다봐 주세요 •

느린 학습자란 경계선 지능과 유사한 특성으로 사회적 상황에서 어려움을 겪는 이를 의미합니다. 같은 연령대와 비교했을 때 천천히 배우는 그들의 특성에 따라 느린 학습자로 정의하지요. 지능 정규 분포에 따르면, 지능 지수가 71~84 사이인 느린 학습자는 전체 인구의 13.59%를 차지하는데, 이는 장애인 인구의 2.7배라고 해요. 우리나라 학생 인구 가운데 80만 명, 즉 한 학급당 2~3명 정도가 느린 학습자일 것으로 추정됩니다.

혹시 선생님도 생각나는 아이가 있나요? 느린 학습자 아이는 대개 초등학교 저학년 때까지는 또래에 비해 큰 차이가 드러나지 않습니다. 그저 조금 느린 정도로 발견이 됩니다. 하지만 조금 더 복잡한 인지 과정이 요구되는 초등 3~4학년부터는 학습이나 또래 관계에서 느린 학습자의 특징이 두드러지기 시작하지요. 이해를 돕기 위해 느린 학습자 아이의 특징을 간략히 살펴보겠습니다.

먼저 '인지와 학습 측면' 입니다.

느린 학습자 아이는 또래에 비해 주의 집중이 어렵습니다. 물론 자신이 관심 있는 분야에서는 또래와 비슷한 집중 시간을 보이기도 하지만, 대부분의 상황에서 집중력이 떨어집니다. 생각하는 힘이 부족하다 보니 스스로 판단하기보다는 주변의 판단에 의존하려 하거나, "난 못해요.", "모르겠어요.", "안 할래요."라는 말을 자주 하며 쉽게 포기하지요. 단기 기억력뿐 아니라 장기 기억력도 약하고, 기억할 수 있는 양과 정보 처리 능력이 부족해 자연스럽게 학습에 어려움이 생깁니다. 학년이 올라갈수록 기존 지식과 새로운 정보를 연결하는 개념적이고 추상적인 학습이 많아지기 때문에, 느린 학습자 아이들의 어려움은 더 커져 갈 수밖에 없습니다. 또래가 한 번 듣고 이해하는 내용을 느린 학습자 아이는 여러 번 반복해야 겨우 배우기 시작하니까요.

다음으로 '정서와 사회적 측면'에서 보면, 느린 학습자 아이는 학년이 올라갈수록 누적된 어려움으로 학습을 수행하지 못할 것 같은 상황이 계속되기 때문에 여러 상황에서 긴장과 불안이 높아집니다. 좌절을 반복 경험하면서 자존감이 낮아지고, '나는 할 수 없다.'는 무기력에 빠져 우울감을 느끼기도 하고요.

느린 학습자 아이는 또래보다 감정 표현이 서툴고 사회적 센스가 부족해 친구 관계에서도 어려움을 겪습니다. 하지만 타인에게 의존하며 관심과 사랑을 받고 싶어 하는 마음이 크다 보니 타인을 지나치게 쉽게 수용해서 관계에서 휘둘리는 모습을 보이기도 해요. 또래와 어울리고 싶은 마음은 크지만 눈치나 소통 기술이 부족해 친구들 말을 잘 알아듣지 못하고, 답답함에 공격성과 충동적인 행동을 보이기도 하고요. 특히 모둠 활동을 할 때 모둠원과의 관계를 파악하고 적응하는 데 어려움을 겪으며 쉽게 소외될 수 있습니다.

느린 학습자 아이들이 또래 관계에서 보이는 가장 큰 특징은 나이에 비해 매우 자기중심적으로 사고한다는 점입니다. 전체적인 맥락에서 사고하기가 어려워, 친구의 말을 맥락 내에서 이해하기보다는 액면 그대로 받아들이거나 의도를 오해해 잘못 판단하는 경우가 많아요.

자신의 행동을 스스로 성찰하는 것도 쉽지 않지요. 예를 들어 "친구가 나한테 하지 말라고 소리 질렀어요."라고 선생님에게 말하면 선생님은 "무슨 일이 있었니? 네가 어떤 행동과 말을 했니?"라고 물어봅니다. 그러면 대부분 아이는 무슨 일이 있었는지, 자신이 어떤 행동을 했는지 등 상황을 설명하는데, 느린 학습자 아이는 선생님의 질문을 알아듣지 못하거나 그저 억울해하며 "쟤는 나한테 하지 말라고 소리 질렀으니까 나빠요."라는 말만 되풀이할 수 있어요.

또 '신체적 측면'에서 느린 학습자 아이는 소근육이나 대근육 등 운동 신경이 덜 발달해 또래 아이들이 할 수 있는 미세한 동작을 수행하는 데 어려움을 겪습니다. 예를 들어, 글을 쓸 때 속도가 느리거나 글씨체가 매우 삐뚤어질 수 있어요. 지구력이나 순발력도 약해 무언가 활동을 오랫동안 지속하거나 빠르게 대처하는 것이 어렵기도 하고요.

어릴 때부터 다양한 영역에서 발달이 원활하지 않고 반복되는 좌절감을 경험한다면 어떨까요? 쉽게 주눅 들고 위축되면서, 자신감이 떨어질 거예요. 이는 아이뿐 아니라 아이를 가르치는 선생님 입장에서도 매우 좌절되는 일일 수밖에 없습니다. 잘 안내하고 가르쳐 주고 싶은데 아이가 생각만큼 따라오지 못하니 선생님도 무기력감을 느낄 수 있지요.

이처럼 느린 학습자는 인지, 정서, 사회성, 신체 발달이 느리게 진행되는 특성으로 인해 학교 안팎에서 학습과 또래 관계에 어려움을 겪을 가능성이 높습니다. 그러니 아이를 위해 가능한 빨리 아이의 어려움을 발견하고 개입하는 것이 중요해요.

하지만 느린 학습자 아이는 교육 사각지대에 놓여 있는 경우가 많습니다. 경계선 지능을 가진 아이는 특수교육 범주에는 해당하지 않기 때문에 일반 교육과정 속에서 학습과 생활 지도를 받는

데, 여기서 실패를 경험할 가능성이 크지요. 그들은 일반학급과 특수교육을 위한 통합학급 중 어디에도 속하지 못한 채 여러 어려움을 겪습니다. 그래서 아이들을 가장 가까이서 만나는 우리 선생님들이 느린 학습자 아이의 특징을 이해하고, 이에 따른 상담과 지도법을 잘 알고 도움을 주어야 합니다.

아이 상담하기

● 구체적이고 직접적으로 말해 주세요 ●

앞서 살펴본 바와 같이 느린 학습자 아이는 여러 어려움으로 인해 상당히 위축되어 있고 불안과 우울을 종종 경험하지만, 아이마다 겉으로 드러나는 양상은 다를 수 있습니다. 어떤 아이는 학교에서 소극적이고 위축된 모습으로 무력하게 있는 반면, 어떤 아이는 굉장히 산만하고 충동적인 모습을 보이지요. 이런 느린 학습자 아이를 어떻게 도우면 좋을까요?

느린 학습자 아이는 일반 아이에 비해 지적 능력에 제한이 있습니다. 보통 초등 고학년 이후부터는 아이와 이야기를 통해 아이의 생각을 확인하고 변화를 시도하는 '통찰 접근의 상담'을 하는데요, 느린 학습자 아이와는 통찰 접근의 상담이 실패할 확률이 높습니다. '통찰한다'는 것은 경험한 것의 이면을 보고, 사고하고, 새롭게 응용하는 사고 활동이에요. 그런데 이것이 어려운 아이에게 계속 생각하도록 질문하거나, 복잡하게 상황을 설명하는 것은 전혀 도움이 안 될 수 있어요. 그렇기 때문에 느린 학습자 아이를 상담할 때는 생각을 독려해 대답을 끌어내려 노력하기보다, 구체적이고 직접적으로 가르쳐 주고 반복하는 것이 더 효과적입니다.

예를 들어, 아이가 화가 나서 소리를 지르는 상황이라고 가정해 볼게요. 당연히 상담에서는 어떤 일로 화가 났는지, 어떤 이유로 소리를 질렀는지 물어봐야 하지만, 느린 학습자 아이는 질문에 대답하기 어려워합니다. 그 이유는 '어떻게 말해야 할지 몰라서'일 가능성이 높아요. 이때는 선생님이 아이가 느꼈을 법한 감정들을 가정해서 구체적으로 물어보거나, "나라면 이때 ~한 감정을 느꼈을 것 같아."라고 구체적으로 반영해 주면 좋습니다.

그리고 이런 상황에서는 어떻게 해야 할지, 행동적 측면에 대한 구체적 개입도 필요합니다. 예를 들어 "이렇게 화가 날 때 바로 소리를 지르지 말고, 10초를 세면서 천천히 호흡을 해 보자."라며 감정을 조절하는 방법을 정확하게 알려 주고, 연습하도록 도와주는 것이 효과적입니다.

생활 지도하기

● 예습을 강조하고, 모둠에서 역할을 만들어 주세요 ●

느린 학습자 아이를 생활 지도할 때 기억해야 할 키워드는 **'명확한 지시'**와 **'반복'**입니다. 선생님의 지시는 명확하고 간결해야 합니다. 복잡하거나 추상적인 이야기는 아이들에게 전혀 와닿지 않아요. 가능한 시각적인 자료 등을 활용해 구체적인 예시를 들어 설명하고 아이에게 직접적으로 지시를 하되 여러 번 반복 학습시키는 것이 좋습니다.

학습과 관계의 어려움에 어떻게 개입할지 자세히 살펴볼게요.

먼저 느린 학습자는 예습이 없다면 수업 진도를 따라가기가 상당히 어렵습니다. 느린 학습자는 배운 것을 기억하고 필요할 때 이전 기억을 꺼내 활용하는 속도가 느리기 때문에, 단계별로 하나하나 상황에 맞게 더 많은 반복이 필요해요. 따라서 가정과 연계해 반드시 예습을 하도록 도와주세요.

또한 느린 학습자는 배운 것을 응용해 예측하는 일이 어려울 수 있어요. 경험을 통해 학습이 이루어지기 때문에, 배운 내용을 반드시 일상생활과 연결해 반복하는 연습이 필요하지요. 예를 들어, 계산 문제를 배웠다면 문구점에서 필요한 물건을 구매하고 거스

름돈 받아오기, 엄마 심부름하기 등 학습 내용을 실생활과 연계하는 것입니다. 아이가 정규 과정을 따라오는 것이 너무 힘들면, 다른 대안적인 학습 방법도 고려할 필요가 있습니다.

다음으로 느린 학습자 아이들은 눈치가 없고 친구들의 은어나 속어를 이해하지 못해 관계에서 어려움을 겪습니다. 또래에게 무시당하거나 놀림을 받기 쉬워요. 게다가 이런 일들을 말로 조리 있게 풀어내는 능력이 부족해, 억울한 마음에 폭력을 사용하거나 토라져 울어 버리는 등 미숙하게 대처할 수 있습니다. 상담 중에는 상황에 맞지 않는 감정 표현을 보일 수도 있고요.

느린 학습자 아이의 또래 관계 어려움을 포착했다면, 쉬운 말로 하나하나 차근차근 물어봐 주세요. 예를 들어, 아이가 화가 나서 친구를 때렸다면 그 자리에서 바로 채근하기보다는 아이를 일단 친구와 분리한 뒤, 때리기 전에 무슨 일이 있었는지부터 시간의 흐름에 맞게 하나씩 물어 가며 아이의 감정을 읽어 줍니다. 그리고 때리지 않고 화를 표현할 수 있는 방법을 반복해서 가르쳐 주세요. "네 마음을 표현해야 해."라고 말하면 아이는 이해하고 적용하기 힘듭니다. 그러니 앞선 상담에서의 개입처럼 더 구체적으로 "네가 이렇게 말하면 속상해."라고 친구에게 이야기해 보라고 일러주고, 그래도 해결이 안 되면 선생님한테 와서 말하라고 구체적으로 알려 줍니다.

또 모둠 활동에서 친한 친구들끼리 알아서 모둠을 짜라고 하면 느린 학습자는 소외되기 쉽습니다. 아이가 모둠에서 배제되지 않도록 제비뽑기나 번호로 조를 만들어 주고, 모둠에서 작은 역할이라도 맡을 수 있게 도와주세요.

느린 학습자 아이를 무시하고 놀리는 아이가 있다면, 평소 학급 아이들에게 이렇게 이야기해 주는 것도 도움이 된답니다.

"사람마다 배우는 속도가 다를 수 있어. 어떤 아이는 굉장히 빠르게 배우는 반면, 어떤 아이는 보통 속도보다 더 천천히 배우지. 이건 누구의 잘못도 아니고, 좋고 나쁨도 아니야. 그냥 각자가 타고난 모습이야. 우리는 그 속도를 존중해 주어야 해. 누군가가 느리다고 무시하거나, 화를 내거나, 투덜거리는 것은 존중의 태도가 아니야. 조금 더 빨리 배우는 친구가 느린 친구의 보폭에 맞춰 설명해 주고 기다려 주는 것이 존중의 태도라는 점을 꼭 기억해 줘."

학부모 상담하기

● 학교와 가정이 서로 보폭을 맞추어요 ●

느린 학습자 아이의 양상은 저마다 다르게 나타날 수 있지만, 제한된 지적 능력으로 인해 학습, 정서, 또래 관계, 신체 등 다방면에서 어려움을 겪는 점은 비슷합니다. 아이를 지도하고 상담하는 데 필요한 것은 조금이라도 빨리 아이 수준에 맞게 개입하고, 해결 방법을 반복해 알려 주는 것입니다. 이는 교사의 노력만으로는 부족하고, 부모님에게 협조를 구하는 것이 가장 중요합니다. 아이가 대부분의 시간을 보내는 두 곳에서 아이 보폭에 맞추어 도움을 주어야 해요. 하지만 이는 매우 어려운 일이라는 것을 이해합니다. 아이가 지적 능력에 제한이 있거나 발달이 느리다는 사실은 부모님에게 절망감을 줄 수 있기 때문이지요. 그렇기에 선생님들은 다음 사항들을 잘 기억하며 상담을 이어 가기를 바랍니다.

교실에서 아이가 느린 학습자라는 의심이 들 때, 먼저 부모님에게 아이가 학교에서 경험하는 어려움을 있는 그대로 관찰의 언어로 전달해야 합니다. 예를 들어 "아이가 친구들과 못 어울려요." 대신에 "아이가 친구들과 모둠 활동을 할 때 어떻게 말해야 하는지 몰라 가만히 있어요."라고 하고, "아이가 학습을 못 따라가요." 대신에 "아이가 수업 시간에 계속 같은 질문을 합니다."라고 말하는 것이 좋습니다. 이 말을 하는 이유가 아이를 평가하거나 판단하려는 것이 아니라, 아이가 더 편안하게 학교생활을 하도록 돕고 싶기 때문임을 함께 전달해 주세요.

느린 학습자 아이는 게으르거나 열심히 하지 않아서 학습을 따라가기 어려운 것이 아닙니다. 상담을 할 때면, 느린 학습자 자녀를 둔 많은 부모님이 이 점을 오해하고 아이를 채근하거나 처벌하는 경우를 많이 봅니다. 그렇기 때문에 학교 상담실의 협조를 받아 아이가 구체적으로 어떤 면에서 어려움을 겪는지 알 수 있는 종합 심리 검사를 안내하거나, 지역 내 전문 기관과 연계해 아이를 도울 수 있다는 정보를 제공하는 것도 좋습니다. 예를 들어 종합 심리 검사를 통해 아이의 지능 지수와 정서적 어려움의 정도를 확인할 수 있습니다. 이를 통해 아이에게 맞춤형 도움을 줄 수 있으니, 부모님과 협력해 아이의 현재 상태를 빨리 체크하는 것이 필요해요. 부모님께는 아이가 어떤 영역에서 어려움을 겪고 있는지 정확하게 알아야 아이에게 더 알맞은 도움을 줄 수 있다고 말하며 검사를 권유해 주세요.

느린 학습자 아이에게 일반 교육은 속도가 너무 빨라 학습 효과가 떨어지고, 특수교육은 너무 쉬워 학습 효과가 떨어질 수 있습니다. 어느 쪽이 더 적합한지 부모님과 충분히 상의해 아이를 위한 최적의 방향을 찾아가는 것이 중요해요.

• 아이의 속도를 인정하고, 격려와 믿음을 전해요 •

학교에서 느린 학습자 아이를 상담하다 보면, 담임 선생님의 역할에 따라 아이의 학교 적응에 큰 차이가 생긴다는 사실을 알게 됩니다. 아이의 수준과 속도를 인정하고 이해하는 선생님은 아이를 채근하거나 답답하게 여기지 않고, 아이 입장에 공감적으로 다가가며 그들의 노력을 격려해요. 이런 격려는 아이의 자존감을 높이고, 아이는 힘든 상황에서도 선생님의 지지와 믿음을 받고 있다는 사실에 큰 힘을 얻습니다. 좀 느리더라도 배움과 성장을 이어가는 아이는 자신에 대한 확신을 가지게 되지요.

물론 느린 학습자 아이를 가르치고 지도하는 일은 쉽지 않습니다. 때로는 선생님의 열정적인 지도가 아이와 부모님에게 부담이 되기도 합니다. 선생님 입장에서는 아이가 정상과 특수의 경계에 서 있는 만큼 열심히 노력하면 보통의 아이들과 같아질 수 있다는 희망을 갖게 되고, 그렇기에 더 열정적으로 교육하려고 애쓸 수 있어요. 하지만 그것이 아이에게는 부담이 되고, 부모님에게는 기대가 큰 만큼 큰 실망을 안겨 줄 수 있지요. 자칫하면 선생님과 아이, 부모님 모두 좌절하고 헤매다가 포기하고 싶어지기도 합니다.

그러므로 선생님은 아이의 속도를 인정하고, 인내하며 기다려 주어야 합니다. 비록 선생님이 원하는 속도가 아니라서 답답할 수 있겠지만, 아이의 눈높이에 맞춰, 아이가 너무 무리해서 지치지 않게, 너무 높은 기준에 스스로를 탓하고 좌절하지 않게, 무엇을 어려워하고 무엇을 잘하는지 지켜보고 구체적으로 도와주어야 해요. 아이가 자신의 속도에 맞추어 학습과 관계를 배워 나가도록 돕는 것이 가장 중요하다는 사실을 꼭 기억해 주세요.

상담 핵심 노트

- 느린 학습자는 인지, 정서, 사회성, 신체 발달이 느리게 진행되는 특성으로 인해 학교 안팎에서 학습과 또래 관계에 어려움을 겪을 가능성이 높아요. 가능한 빨리 아이의 어려움을 발견하고 개입해야 합니다.

- 느린 학습자 아이를 상담할 때는 구체적이고 직접적으로 가르쳐 주고 반복 연습하는 것이 효과적이에요.

- 아이의 속도를 인정하고, 가정과 보폭을 맞추어 아이가 적절한 도움을 받을 수 있도록 도와주세요.

✎ 느린 학습자 선별 체크리스트

국가기초학력지원센터 홈페이지에 초등 1~6학년을 대상으로 하는 '느린 학습자 선별 체크리스트'가 있습니다. 검사지를 내려받아 해당 항목을 체크하고 판정을 참고해 아이에게 적절한 도움을 주면 좋겠습니다.

교사(평가자)		검사일	년 월 일	
학생 학년 / 반	학년 반	학생 이름		
점수	원점수: 점			
집단 판정	경계선 지능 위험군	경계선 지능 탐색군	일반군	
	□	□	□	
1학년	64점 이상	58점 이상 ~ 64점 미만	58점 미만	
2학년	62점 이상	53점 이상 ~ 62점 미만	53점 미만	
3학년	59점 이상	53점 이상 ~ 59점 미만	53점 미만	
4학년	60점 이상	54점 이상 ~ 60점 미만	54점 미만	
5학년	56점 이상	51점 이상 ~ 56점 미만	51점 미만	
6학년	60점 이상	52점 이상 ~ 60점 미만	52점 미만	

※ 기타 의견:

※ 다음의 문항을 잘 읽고, 대상 학생에 해당되는 것에 √표 해 주세요.

문항	그렇지 않다	조금 그렇다	그렇다	매우 그렇다
	1	2	3	4
언어				
1. 단순한 질문에는 대답하지만, 생각해야 하는 질문에는 논리적으로 표현하지 못한다.				
2. 상대방이 말한 의도를 제대로 파악하지 못한다.				
3. 말을 할 때 적절한 단어를 떠올리지 못해 머뭇거린다.				
4. 구체적으로 지시하지 않으면 엉뚱한 행동을 한다.				
5. 또래보다 어휘력이 부족하다.				
기억력				
6. 오늘 배운 내용을 다음날 물어보면 기억하지 못한다.				
7. 여러 번 반복해도 잘 기억하지 못한다.				
8. 방금 알려주었는데 돌아서면 잊어버린다.				
9. 연속적인 순서를 기억하지 못한다.				
10. 수업 시간에 손을 들지만 물어보면 대답을 잊어버린다.				
11. 순서가 있는 활동에서 자신의 차례를 잊어버린다.				

지각				
12. 비슷한 글자나 숫자를 읽을 때 자주 혼동한다.				
13. 상하좌우 등 방향을 혼동한다.				
14. 비슷하게 발음되는 단어들을 듣고 구별하는 데 어려움이 있다.				
15. 간단한 그림이나 도형을 보고 그대로 따라 그리기 어려워한다.				
집중				
16. 과제를 할 때 주의가 산만해진다.				
17. 과제를 할 때 주의 집중 시간이 짧다.				
18. 교사의 안내나 지시에 집중하지 못하고 관련 없는 행동을 한다.				
19. 수업 시간에 과제에 집중하지 못하고 멍하니 앉아 있다.				
20. 주의 집중을 필요로 하는 활동에서 또래보다 쉽게 지친다.				
처리 속도				
21. 또래보다 학습 속도가 느리다.				
22. 정해진 시간 내에 과제를 마치지 못한다.				
23. 칠판이나 책에 쓰여 있는 단어나 문장을 노트에 옮겨 적는 데 오래 걸린다.				
총점 (원점수:해당 칸의 숫자를 모두 더함)	점			

질문 11

아이 상담보다 어려운 학부모 상담, 노하우가 있나요?

사례 엿보기

● 항의하고 불평하는 철희 부모님 이야기 ●

초등 3학년인 철희는 수업 시간에 시끄럽게 큰 소리를 내거나 갑자기 돌아다니는 돌발 행동으로 수업 분위기를 흐리곤 한다. 이 때문에 아이들뿐 아니라 주변 선생님들 원성도 크다. 담임으로서 철희의 마음을 알기 위해 노력하고 때로는 엄하게 주의도 주지만 좀처럼 행동이 교정되지 않는다. 엎친 데 덮친 격으로 학급 학부모들이 철희에 대한 민원을 넣기 시작했다. 학부모들은 담임인 내게 수업을 방해하는 철희의 행동에 대한 적절한 대처를 요구했다.

더는 물러설 곳이 없다는 심정으로 철희 부모님을 상담해 보기로 했다. 용기를 내서 철희 어머니에게 전화를 걸었다. 다행히 어머니가 어느 정도 문제를 인식하고 있었고, 집에서도 잘 지도하겠다고 이야기해 한시름 놓으며 통화를 마쳤다. 퇴근을 준비하는데 철희 아버지에게 전화가 왔다. 철희 아버지는 노발대발하면서 철희가 아니라 다른 학부모들과 아이들이 문제라며 거세게 항의했다. 당장 내일 학교로 찾아와 상담을 하자고 하는데 어떻게 해야 할지 난감하다.

학급을 운영하며 이런 경험을 해 본 적 있나요? 이런 경우에는 아이도 학부모도 각자의 입장에서 힘들겠지만, 담임 선생님의 스트레스가 가장 클 것입니다. 양측이 팽팽하게 맞서고 많은 이가 학급 운영에 불만을 호소하니, 당장 해결해야 할 것 같은 부담감으로 조바심이 생기지요. 담임으로서 자신의 능력에 회의감이 들고 화나는 마음도 생기고요. 협조적일 줄 알았던 학부모의 돌변한 태도는 난감하기 그지없습니다. 이런 상황에서 가장 어려운 점은 철희의 문제 행동을 인정하지 않고 오히려 항의하고 불평하는 철희 아버지와 당장 어떻게 상담을 해야 할지에 관한 것일 테지요.

이렇게 난감한 상황이 아니더라도 학부모 상담은 언젠가부터 선생님에게 부담스럽고 어려운 업무 중 하나가 되었습니다. 아이에게 도움을 주고 싶은 마음으로 학부모 상담을 요청하지만, 거부

하는 부모님 혹은 아이에게는 아무런 문제가 없다고 화를 내는 부
모님을 만나면 진땀부터 흐릅니다.

학부모 이해하기

● 학부모 유형에 맞추어 다르게 접근해요 ●

　많은 선생님이 학부모 상담 주간에 불안감과 어려움을 호소합
니다. 학급을 운영하고 수업을 하면서 아이들은 매일 또는 자주
만나기 때문에, 어느 정도 특성을 알고 친밀감도 형성되어 있어
상담이 크게 어렵지 않아요. 하지만 학부모는 자주 만나거나 소통
하지 않기 때문에 그 특성을 알기가 어렵습니다. 학부모 상담 신
청이 들어오면 어떤 이야기를 해야 하나 고민이 됩니다. 더군다나
아이에게 문제가 발생해 학부모 상담을 진행할 경우가 다반사기
때문에 상담 자체가 부담스러운 것이 사실이지요.
　학부모에게 상담을 요청하려고 전화를 하면 연락조차 잘 안 되
는 분, 거절하는 분, 귀찮아하는 분, 전혀 문제가 없다는 분을 자주
만납니다. 아이를 도우려는 선생님의 의도를 무시하는 듯 무관심
한 학부모를 대하면 힘이 빠지지요. 앞선 사례의 철희 아버지처럼
학교나 다른 아이들 탓을 하면서 협조하지 않는 학부모를 만나면

힘이 배로 들고요. 이처럼 상담에서 만나는 학부모는 다양한 특성을 보입니다.

'해결 중심 상담 이론'에서는 다양한 내담자 유형을 고객형, 방문형, 불평형으로 나누어 설명합니다. 각 유형마다 특성이 다르기 때문에 상담 개입 방법도 달라요. 세 유형을 살펴보면서 학부모 특성에 따라 어떻게 상담적 개입을 할지 팁을 얻어 보세요.

먼저 **'고객형 학부모'**는 아이의 문제를 적극적으로 해결하려 하고, 자신의 책임 또한 발견하는 유형입니다. 이런 학부모는 아이의 문제를 해결하기 위해 혹은 아이를 보다 잘 양육하기 위해 선생님에게 조언을 구해요. 또 자신을 문제 해결의 일부로 생각하고, 문제 해결을 위해 뭐라도 할 의지를 보입니다. 고객형 학부모는 상담을 통해 얻고자 하는 바가 분명하고, 문제 해결 방안을 다방면으로 고려해 보았으며, 문제를 해결하는 데 자신의 노력이 필수라는 사실을 알고 있어요. 또 상담할 준비가 되어 있기에 아이의 문제가 발견되면 주저 없이 선생님에게 도움을 요청합니다. 그래서 아이의 문제를 가장 쉽게 해결해 나갈 수 있어요.

이런 경우, 선생님은 먼저 학부모의 관심과 노력을 인정하고 지지해 줍니다. 더불어 아이에 대한 생각과 느낌을 학부모에게 잘 전달하고, 아이를 위한 해결책을 적극적으로 찾아봅니다. 선생님과 학부모가 서로 조율하며 문제를 해결해 나간다면 아이는 더욱 건강하게 성장할 수 있어요.

다음으로 **'방문형 학부모'**가 있습니다. 이 유형은 담임 선생님이 왜 상담을 요청했는지 이유조차 모른 채 학교를 방문합니다. 선생님의 상담 요청에 마지못해 학교에 오거나 전화를 받는 경우가 대부분이지요. 방문형은 비자발적 학부모로, 비자발적인 아이를 상담하기 어렵듯 비자발적 학부모 또한 상담이 어려울 수 있습니다.

아이가 변화하려면 부모님의 변화가 필수적일 때가 있는데, 방문형 학부모는 변화에 무관심합니다. 자신의 의사와 무관하게 상담을 받으러 왔기 때문에 문제를 인식하지 못하고 있거나, 자신이 아니라 주변의 다른 사람에게 문제가 있다고 생각하지요. 이런 경우라면 상담 후에도 학부모가 교사와 협력해 아이의 문제를 인식하고 상담 목표를 찾기가 어렵습니다. 선생님의 협조나 제안을 따르지 않고 다른 걸 요구하는 학부모도 많습니다.

이럴 땐 먼저 학교에 오기 힘들었던 학부모의 마음을 공감해 줄 필요가 있어요. 아이를 위해 어려운 걸음을 해 준 데 의미를 부여하고 학부모를 지지해 주어야 합니다. 또 아이의 문제와 단점만 이야기할 것이 아니라, 아이의 장점을 먼저 이야기하며 학부모의 마음을 열어 가면 좋아요.

마지막으로 만나 볼 유형은 **'불평형 학부모'**입니다. 이런 학부모는 상담 과정에서 아이의 문제를 함께 확인했음에도 불구하고, 해결책을 구축해 나가는 과정에서는 아이나 다른 가족 구성원을 탓하고 그들에게 책임을 돌립니다. 아이가 가진 문제와 변화의 필요성을 상세히 설명해도, 무엇을 해야 할지 모르고 다른 사람의 변화를 통해 문제가 해결될 수 있다고 생각해요. 불평형 학부모가 학교 교육이나 선생님의 교육 방침에 관해 또는 다른 학부모나 심지어 자신의 아이나 배우자에 대해 선생님에게 불만을 토로한다면, 선생님으로서는 화가 나고 상담을 이어가고 싶지 않을 수 있어요.

그렇지만 이때 선생님은 학부모의 불평을 듣는 데 그치지 말고, 학부모의 생각과 행동 특성이 아이 문제와 어떻게 관련되는지 생각해 보도록 안내해야 합니다. 더불어 어려운 상황에서도 아이를 위해 애써 온 점, 문제 행동을 보이는 아이를 도우려는 노력을 칭찬해 주세요.

더 나아가 아이의 문제 행동을 이전과 다른 관점에서 생각하고 관찰하도록 과제를 부여해 예외 사항을 찾을 수 있게 독려합니다. 예를 들어, '우리 아이는 말썽만 피운다.' 고 생각하는 부모님이라면, 아이가 말썽을 피우기는 해도 '동생과 싸우지는 않는다.' 등의 긍정적인 행동의 예외 사항을 찾아보게 하는 거지요. 이렇게 함으로써 부모님의 시각을 바꾸고, 아이에게 부정적인 잔소리만 하는 것이 아니라 긍정적인 행동을 칭찬하고 강화할 수 있게 도울 수 있습니다. 이를 통해 부모님과 아이의 관계도 개선할 수 있고요.

학부모 상담하기

• 힘든 마음을 알아주고 존중의 태도를 유지해요 •

학부모와 교사는 아이의 성장을 위해 함께 협력하는 교육 동반자입니다. 학부모와의 상담에서 어떻게 하면 동반자적인 시각을 가지고 아이에게 최대한 도움을 제공할 수 있을지 살펴봅시다.

Step 1. 상담을 위해 만반의 준비를 합니다.

아이의 문제로 인해 학교를 방문한 부모님 마음은 어떨까요? 학부모 상담에서는 가장 먼저 상담에 임하는 부모님의 심리 상태를 이해하는 것이 필요합니다. 부모님이 자발적으로 상담을 신청했더라도, 아이의 문제로 근심하고 또 혹여나 선생님이 아이에게 편견을 갖지는 않을까 염려하는 마음이 클 거예요. 하물며 선생님의 요청으로 상담에 왔다면 부모님은 자신이 아이를 잘 양육하지 못한 것 같은 불안과 죄책감, 선생님으로부터 비난받지 않을까 하는 두려운 마음이 앞설 수 있습니다. 선생님이 자신보다 나이가 적으면 애는 키워 봤을까, 내 마음을 이해는 할까, 하는 의문과 함께 당혹스럽고 불편할 수도 있고요. 요즘 시대에는 학부모 또한 교육에 관심이 많아 다양한 매체나 책을 통해 웬만한 선생님들보다 더 많이 안다고 생각하며 교사의 전문성을 인정하지 않으려 할 수도 있습니다. 학부모와 대면하기 전, 부모님의 마음을 헤아려 보고 어떤 방법으로 접근해야 할지 생각해 보세요.

다음으로, 아이가 겪는 어려움을 부모님에게 전달하기 위해서는 아이의 심리 정서 상태 등을 눈으로 확인할 수 있는 심리 검사 자료나, 교실에서의 특성이나 행동을 객관적으로 기록해 둔 메모를 준비하면 좋습니다. 이 자료들에 관해 구체적 언급하면서 상담의 초석을 놓을 수 있어요.

Step 2. 학부모와 라포를 형성합니다.

저 역시 수도 없이 학부모 상담을 해 왔지만, 막상 제 아이 일로 상담이 필요해 학교를 방문할 때면 긴장되고 떨립니다. 제가 먼저 상담을 요청했음에도 말이지요. 무슨 말을 해야 할지 고민하면서 교실 문을 열었을 때, 선생님이 반갑게 웃으며 맞아 주면 순간 긴장감이 사라져요. 잘 오셨다고 인사해 주면 마음이 한결 편안해지고요. 길다면 길고 짧다면 짧은 이 시간을 마음과 마음이 만나는 시간으로 만들기 위해 부모님과 라포를 형성하는 노력을 해 보면 어떨까요?

우리 눈에는 과연 자녀에 대해 얼마나 잘 알고 있을까 의문스러운 부모라도, 그들은 우리보다 오랜 시간 아이를 양육하며 지켜보았고 아이를 더 잘 알고 더 많이 사랑합니다. 우리가 아이에 대해 안다고 하는 건 어쩌면 장님이 코끼리 다리만 만져 보고 코끼리가 기둥처럼 생겼다고 말하는 것과 같을지도 몰라요. 그러니 나와 관점이 다를지라도 부모님을 존중하는 태도로 상담에 임하면 아이의 어려움을 함께 해결해 나가는 데 시너지를 가져올 수 있습니다.

상담을 시작하면 문제 중심의 이야기보다 아이의 장점 등을 먼저 언급하고 칭찬한 다음 본론으로 들어가면 좋습니다. 시간에 쫓겨 다급한 마음에 아이의 문제부터 언급한다면 부모님은 방어적이 될 가능성이 커요. 그리고 '내 자식이 비난받았다.'는 생각에 문제를 제대로 보지 않고 덮어 버리려고 할 수 있습니다. 따라서 먼저 아이의 좋은 점을 이야기한 뒤, 교실에서의 특성과 행동, 수업 자세 등을 전달합니다. 아이의 생활 전반에 관해 이야기하면 부모님은 '선생님이 우리 아이에게 진정으로 관심을 가지고 있구나!'라고 생각해 선생님을 신뢰하게 됩니다.

Step 3. 학부모와 함께 아이의 문제를 인식해 나가요.

라포가 형성되었다면 본격적으로 아이의 어려움에 관해 이야기합니다. 부모님이 먼저 상담을 신청한 경우라면 상담을 신청한 이유를 먼저 물어보세요. 선생님이 상담을 주도해야 한다는 생각으로 아이에 관해 장황하게 이야기를 늘어놓으면, 부모님의 욕구나 상담의 필요성을 파악할 기회를 놓칠 수 있습니다. 부모님 입장에서는 상담이 일방적으로 진행된다고 느낄 수 있고요. 상담 시간은 정해져 있는데 선생님의 설명이 하염없이 길어지면 핵심적인 이야기는 하지 못한 채 시간이 종료되어, 상담에 대한 만족감이 떨어지기 쉽습니다.

선생님이 상담을 요청한 경우라면 이곳에 오는 동안 심정이 어땠는지 물어보며, 당혹스러움과 불안, 염려 등을 조금이라도 내려놓을 수 있도록 도와주세요. 선생님이 부모님 마음에 충분히 공감한다면 둘 사이의 긴장감이 조금이나마 누그러질 거예요.

다음으로 앞서 준비한 아이의 행동 관찰 내용, 심리 검사 결과 등을 바탕으로 학부모 상담을 요청하게 된 배경과 이유를 상세하고 구체적으로 설명합니다. 이때 선생님의 생각을 강압적으로 주입하기보다는 객관적인 상황을 전달하고 이에 관해 부모님은 어떻게 생각하는지 이야기할 시간을 줘야 해요.

"제가 학부모 상담을 요청해서 당황하고 놀라셨을 거예요. 혹시 어떤 것 때문에 어머니를 뵙고자 했는지 짐작되는 게 있을까요?"라며 먼저 부모님의 생각을 물어도 됩니다. 부모님이 이유를 알 수 없다고 답하면 앞서 준비한 내용을 조심스럽게 전달해 나갑니다. "제가 ○○ 어머니를 학교로 오시게 한 이유는 ○○가 수업 시간에 하기 싫은 것을 해야 할 때면 소리를 지르고 교실 밖으로 나가는 행동 때문이에요. 이런 일이 반복되면서 아이가 많이 힘들어 질까 봐 걱정이 돼요. 저 혼자 지도하는 것보다 어머니와 이야기를 나누면서 ○○를 더 잘 이해하고 도움을 주려고 만나 뵙자고 했어요. 집에서는 ○○가 어떻게 지내는지 궁금해요."와 같이요. 주의할 점은 아이의 문제 행동이 미치는 영향을 설명할 때 강조점을 "학급 내 다른 아이들이 힘들어한다."보다는 "이런 어려움이 지속되면 아이가 가장 고통스럽고 힘들다."에 둬야 한다는 것입니다. 아이의 문제 행동이 학급에 미치는 영향을 너무 강조하다 보면 부모로서는 자신의 아이를 문제아로 낙인찍는 것 같은 느낌에 저항감을 표현할 수 있기 때문입니다.

아이의 문제를 면밀히 이해하기 위해서는 '**알지 못함의 자세**(not knowing position)'로 다가가야 합니다. 아이에 관해 선생님보다 많이 아는 부모님의 시각과 협조가 꼭 필요하다고 말하고, 한 단계 낮은 자세로 접근하는 것이 부모님과 라포를 형성하는 데 도움이 돼요. 아이의 문제를 단정 짓기보다, 선생님이 알지 못하는 어떤 이유로 아이가 힘들어하는지, 어떻게 하면 아이를 도와줄 수 있을지 고민하면서요. 특히 논리적으로 설명하려고 할수록 부모님은 더 강하게 반발할 수 있어요. 밥이 다 되었다고 밥솥 뚜껑을 바로 열지 않고 김이 빠져나가기를 기다리는 것처럼, 부모님 말을 충분히 들어 주면서 '화'라는 김을 서서히 빼는 과정이 필요하답니다.

부모님과 선생님이 생각하는 문제가 서로 다를 때는 "어머니는 그렇게 생각하셨군요. 어머니 입장에서는 그렇게 생각하실 수 있겠어요."라고 반응하며, 부모님 마음을 한 번 더 읽어 주는 것이 필요합니다. 하지만 사실이 명백하게 다르고 확인이 필요하다고 판단되면 "제가 좀 더 확인해 보겠습니다."거나 "죄송한데 제가 확인한 바로는 ~입니다."라고 전달해 주세요.

Step 4. 문제 해결을 위한 열쇠를 찾아봅니다.

아이의 문제에 관해 이야기를 나눈 뒤에는 아이를 돕고자 하는 선생님의 마음을 전달해 주세요. 결코 아이를 혼내거나 탓하려는 의도가 아님을 알려 주는 겁니다. 또한 어떻게든 아이를 도울 방법을 함께 찾을 수 있으면 좋겠다는 마음을 전합니다. 그렇게 하나씩 문제를 해결해 가는 것이지요.

어떤 문제라도 단번에 완벽하게 해결하는 마스터키가 있다면 얼마나 좋을까요? 안타깝게도 세상에는 그런 열쇠가 존재하지 않습니다. 부모님과 선생님 사이에 라포가 형성되고 문제를 같은 시각으로 인식하게 되었다면, 이제 문제 해결을 위한 열쇠를 찾아가는 과정이 남았습니다.

이 단계에서는 시각을 아이에만 국한하기보다 아이에게 중요한 영향을 끼치는 가족 관계, 또래 관계, 선생님과의 관계까지 넓혀서 살펴봐야 합니다. 특히 아이의 삶을 이루고 있는 주된 맥락인 가족 관계를 이해하면 아이를 훨씬 더 풍부하게 이해할 수 있기 때문에, 가족 상담에서는 아이의 주된 상호 작용, 즉 가족 관계를 중요하게 다루어야 합니다. 관계 안에서 문제가 어떤 역할을 하고 있는지 살펴보는 거지요. 따라서 부모님이 상담에 참여하면 상담 효과가 빠르고 강력합니다.

아이와 부모님의 변화를 이끌어 내기 위해서는 문제를 바라보는 새로운 시각을 갖도록 도와주세요. 가족 상담 기법 중 **'재정의 기법'**이 있어요. 문제에 대해 새로운 의미를 부여하는 것으로, 어떤 문제 행동도 긍정적 동기가 포함되었을 가능성이 있다는 인식을 기초로 하지요. 재정의 기법에서 증상에 새로운 이름을 붙이는 것을 '재명명' 이라고 합니다.

보통 우리는 아이의 문제를 대할 때 '문제가 있다.' 는 관점으로 바라보게 됩니다. 계속해서 이런 관점을 가지고 아이를 대한다면 우리의 행동은 이 관점에 따라 결정될 수밖에 없어요. 즉, 어떤 상황과 사건이든 문제적 시각으로 바라보게 됩니다.

하지만 재정의 관점으로 문제를 바라보면 긍정적인 요소를 발견할 수 있어요. 예를 들어, 아이가 과제를 늦게 제출하는 것을 두고 '게으르다' 는 시각으로 바라보기보다 '서두르지 않는다, 느긋하다, 편안하다' 등으로 시선을 바꾸어 바라보면 어떨까요? '반항적이고 제멋대로다.' 는 관점에서 '자기 생각이 분명하다, 성장하면서 독립심이 강해졌다.'로 새로운 의미를 부여하면, 아이의 언행에 대한 부모님과 선생님의 느낌과 반응을 조금이나마 긍정적으로 바꿀 수 있습니다. 그러면 아이의 행동을 더 긍정적으로 변화시키도록 피드백할 수 있게 되지요.

가정과 학교에서, 부모님과 선생님이 협력해 아이의 작은 변화에 집중할 때 변화의 단초를 발견할 수 있습니다. 아이를 잘 관찰하면서, 기대하는 행동 변화를 보인다면 아주 작은 것이라도 즉시 칭찬해 주세요.

한편, 부모님의 행동이 오히려 아이의 문제 행동을 강화하는 지점이 발견되면 기존과 다른 훈육 방안을 모색하는 것도 필요해요. 예를 들어, 앞의 사례에서 철희가 수업 시간에 떠들고 수업을 방해할 때마다 부모님이 잔소리를 해도 변화가 없다면 새로운 방법을 찾아보는 거예요. 일주일 동안 잔소리를 멈추고, 진지하게 대화를 시도하거나 편지를 써서 아이에 대한 마음을 전달하는 방법을 시도해 보고, 이 방법이 효과적인지 점검합니다. 이런 과정을 하나씩 밟아 나가면 아이의 성장을 목격하는 기쁨을 부모님과 함께 만끽할 수 있을 거예요.

● 같은 목적지를 향해 가는 협력자이자 동반자예요 ●

최근 학부모와의 갈등으로 힘들어하는 선생님의 사연을 자주 접하게 됩니다. 모든 학부모가 선생님에게 악의를 갖거나 선생님들을 함부로 대하진 않지만, 일부 막무가내인 학부모 일화를 들으면 제가 곧 만날 학부모가 그렇지 않을까 하는 걱정에 긴장되고 움츠러들어요. 선생님이 학부모의 적이 되어 공격당하는 것 같은 현실을 마주할 때면 안타까운 마음이 절로 듭니다.

나의 학생이자 학부모의 자녀. 선생님과 학부모는 분명 같은 아이를 위해 노력하지만, 서로 한 방향을 향해 나아가지 못하고 양극단을 걷고 있는 건 아닌지 염려될 때가 있어요. 우리 선생님들이 원하는 것은 학부모와의 대립 관계가 아님에도 불구하고 점차 멀어지는 이 거리가 아픔이 되어 돌아올 때도 있습니다. 부디 학부모 상담이, 부모님과 선생님이 아이 교육의 적극적 협력자이자 동반자로 함께 걸어가는 길이 될 수 있기를 바랍니다.

● 학부모 상담을 요청하기 전, 교실이나 학교에서 보이는 아이의 모습을 객관적

　으로 관찰하고 구체적으로 기록한 자료를 미리 준비해 두세요.

● 아이의 성장을 위한 동반자로 학부모를 상담에 초대해 주세요.

● 학교에서 문제를 일으키는 아이라 할지라도 학부모 상담 초기에는 아이의 긍

　정적인 면을 부각하면 좋습니다. 라포를 형성한 뒤 문제를 해결해 가도 늦지

　않아요.

● 때로는 학부모 상담이 선생님 마음처럼 되지 않아 힘든 순간도 있을 거예요.

　그럴 때는 선생님이 할 수 있는 만큼만 도와주면 됩니다. 그것으로 충분해요.

Part 2

긴급하고 중요한
6가지 위기 상담

위기 상담,
어떻게 해야 할까요?

● 위기 사안, 교사로서 두렵고 무력감을 느끼지는 않나요? ●

우리는 학교에서 다양한 위기에 처한 아이들을 만납니다. 자살,
자해, 아동 학대, 학업 중단, 학교 폭력, 정신병적 문제 같은 위기를
맞닥뜨리면 선생님으로서 불안과 무기력을 느낄 수밖에 없지요.
아이가 위기에 처했다는 사실은 아이가 안전하지 않다는 걸 의미
하고, 안전하지 않은 아이를 바라볼 때 선생님은 여러모로 두려움
에 빠집니다. 자살 사고를 보이는 아이가 있다면 자살 시도를 하
진 않을까, 죽음에 이르진 않을까 두려워지지요.

선생님이자 조력자인 자신에 대한 불안과 무기력감도 함께 올
라옵니다. 상담 그 자체만으로도 어렵고 낯선데 위기 상담은 어떻

게 해야 할지 막막하지요. 자칫 아이를 제대로 돕지 못해 아이에게 문제가 생길까 불안하고요. 일이 잘못돼서 선생님이 책임져야 하는 일이 발생할까 위축되기도 합니다. 이런 심리적 압박감은 선생님으로서 능력을 제대로 발휘할 수 없게 만듭니다. 그렇기 때문에 우리는 위기 학생의 특성과 개입 방안, 위기 상담에서 주의해야 할 점을 잘 인지하고 있어야 해요.

● **학교 위기 상담의 세 가지 원칙을 지켜요** ●

학교 위기 상담의 중요한 원칙 세 가지를 살펴볼게요.

먼저 구조화를 명확히 해야 합니다. '**상담 구조화**'란 상담 및 상담 과정을 설명하고 비밀 보장의 한계를 설정하는 것을 말해요. 상담 구조화는 보통 상담 첫 회기에 이루어지는데, 이때는 상담이 무엇인지, 상담자와 내담자의 역할은 어떤 것인지, 상담은 어떻게 진행되는지 등 상담에 대한 전반적인 사항을 설명하고, 비밀 보장에 대한 안내와 더불어 비밀 보장의 예외 상황도 안내합니다.

아이들은 대개 상담에서 하는 이야기는 전부 비밀이 보장될 거라고 생각합니다. 비밀 보장은 중요한 상담 원칙이기는 하지만, 비밀을 보장할 수 없는 예외 사항이 있어요. 바로 아이 자신을 비롯한 누군가에게 피해가 발생할 수 있을 때입니다. 이럴 땐 비밀을 지키는 것보다 안전을 지키는 것이 더욱 중요하기 때문에 비밀 보장 원칙을 파기할 수 있어요. 미성년자인 아이를 돕기 위해, 무조건 비밀을 지키기보다는 보호자나 학교 관계자와 상의해 아이를 위한 최선의 방법을 함께 찾는 것이 중요하지요.

그렇다면 비밀 보장의 예외 상황은 어떤 경우일까요? 크게 두 가지로 나눠 생각해 볼 수 있습니다. 먼저, 아이나 타인에 대한 안전과 생명을 보호해야 할 때입니다. 아이가 자해나 자살을 시도할 구체적인 계획이 있을 때, 아이의 생명을 지키기 위해 필요한 정보를 공개할 수 있어요. 아이의 권리보다 더 중요한 것은 생명을 지키고 보호하는 일입니다. 또한 학교 폭력 등 타인에게 심각한 신체적인 해를 가할 구체적인 계획이 있을 때, 잠재적인 피해자를 보호하기 위해 정보를 공개할 수 있어요.

그밖에 아동 학대가 의심되거나 아동 학대의 신호가 감지된 경우, 아이의 안전을 위해 학교 관리자 및 관련 담당자와 상의할 필요가 있습니다. 이때 아동 학대를 행사한 대상이 아이의 보호자로 의심된다면 보호자에게 이와 같은 사실을 확인하면 안 됩니다. 또 심각한 학교 폭력을 당하고 있거나, 성적 폭력을 당했음에도 불구하고 여전히 해를 가하는 사람과 함께 지내고 있다면, 아이의 안전이 위협받는 상황으로 판단하고 정보를 공개해 적극적으로 도와야 해요.

상담 정보 공개 요청에 대한 법적 요구가 있을 때도 마찬가지입니다. 아이가 법적인 문제에 휘말려 법원이나 보호 기관 등으로부터 상담 기록이나 내용을 제출하도록 요청받을 때가 있어요. 강제적인 요청이 아닐 경우에는 상담을 진행한 선생님이나 아이를 보호하기 위해 상담 기록 등을 공개하지 않아도 됩니다. 하지만 아이를 돕기 위해서나 법원의 강제적 요청이 있을 경우에는 상담 일지를 공개하기보다, 간단한 상담 확인서나 상담 소견서 등의 형식으로 상담 내용을 일부 공개할 수 있습니다.

위기 상담에서는 비밀 보장 예외에 해당하는 경우가 많기 때문에, 상담을 시작하기 전 아이에게 비밀 보장 예외 상황을 명확하게 설명해 줘야 해요. 그래야 비밀 예외 사항으로 인해 부모나 학교에 정보를 공개할 경우에 아이가 느낄 수 있는 부정적인 감정을 예방하고 라포 형성을 유지할 수 있습니다. 비밀 보장과 관련한 내용은 아이가 선생님과의 상담을 얼마나 신뢰하느냐에 강력한 영향을 미친다는 사실을 기억해 주세요.

이렇게 한번 안내해 보면 어떨까요? 아래 내용을 참고해 선생님의 필요에 맞추어 활용해 보세요.

"우리 상담은 비밀 보장을 원칙으로 하지만, 비밀 보장이 안 되는 예외 상황이 있어. 이 예외 상황은 네가 절대 말하지 말아 달라고 해도, 비밀 보장을 깨서라도 너에게 즉각적인 도움을 주어야만 하는 상황을 말해. 곧바로 해결해야 하는 심각한 문제가 있거나, 안전과 직결되는 주제들이 여기에 해당하지. 예를 들어 너 자신을 해치는 행동을 하거나 그런 행동을 계획하는 걸 선생님이 알게 된 경우야. 자살, 자해, 중독 등이 여기에 해당돼. 이럴 땐 비밀 보장을 깨더라도 너의 안전을 확보하도록 노력할 거야. 네가 안전한 게 무엇보다 선생님에겐 중요하거든. 심각한 학교 폭력을 당하고 있는 경우도 마찬가지야. 그리고 과거에나 지금 가족이나 누군가로부터 학대나 성폭력 등의 피해 경험이 있거나, 아직도 그 피해가 지속되고 있다면 선생님은 바로 개입해서 너를 도와줄 거야. 이 모든 상황들에서 선생님은 전적으로 네 편에 서서 너를 도울 거야. 상담이 시작된 이 순간부터 선생님은 네 편이거든."

위기 상담 원칙 두 번째는 모든 상담 과정을 **'기록'**으로 철저히 남겨야 한다는 점입니다. 이는 아이를 보호하기 위해서이기도 하지만 선생님을 보호하기 위해서도 필요한 일이에요. 선생님이 위기 상황을 인지하고 많은 노력을 기울였지만 막기에는 역부족인 위기 사안이 종종 발생합니다. 이런 경우에는 선생님의 책임을 강조하기 때문에 그동안 개입한 내용들을 공개할 필요가 있습니다.

따라서 위기에 처한 아이의 상담 내용이나 자문, 회의 등 모든 절차에서 중요한 내용을 기록으로 남겨 두기를 권합니다. 이들 기록은 주로 '나이스 누가기록' 등에 기재하거나 내부 결재를 득해

둡니다. 그 외 교무 수첩 등을 활용하는 것도 좋습니다.

마지막으로, 위기 상담에서 가장 중요한 원칙은 절대 **'혼자서 대처하지 않는 것'**입니다. 위기라는 것은 하루아침에 생기지 않고, 한 번의 개입으로 사라지지 않습니다. 아이 삶의 역사 속에서 힘들고 어려웠던 문제가 쌓여 눈덩이처럼 커지고, 어느 날 갑자기 터져 버리는 것이 위기입니다. 선생님 혼자서는 위기를 예방할 수도 없고, 위기가 일어난 뒤 개입하기도 어렵습니다. 따라서 위기 상담 및 개입은 교내외 구성원들과 함께해야 해요.

먼저 교내에 있는 '위기관리위원회'의 도움을 꼭 받으세요. 위기관리위원회는 교장, 교감, 부장 교사, 담임, 상담 교사, 보건 교사 등 위기 관리 위원이 모여 함께 머리를 맞대고 위기에 처한 아이를 어떻게 도울지 협의하는 기관입니다. 혼자서는 생각하지 못한 좋은 방안이 집단 지성의 힘으로 도출될 수 있어요. 또 선생님 혼자서 대처할 때 금방 소진될 수 있는 사안도 함께 처리하고 서로 격려하는 과정에서 계속 지탱해 나갈 힘을 얻을 수 있습니다. 책임이 분산되기 때문에 위기 대처에 대한 압박감도 많이 줄어요.

다음으로 학교 밖의 전문 상담 기관(청소년 상담복지센터, 정신건강복지센터, 병의원, 사설 상담센터 등)과 연계하여 아이를 돕기 위한 해결책을 함께 생각해 보는 것이 좋습니다.

학교에서 근무할 때, 담임 선생님에게 유언의 내용을 담은 문자

메시지를 보낸 후 자살 시도를 한 아이가 있었어요. 다음 날 문자를 발견한 담임 선생님은 깜짝 놀라 학교에 알렸고, 온 학교 구성원이 아이를 돕기 위해 나섰지만 어디서부터 어떻게 개입해야 할지 막막했어요. 다행히 평소 자살 위기가 있던 아이는 이미 지역 내 청소년 상담복지센터에 연계되어 외부 상담과 부모 상담도 동시에 진행하던 중이었습니다. 곧장 지역의 청소년 상담복지센터에도 이 사실을 알렸고, 그곳의 위기 상담 전문가도 아이를 돕는 모든 과정에 함께했습니다. 외부 전문 기관과 연계가 되어 있었던 덕분에 아이뿐 아니라 학교도 큰 도움을 받을 수 있었지요.

이처럼 위기 상담에서 중요한 세 가지 원칙을 꼭 기억하고 실천해 주세요. 이제 이 원칙들에 기초해, 주제별로 위기에 처한 아이들의 특징과 개입 방안을 자세히 살펴보겠습니다.

상담 핵심 노트

- 위기 상담을 진행할 때는 상담에 대한 전반적인 설명과 함께 '비밀 보장의 한계'를 명확히 설명해 주어야 합니다.
- 위기 상담의 모든 과정은 기록으로 세세하게 남겨 주세요.
- 위기 상담에는 절대로 혼자 대처하지 말고 학교의 위기관리위원회와 학교 밖의 전문 상담 기관, 교내외 구성원들이 모두 함께 대처해야 함을 기억하세요.

자해하는 아이,
어떻게 도울 수 있을까요?

사례 엿보기

◈ 자해의 덫에 걸린 지수 이야기 ◈

학급 반장으로, 학교생활도 학업도 열심이던 지수는 최근 시험 성적이 기대만큼 나오지 않아 힘들어했다. 친구들의 실수에 웃음으로 넘기던 지수가 요즘 들어 사소한 일에도 짜증을 내고 자주 화를 내는 모습이 보여 걱정되었다.

여름 방학을 앞둔 더운 날씨에 지수가 갑자기 긴팔 체육복을 입었기에 혹시 자해를 하는 건 아닐까 염려하던 중 지수 친구들이 나를 찾아왔다. 아무래도 지수가 자해를 하는 것 같다며 지수의 SNS 프로필 사진을 보여 주었다. 놀라고 당황했으나 아이들 앞이라 애써 아무렇지 않은 척했다.

일단 지수를 만나 보기로 했다. 침착하게 지수에게 요즘 힘든 일은 없는지 물으니 마음이 힘들다고 했다. 힘든 상황을 어떻게 이겨 내고 있냐는 질문에 지수는 아무렇지 않은 듯 자해로 스트레스를 푼다고 대답했다. 자해를 하고 난 뒤 기분이 나아지고 있다며, 부모님께는 비밀로 해 달라고 애원했다.

자해로 오히려 기분이 나아졌다는 지수의 말에 앞으로 어떻게 상담을 이어가야 할지 난감하다. 지수뿐 아니라 학교에 자해를 하는 아이들이 많아졌다고 걱정하는 다른 선생님들의 목소리도 커지고 있다.

'자해러, 자해계, 리스트컷'이라는 말을 들어 본 적 있나요? 이는 자해하는 사람, 자해하는 행위 등을 일컫습니다. 2018년, 한 오디션 프로그램에서 손목 자해를 암시하는 '바코드'라는 노래를 부른 출연자가 있었어요. 노래와 함께 여러 번 그은 흔적이 있는 손목 상처들이 적나라하게 영상에 노출되었습니다. 이 노래는 당시 청소년들 사이에서 엄청난 인기를 끌었고, SNS에는 자해와 관련된 해시태그와 함께 자해 사진을 올리는 것이 일파만파 유행처럼 번졌어요. 이 때문에 학교와 상담 현장은 초비상 상태가 되었고요.

어느 소아정신건강의학과 교수는 "미디어 속 자해 콘텐츠는 청소년기 아이들에게 '자해는 해도 되는 것' 혹은 '자해는 멋있는 것'이라는 메시지를 전달하고, 심리적 어려움을 해결하는 방법으로써 자해를 다수의 청소년에게 알린 효과가 있다."고 지적했습니다.

자해로 스트레스를 해소하는 아이들. 아이들 일상에 공공연하게 퍼진, 너무도 깊숙이 침투한 자해. 도대체 자해가 무엇일까요?

아이 이해하기

• 부정적 정서를 회피하려고 자해를 해요 •

자해는 고의적 자해와 비자살적 자해로 나눌 수 있습니다.

'고의적 자해'는 우리가 흔히 알고 있는 생을 마감하려는 자살 의도를 담은 자해로, 고의적으로 스스로를 해치고 죽이는 것을 말해요. 반면 '비자살적 자해'는 아닐 비(非)자에서 알 수 있듯, 죽으려는 의도를 가지고 자신의 신체를 훼손하는 건 아니에요. 아이들은 오히려 살고 싶어서 자해를 한다고 말합니다. 지수의 경우처럼 시험 성적으로 인한 스트레스, 친구 관계에서의 갈등, 가족 관계의 어려움 등으로 강렬한 부정적 정서가 올라올 때 일시적으로 도피할 수 있는 피난처로 자해를 선택하곤 하지요. 불안, 분노, 슬픔,

우울, 죄책감, 수치심, 고립감…. 이런 부정적인 정서를 경험하는 것보다 자신의 신체를 훼손함으로써 순간적으로라도 힘든 일과 감정을 잊는 쪽을 선택합니다. 차라리 자신의 신체를 다치게 하는 것이 정서적 고통을 겪는 것보다 낫다고 생각해요. 그만큼 정서적 고통을 감내하는 것이 아이들에게는 힘든 일인가 봅니다.

어떤 아이는 자신에 대한 혐오감 때문에, 또는 부모의 통제 속에 맘대로 할 수 있는 것이 없는데 내 몸이라도 내 마음대로 하고 싶어서, 자해를 한다고 말해요. 또 다른 아이는 친구들과 함께하기 위해 자해를 하기도 하고, 공허하고 힘든 마음을 잠재우고 싶어서, 무감각한 일상생활 속에서 살아 있다는 감정을 느끼고 싶어서 자해를 한다고도 해요. 신체에 손상을 입히는 순간 뇌는 신체를 보호하기 위해 엔도르핀을 방출하기 때문에 아이가 쾌감을 느끼는 것도 자해가 반복되는 데 일조합니다. 어떤 이유가 되었든 불안정한 정서로 내적 고통을 겪는 청소년이 고통을 행동화하는 것을 자해로 보면 됩니다.

자해의 방법이나 도구는 다양합니다. 주로 면도칼, 손톱, 플라스틱, 눈썹 칼 등으로 손목이나 팔 등을 긁거나 베고, 게보린이나 타이레놀 등으로 약물 자해를 합니다.

청소년 비자살적 자해에 대한 상담자 연구 인터뷰를 할 때였어요. 인터뷰에서는 유행처럼 번진 청소년 자해의 심각성을 몸소 체험할 수 있었는데, 일주일에 수차례 자해 상담을 했다는 선생님이 이런 말을 했습니다. "아이들이 자해를 스트레스 대처 수단의 하나로 이야기하곤 해요. 하나의 해결 방법이라는데 그냥 인정해 줘야 하나, 순간 혼돈될 때가 있어요." 너무 많은 아이가 하고 있고, 친구나 SNS를 통해 쉽게 접하며, 또래 관계를 유지하는 데 이용되기까지 하는 자해를 청소년의 문화로 이해하고 존중해야 하는 건 아닌가 하고 순간 착각이 들기도 한다는 말이었습니다. 또 자해에서 얻는 이점이 있다고 많은 아이가 이야기를 하니, 자해를 문제로 봐야 하는지조차 헷갈린다고 했어요.

하지만 한두 번의 자해는 지속적이고 반복적인 자해로 이어지고, 고통에 대한 감내력이 생기면서 더 강렬한 자해를 시도하기 때문에 자칫 죽음에 이를 수 있어 너무 위험합니다. 그러니 자해는 한시라도 빨리 개입하는 것이 중요해요.

아이 상담하기

• 비난도 유난도 아닌 '공감'으로 다가가요 •

아이의 손목을 빼곡히 채운 자해 상처를 보면 어떨 것 같나요?

너무 두렵고 당황스럽겠죠?

상담 현장에서는 아이가 피를 뚝뚝 흘리며 상담실로 들어오더라도 놀란 표정을 지어선 안 된다고 생각해, 어떤 선생님은 일부러 SNS에 올라온 자해 사진을 찾아서 보기도 했답니다.

자해하는 아이를 상담할 때, 선생님들은 자해 행동은 옳지 않다고 아이를 다그치고 화내고 싶기도 할 겁니다. 마음이 쿵쾅쿵쾅 요동치더라도 잠시 숨을 고르고, 아래 내용을 참고해 상담을 시작해 보세요.

Step 1. 아이의 현재 상태를 잘 관찰합니다.

옷소매를 걷어 올린 아이의 팔에서 상처를 발견하거나, 더운 여름에도 긴팔옷으로 팔과 손목을 가린 아이가 있다면 각별히 눈여겨보세요. 손목이나 팔등에 계속 밴드를 붙이고 있는 아이도요. 어떤 아이는 교실이나 교무실을 찾아와 면도칼 등 날카로운 것을 빌려 달라고 요청합니다. 아이마다 자해 양상이 다르지만, 도움을 요청하고 싶어 하는 아이는 보건실을 찾아가 상처를 소독하거나 치료하는 행동을 하기도 합니다.

다짜고짜 아이에게 자해를 하는지 묻기보다는 일주일 정도 시간을 두고 관찰해 주세요. 자해 상처가 맞다면 자해를 어떻게 알게 되었는지, 최근에는 왜 자해를 했는지, 어떤 힘든 일이 있는지를 확인합니다. 이를 통해 자해의 심각성을 파악할 수 있어요. 자해 상처나 방법이 심각하고, 자해 상처를 확인하는 도중 자살 사고나 다른 정신과적 증상(심각한 우울, 불안 등)이 발견되었다면 학교 내 위기관리위원회를 통해 즉각적인 해결 방법을 찾아야 합니다.

Step 2. 비난보다 공감으로 다가갑니다.

오랫동안 자해 상담을 해 온 상담자들조차 아이들이 왜 자해를 하는지 이해가 안 돼 힘들다고 말합니다. 우리가 학교에 다니던 시절에도 자해를 하는 아이들이 있었지만, 일명 '노는 언니들'이나 하는 것이라는 인식이 컸어요. 그때를 생각하면 지금 아이들이 더 이해가 되지 않고, 비난하고 싶은 마음이 올라오는 것이 자연스럽기도 해요. 하지만 자해하는 아이들에게는 비난보다 공감으로 다가가는 것이 중요합니다. 아이 입장에서는 자해라는 행동 자체가 힘든 상황에서 탈출하는 하나의 선택지거나, 그것 외에는 방법이 없다고 생각할 수 있습니다.

또래 관계로 힘들어하는 아이를 상담한 적 있어요. "○○는 친구 때문에 힘들 때 스트레스를 어떻게 해소하니?" 하고 물으니 "자해요."라고 대답하는 게 아니겠어요? 전혀 예상하지 못한 대답에 속으론 크게 놀랐지만 평소와 똑같은 표정을 유지하며 말했습니다. "○○가 많이 힘들었나 보구나. 얼마나 힘들었으면 자해할 생각을 했을까?" 이렇게 공감하며 다가가니 아이가 말했습니다.

"선생님. 저를 정신병자 취급 안 해 줘서 고마워요. 자해하면 병신이라고 하거나 정신병자라고 비웃는 아이들도 있거든요. 그리고 유난스럽게 반응하지 않아서 고마워요. 엄마는 자해 상처를 보더니 몇 날 며칠 난리를 치면서 저를 더 힘들게 했어요."

아이 말을 들으며, 자해하는 아이는 자신을 대하는 주변 사람들의 반응 때문에 이차적으로 더 큰 수치심을 경험하게 된다는 사실을 알았습니다. 비난하는 누군가로 인해 아이들은 가뜩이나 힘든 마음에 이중으로 상처를 받을 수 있어요.

많은 연구에서 자해하는 아이들이 상담에서 가장 원하는 것은 자신의 힘듦을 호소하고 이해받는 것이라고 합니다. 그렇기 때문에 비난보다는 공감으로 다가가는 것이 중요합니다. 또 이미 심리적으로 불안하고 흔들리는데 주변 어른들이 유난을 떨거나 흥분해서 대처하면 아이들의 갈팡질팡하는 마음이 더 혼란스러울 수 있어요. 단순히 자해를 못 하게 하는 데만 집중한다면 아이는 선생님과 부모를 피해 숨어서 더 심각한 자해를 할 수도 있습니다. 그러니 일단 공감적으로 다가가는 것이 먼저입니다.

Step 3. 선생님과 둘만의 비밀로 하기보다는 도움을 요청해야 한다고 알려주세요.

앞서 지수의 사례처럼, 자해하는 아이들은 대부분 부모나 다른 어른에게 자해 사실을 알리기를 거부합니다. 이럴 때 아이의 부탁을 들어주고 싶은 유혹이 들 수도 있어요. 다시는 자해하지 않겠다고 약속하는 아이, 경미하게 자해하는 아이라면 혹여나 지금 선생님과의 좋은 관계마저 깨질까 염려되어 비밀을 누설하기가 어렵지요. 자살 의도가 없는 경미한 자해 상처의 경우에는 아이와의 라포 형성을 위해 개입을 한 박자 늦추기도 합니다. 예를 들어, 자해가 심해지거나 잦아진다면 부모님과 의논해 도와줄 수밖에 없다고 안내는 하지만, 당장 부모님과 연락하는 것은 잠시 보류하지요.

비자살적 자해 자체가 비밀 보장의 예외 사항이 아니라고 보는 학자도 더러 있습니다. 하지만 선생님은 무엇보다 아이의 안전을 생각하는 존재임을 아이가 알게 해야 해요. 이때는 강압적이고 경직된 태도로 부모님에게 알린다고 통보하기보다는, 부모님이나 보호자에게 알릴 때 염려되는 점에 관해 아이의 이야기를 충분히 듣습니다. 그런 뒤 선생님의 염려되는 마음을 전합니다.

"부모님께 자해에 관해 이야기한다면 어떤 게 염려되니?" "네가 염려하는 것처럼, 부모님이 알게 되면 ○○를 혼내거나 혹은 너무 슬퍼하실까 봐 걱정할 수 있겠지. 선생님도 ○○ 말처럼 부모님께 알리지 않는 것이 더 나을까 고민되기도 해. 하지만 ○○의 안전을 위해서는 부모님께서 아시는 것이 좋을 것 같아. 선생님도 부모님도 우리 어른에게는 ○○가 건강하게 잘 성장하도록 도와야 할 책임이 있거든."

Step 4. 자해 충동을 극복할 방법을 함께 찾아봐요.

복잡한 현대 사회를 살아가는 우리 아이들은 다양한 정서적 스트레스에 노출되는 경우가 많습니다. 스트레스 사건을 마주하지 않도록 도와주는 것도 필요하지만, 살다 보면 어쩔 수 없이 경험하게 되는 스트레스가 있기 마련입니다. 따라서 아이들에게 완벽한 학교생활, 아이의 상태보다 한 단계 높은 학업 성적 등 과도한 요구를 하기보다 스트레스가 될 만한 일을 조금씩 줄여 주세요. 아이들은 밀려드는 부정적 감정과 스트레스를 조절하기 위한 하나의 방법으로 자해를 선택하기 때문에, 스트레스를 잘 감당할 수 있게 면역력을 키워 주는 것이 필요합니다.

이를 위해 감정 조절, 스트레스 조절을 위한 다양한 방법을 찾아볼 수 있습니다. 예를 들어 아이의 학교생활을 눈여겨보면서 아이가 좋아하는 활동, 수업, 취미 등을 찾아보면 어떨까요? 자신의 취미, 흥미, 즐거운 일 등을 찾아가다 보면 부정적인 감정보다 긍정적인 감정을 더 많이 느낄 수 있습니다. 자해를 하는 아이의 마음은 알아주되, 자해가 건강하지 않은 방법임을 아이가 알 수 있도록 잘 전달하면서요.

무엇보다 자해가 너무 하고 싶을 때, 잠깐 숨을 돌리며 참을 수 있게 지지하는 것이 중요합니다. 당장 자해 도구를 찾기보다 휴대폰에 저장된 좋아하는 노래를 듣거나, 자신을 지지해 주는 누군가에게 전화를 하는 등, 다른 곳으로 관심을 돌리는 방법을 알려 주는 것도 도움이 됩니다. 저는 상담을 하다가 그림 그리기나 색칠하는 것을 좋아하는 아이를 만나면 컬러링 북과 색연필을 선물하기도 해요.

이처럼 자해 욕구를 참는 방법을 함께 찾아가는 것도 선생님이 개입할 수 있는 방법 중 하나입니다. 하지만 선생님 혼자서 자해와 관련해 지속적으로 상담하거나 깊이 있게 개입하기는 어렵기 때문에, 학교 상담실이나 외부 상담 기관, 병원 등과 연계를 하는 것도 좋습니다. 아이가 학교 상담실이나 병원 등의 기관에 연계되어 있다면 아이가 치료를 잘 받고 있는지, 요즘 잘 지내고 있는지 등을 모니터링하는 것도 아이를 돕는 방법이에요.

생활 지도하기

• 쉬쉬하지 말고 담담하게 이야기하고 협조를 구해요 •

자해가 열병처럼 청소년 사이에 퍼지고 있어 학교 현장에서도 자해하는 아이를 심심찮게 만날 거라 짐작됩니다. 자해하는 아이에게 어떻게 자해를 하게 되었냐고 물으면 대부분 친구를 통해서나 SNS를 통해서 알게 되었다고 답합니다. 드물게는 예방 교육이나 정서 행동 특성 검사에 나온 문항을 통해 알게 되었다고도 해요. 자해가 도대체 뭔지 검색해 보다가 자해를 하면 스트레스가 해소된다는 말에 혹시나 하고 시도했다가 자신도 하게 되었다는 아이도 있습니다. 또 어떤 아이는 처음 우연히 알게 되었을 때는 깜짝 놀라고 자해하는 이들을 비난하기도 했지만, 자신도 해 보니 자해하는 아이들이 이해된다고 말하기도 하고요.

때로는 선생님보다 주변 친구들이 학급에서 자해하는 아이를 먼저 발견해 알리는 경우도 꽤 있습니다. 공공연한 비밀이 되어 버린 느낌이지요. 그러다 보니 선생님 입장에서는 학급 내에서 자해를 어떻게 안내해야 하나 고민스러울 거예요. 그냥 넘어갈 수도 없는 일이고요. 게다가 자해하는 아이를 비난하는 일부 아이들을 지도하는 일도 큰 숙제입니다.

많은 아이가 자해를 궁금해하며 공공연한 비밀이 된 상황에서 학급 단위의 개입이 필요하다고 판단될 때는, 자해를 쉬쉬하며 숨기기보다 조회 시간이나 종례 시간에 담담하게 이야기를 꺼내 보면 어떨까요? 혹은 선생님의 염려하는 마음을 편지글로 작성해 학급에 게시하는 것도 좋은 방법이에요. 학급 아이들끼리 서로 돕도록 지도함으로써 자해하는 아이를 조기에 발견하고 도움을 주는 일은 매우 중요합니다.

다음은 학급에 게시하는 편지의 예입니다.

"우리 반 친구들, 마음은 건강하게 잘 지내고 있니? 선생님이 우리 반 친구들과 이야기 나누고 싶은 것이 있어 이렇게 편지를 썼단다.

오늘 이야기 하고 싶은 주제는 '자해'에 관한 거야. 만약에 우리 반에 자해를 하는 친구가 있다면, 자해를 하기까지 얼마나 힘들었을까 싶어. 친구의 힘들고 외로운 마음을 생각하니 선생님 마음이 아프구나. 자해를 하는 자신을 보면 부끄럽고, 아무도 자신을 이해하지 못할 것 같아 두려운 순간도 있을 거야. 죄책감이 느껴지기도 하고 수치스럽기도 하겠지. 행여 어른들이 알게 되면 혼나진 않을까 걱정도 될 테고 말이야.

선생님이 자해를 하지 않으면 좋겠다고 말하면 친구는 어떻게 생각할까? '선생님은 내 마음을 이해 못하시는구나.' 하며 속상해할 수도 있겠지? 하지만 자해가 하고 싶은 순간에는 이 점을 꼭 떠올리면 좋겠어. 자해 행동을 하는 순간만큼은 괴로운 감정에서 벗어날 수 있겠지만, 자해를 하면 할수록 더 힘들어질까 봐 선생님이 몹시 염려하고 있다는 사실을 말이야.

자해하고 싶은 충동이 들 때면 먼저 자신의 이야기를 들어 줄 사람을 찾아봐. 힘든 감정과 자해 행동에 관해 안전하게 이야기를 나눌 수

207

있는 사람이면 돼. 마땅히 이야기를 나눌 친구가 없다면 선생님을 찾아와도 괜찮고, 상담 선생님을 찾아가도 괜찮단다.

친구에게 전화를 해도 좋고, 자해 대신 고무밴드를 손목, 팔, 다리에 끼워서 튕기는 것도 괜찮은 방법이라고 알려져 있어. 아니면 좋아하는 음악을 듣거나 밖에 나가 산책을 하는 건 어떨까? 참! 강렬한 신체 통증이나 감각이 필요하다면 찬물로 샤워하거나 팔이나 다리에 얼음을 갖다 대는 것도 괜찮은 방법이란다. 스스로를 다치게 하는 대신, 선생님과 함께 건강한 방법을 찾아보지 않겠니?

그리고 선생님이 우리 반에 꼭 부탁하고 싶은 게 있어. 친구가 자해를 하더라도 비난과 판단은 하지 말자. 그보다는 친구의 이야기를 들어 주고 친구가 필요한 도움을 받을 수 있게 용기를 주는 것이 훨씬 중요해. 이 점을 잊지 않기를 바래."

학부모 상담하기

• 도움받을 수 있는 곳을 알려 주세요 •

아이들은 부모님에게 자해 사실을 알리겠다고 하면 극도로 거부합니다. 어떻게든 아이를 설득해 동의를 얻는다고 해도, 막상 부모님에게 연락하면 어떤 말부터 꺼내야 할지 선생님도 난감하지요. 자해에 관한 학부모 상담에서는 깊이 있는 개입보다 객관적인 사실과 도움받을 수 있는 곳의 정보를 알려 주는 것이 좋습니다.

선생님이 파악한 아이의 자해 정도(빈도, 횟수, 상처의 위치나 깊이 등)나 자해 이유 등 아이를 관찰하며 알게 된 객관적인 정보를 전달해 주세요. 그러면서 자해는 할수록 정도가 심각해질 수 있으니 부모님의 개입이 반드시 필요하다고 강조합니다. 만약 부모님이 흥분하거나 화를 내며 아이를 다그치고 혼낸다면, 아이가 숨어서 자해를 하거나 자해 행동이 더 심각해질 수 있다는 사실도 알려 주세요. 무엇보다 유난스럽지 않게 아이에게 다가가 아이 마음에 공감하도록 안내해야 합니다.

자해하는 아이의 부모는 평소 아이 마음을 잘 이해하거나 공감하지 못했을 가능성이 큽니다. 오히려 아이의 부정적인 감정 앞에서 부모가 더 압도되어 힘들어하거나, 아이의 감정을 억압하고 비난했을 수도 있어요. 부모님 입장에서는 아이의 고통을 지켜보는 것이 힘들고 어떻게 대처해야 할지 몰라서 그랬을 수 있지만, 아이 입장에서는 자신의 감정이 부정당하거나 잘못되었다고 느낄 수 있어요. 이런 상호 작용이 반복되면, 아이는 부모님에게 솔직히 자신의 마음을 털어놓기 어려워질 뿐 아니라, 자신의 감정을 어떻게 표현해야 할지 몰라 어려움을 겪게 됩니다.

따라서 자해하는 아이의 부모님과 상담할 때는 아이의 행동 이면에 있는 감정에 초점을 맞추고, "그럴 수 있겠다."는 마음으로 아이의 어떤 감정이라도 수용하고 공감하는 것이 중요하다는 점을 강조합니다. 말로 표현하는 것만으로도 힘든 감정들이 한결 좋아질 수 있다는 사실도 알려 주고요.

자해하는 아이의 어머니를 상담할 때였어요. 어머니는 아이의 자해 소식을 듣고 연신 눈물을 흘렸습니다. 놀랍고 당황스럽고, 어떻게 해야 할지 몰라 마음을 추스르기 힘들어했지요.

저는 먼저 어머니의 놀랍고 힘든 마음에 공감을 표현하고, 최근 청소년들 사이에서 일종의 문화처럼 자해가 퍼지고 있는데 이런 때일수록 어른인 우리가 마음을 다잡고 아이의 힘든 마음을 잘 버텨 주어야 한다고 말씀드렸어요. 자해가 평생 지속되는 건 아니며, 조기 개입하면 예후가 좋다는 설명도 덧붙였습니다. 학교에서도 관심을 가지고 지켜보겠다고 말씀드리면서, 치료를 받을 수 있는 외부 기관 정보와 학교에서 지원 가능한 범위(치료비 지원 등)에 대한 정보도 전달하고요.

● 희망과 관심을 놓지 않으면 돼요 ●

자신에게 하는 위로 또는 스트레스 해소를 위한 방법이라지만, 자해를 이해하고 대처하기란 여간 어려운 일이 아닙니다. 아무리 해결 방안으로 선택했다 해도, 스스로를 해치면서 치러야 하는 대가가 너무 크지요. 자해는 모두에게 만만치 않은 문제지만 그렇기에 더 함께 협력하여 아이를 도와야 한다는 점을 선생님도 부모님도 꼭 기억하면 좋겠어요.

예전에는 청소년 자해를 풀 수 없는 과제로 여겼지만, 최근에는 희망적인 시각들이 등장하고 있습니다. 자해를 하던 아이들이 성장하면서 대체로 자해 행동이 줄어든다는 연구 보고가 있어요. 외국의 경우 청소년기에 호기심이든 스트레스 해소를 위한 방법으로든 자해를 했던 아이들의 80%가 성인이 되면서 자해 행동을 멈추었다고 합니다. 성인이 되었을 때 자해 흉터 때문에 예쁜 옷을 못 입을까 봐 염려하기 시작한다면, 자해에서 벗어날 준비가 된 거라고 해요.

특히 우울이나 불안 장애 같은 정신과적 질환 없이 자해 행동만 한 아이의 경우에는 성장하면서 자해 행동이 차츰 사그라들고, 자해가 아닌 다른 방법을 찾아갈 수 있어요. 물론 지수처럼 갑작스런 스트레스에 노출되어 자해를 하게 된 아이도 선생님이 유심히 관찰하고 마음으로 함께한다면 문제를 좀 더 쉽게 해결해 나갈 수 있으리라 생각해요. 선생님의 관심과 적절한 대처로 환하게 웃게 될 아이의 학교생활을 기대해 봅니다.

상담 핵심 노트

- 죽으려고 하기보다 살기 위해 자신에게 스스로 상처 내는 아이들이 있다는 점을 기억해 주세요.
- 자해 행동을 비난하거나 행동을 교정하는 것보다 먼저 해야 할 일은, 자해를 시도함으로 아이가 무엇을 얻고자 하는지 그 마음을 들여다보는 것이에요.
- 우울증이나 다른 정신 병리가 동반되지 않은, 비교적 심각하지 않은 자해라면 아이가 성장하면서 자해 행동이 줄고 자해를 대신할 방법을 찾아갈 수 있어요.
- 자해하는 아이의 학부모를 상담할 때는 먼저 당황하고 놀란 부모님 마음을 진정시키고, 아이를 다그치거나 혼내지 않도록 안내해 주세요. 그렇지 않으면 아이가 숨어서 자해를 하거나 자해 행동이 더 심해질 수 있다고 알려 주고요.

자살하고 싶다는 아이, 다가가기 조심스러워요.

● 죽음을 생각하는 다미 이야기 ●

조용하지만 잘 웃고 성실하던 다미는 1학기 중간고사 이후 엎드려 있는 시간이 많아졌다. 소수의 친구들과도 더 이상 교류하지 않고 반에서 혼자 지냈다. 몇 달이 지나도록 검은색 잠바를 입고 앞머리를 길게 늘어뜨려 눈을 가린 채 다니는 다미와 눈맞춤조차 어려웠다.

그러던 어느 날, 다미 짝꿍이 다미의 공책에 빼곡히 적힌 '죽고 싶다.' '살아서 뭐하나.'라는 글을 발견했다. 놀란 짝꿍은 담임인 내게 상황을 전했다. 점심시간에 다미를 불러 상담을 시도했지만, 다미는 아무 말도 하고 싶지 않다고 선을 그었다. 어떻게 상담을 이어가야 할지 참으로 막막하다.

우리나라 청소년 사망 원인 1위가 2007년부터 자살이라는 사실을 알고 있나요? 통계청의 '사망 원인 통계'에 따르면, 2021년 기준 자살로 생을 마감한 10대 청소년 비율이 해당 연령 총 사망자 수의 43.7%를 차지했습니다. 이는 교통사고나 암으로 인한 사망자 수의 두 배에 달합니다. 또 2022년에는 전국 중고등 학생 5만 여명을 대상으로 설문을 실시했는데, 응답자 중 14.3%가 자살을 생각한 적이 있다고 보고했습니다. 이런 통계는 선생님들이 학교 현장에서 자살을 고민하는 아이들을 많이 만날 수 있음을 시사해요.

선생님들이 가장 어려워하는 상담이 바로 '자살 위험이 있는 학생 상담'입니다. 자살이라는 단어 자체가 주는 부담과 압박감이 크고, 아이의 생명과 직결되기 때문에 상담 전부터 불안감이 엄습하지요. '괜히 자살이라는 단어를 써서 아이를 더 자극하면 어떡하지?', '나랑 상담하고 진짜 자살하면 어떡하지?', '내가 혹시 중요한 걸 놓쳐서 아이를 돕지 못하면 어떡하지?'라는 불안과 두려움을 경험합니다.

상담에서는 자살에 관해 묻는 것이 자살 생각을 부추길까 봐 "너… 그… 보통 사람들이 하면 안 되는 생각… 그거, 한 적 있어?"

라며 돌려서 물어보거나, '에이, 설마 죽겠어?' 하는 마음으로 가볍게 넘기는 경우가 있어요. 자살은 다루기 어렵고 힘든 주제지만, 긴급하고 중요한 사안입니다. 아이의 생명을 살리는 일이야말로 다른 그 무엇보다 선행되어야 하고, 생명을 살리는 일에는 골든타임이 있기 때문입니다.

이제 아동·청소년의 자살 특징은 무엇인지, 사례 속 다미를 어떻게 도울 수 있을지 함께 생각해 보겠습니다.

아이 이해하기

• 아동·청소년 자살에 대한 편견부터 점검해요 •

자살 상담을 하기 전에 교사인 나부터 자살에 대한 편견은 없는지 체크해 봅니다.

첫째, "진짜 자살하려는 아이는 '죽고 싶다.'고 말하지 않는다?" 과연 맞는 말일까요? 답은 X입니다. 자살 생각이 있는 아이는 지푸라기라도 잡고 싶은 심정으로 자신의 마음을 알아 달라고, 자기를 좀 살려 달라고 신호를 보냅니다. 선생님은 이런 신호를 민감하게 알아차리고 도와야 합니다. 그러려면 아이들의 행동, 언어, 정서적 신호를 주의 깊게 관찰하고 적절하게 대응해야 해요. 작은 신호도 놓치지 않도록 주의 깊게 살펴보세요.

둘째, "자살을 앞둔 아이는 슬프거나 위축된 모습을 보일 것이다?"

이 역시 틀린 생각입니다. 물론 자살을 시도하는 아이의 80~90%는 정서적인 어려움을 갖고 있으며, 이 중 대부분이 우울증이라는 연구 결과가 있습니다. 하지만 아동·청소년의 우울증은 '가면성 우울'이라 불릴 만큼, 겉으로는 밝고 활달하지만 속마음은 우울하고 불안할 수 있어요. 따라서 겉으로 보이는 모습만으로 자살 위험성을 판단해서는 안 됩니다. 2017~2020년 「학생 자살 사망 사안 보고서」 분석 결과에 따르면, 자살로 사망한 아이 중에는 우울증이 아닌 경우도 있었습니다. 오히려 학교에서는 자살 징후가 겉으로 잘 드러나지 않고 별다른 어려움 없이 잘 적응하는 모습을 보여, 자살 위험을 식별하기가 매우 어려웠다고 해요. 이처럼 아동·청소년 자살은 충동적인 모습을 보이기도 하고, 원인이 파악되지 않는 경우도 많습니다.

셋째, "아이들은 관심을 끌고 싶어서 자살하고 싶다고 말한다?"

이 편견도 완전히 잘못되었습니다. 많은 사람이 오해하는데, 아이가 보내는 자살 신호는 "저도 살고 싶어요. 제발 도와주세요."라는 뜻입니다. 아이가 자살 의도를 표현하는 것은 진정 도움이 필요하다는 절박한 신호예요. 이 신호를 무시하거나 단순히 관심을 끌기 위한 것으로 생각하면 안 됩니다. 선생님은 아이의 말을 진지하게 받아들이고, 신속하고 적극적으로 지원과 도움을 제공해야 해요. 상담 교사나 심리 전문가와 연결해 아이가 적절한 지원을 받을 수 있게 도와주세요.

● 아이들이 보내는 자살 신호에 주목해 주세요 ●

자살을 염두에 둔 아이들에게서는 몇 가지 신호를 발견할 수 있습니다.

첫째, '갑작스러운 행동 변화'를 보입니다. 이는 자살 신호 중 가장 주목해야 하는 요인이에요. 밝고 활발했던 아이가 갑자기 조용해지는 것도, 조용하던 아이가 갑자기 쉴 새 없이 떠드는 것도, 아이의 내면에 변화가 생겼다는 신호일 수 있습니다. 물론 긍정적인 변화일 수도 있지만, 갑작스럽게 행동이 변했을 때는 아이에게 위기가 닥쳤다는 신호일 수 있으니 선생님이 조금 더 면밀하게 아이를 관찰해야 합니다. 갑작스러운 행동 변화에는 눈에 띄게 성적이 떨어지거나, 친한 친구들로부터 소외되거나, 급식에 문제가 있거나, 잠을 많이 자거나 하는 등의 변화도 포함돼요.

둘째, 자살과 관련해 '직접적으로 언급' 합니다. 아이들은 인스타그램이나 페이스북, 카카오 프로필 등 본인의 SNS를 통해 자신의 마음을 표현하곤 합니다. 자살 사고가 있는 아이는 SNS에 '죽고 싶다.' 거나 '죽으면 편해지지 않을까?' 하며 자살을 언급하는 글을 쓰기도 해요. SNS가 아니더라도 종이나 노트에 죽음에 대한 언급이 있다면 주목해서 봐야 합니다.

셋째, '자살 준비 행동'이 관찰됩니다. 제가 처음 발령받은 중학교에서 있던 일이에요. 소위 '노는 아이'로 불리던 3학년 아이가 자신이 제일 아끼는 가방과 운동화, 기타 물품을 나누어 주기 시작했습니다. 주변 아이들은 아이가 착해졌다며 칭찬했지만, 담임 선생님은 뭔가 이상함을 감지하고 위클래스로 문의를 주었어요. 그렇게 아이를 만났더니 죽음을 준비하고 있었습니다. 자살을 마음먹은 아이는 이렇게 아끼는 물건을 나누어 주거나, 유서를 쓰거나, 주변을 정리하는 등의 준비 행동을 할 수 있어요. 이런 신호를 감지했다면 반드시 학교 내외의 상담 전문가와 상의해야 합니다.

넷째, '인지적 왜곡'에 갇혀요. 자살의 특징을 가리키는 용어로 '터널 시야'라는 것이 있습니다. 극도의 스트레스나 절망감으로 인해 시야가 좁아지는 심리적 상태를 의미하지요. 자살을 생각하는 아이는 터널 시야의 행태를 보이는데, 문제의 심각성만 과장되게 인식하고 다른 대안이나 해결책을 보지 못합니다. 그러다 보니 터널 시야에 갇혀 현재의 고통이 영원히 지속될 거라 여기고, 자살이 유일한 탈출구라고 믿게 돼요.

● 아동·청소년기 자살이 보이는 특징이 있어요 ●

첫째, '충동적'입니다. 성인은 긴 시간 동안 우울, 무기력, 절망 등의 감정을 신중하게 평가하고 자살을 결정하는 반면, 청소년은 친구들 앞에서의 망신, 부모님 잔소리, 생활 스트레스 등을 이유로 충동적으로 자살을 시도해요. 특히 수치심을 느끼고 자존심에 상처를 입었다고 느끼면 즉흥적으로 죽어 버리겠다고 생각하고 실제로 시도하는 경우가 많아요. 그래서 청소년의 자살은 예측하기가 어렵습니다.

둘째, '주변 영향'을 많이 받습니다. 청소년은 연예인이나 주변 사람들의 자살에 크게 영향을 받아요. 유명 연예인의 자살 보도 이후 청소년 자살률이 상승하는 경향이 있으며, 가족이나 친구의 죽음도 큰 영향을 미칩니다. 따라서 이와 같은 일이 발생했을 때는 자살 예방 교육을 발 빠르게 실시하는 것이 중요합니다.

셋째, '죽음에 대한 환상'을 가지고 있어요. 청소년은 뇌가 발달하는 중이어서 이성적인 판단력이 미숙할 수 있습니다. 시험 실패나 친구와의 갈등을 해결하는 한 방법으로 죽음을 생각하기도 해요. 때로는 웹툰과 웹소설의 영향을 받아 죽음 후의 삶에 환상을 갖기도 합니다.

이런 특징들 때문에 청소년 자살은 예측이 어렵고 갑작스럽게 일어납니다. 효과적인 자살 상담을 위해서는 자살 신호를 조기에 발견하고, 자살의 위험성을 정확하게 평가해 개입하는 것이 중요하지요. 그러려면 상담 시작부터 빠르게 아이와 신뢰 관계를 구축할 필요가 있습니다. 상담을 어떻게 시작하면 좋을지 함께 살펴볼까요?

아이 상담하기

• 두루뭉술하거나 낙관적이기만 한 말은 삼가 주세요 •

자살 상담에서는 선생님의 태도가 제일 중요합니다. 자살 위험이 있는 아이에게는 '내가 어떤 말을 해도 수용받을 수 있겠다.'는 믿음을 갖게 하는 것이 핵심이에요. 그러려면 선생님은 자살에 대해 돌려 말하지 말고 직접적이고 담담하게 물어야 합니다. 돌려 말하면서 자살하지 않을 거라는 전제로 대화를 시작하면 아이는 자신의 생각을 솔직하게 말하기가 어려워요. 제가 만난 한 아이는 아침에 눈을 뜨면 밤에 자기 전까지 어떻게 죽을까를 생각하는데, '자살'이라는 단어조차 입에 올리기 어려워하는 선생님을 보며 '진짜 내 생각을 다 들으면 기절하겠네.' 하고 생각했답니다.

또 상담에서 절대로 하면 안 되는 말이 있어요. "지금 가진 것에 감사해라." 같은 도덕적인 교훈이나 "다 잘될 거야.", "다 지나간 다.", "행복한 대학생이 될 날이 얼마 안 남았다." 같은 지나친 낙관의 말입니다. 이런 말은 아이에게 아무런 도움이 되지 않고, 오히려 이해받지 못한다는 낙담을 심어 줘 상담을 어렵게 만들 수 있어요. 감사를 강요하거나 무조건 낙천적으로 접근하면, 결국 아이는 입을 닫고 선생님 혼자 설교하는 듯한 일방적인 대화가 이어질 수밖에 없습니다.

그러면 자살 상담은 어떻게 해야 할까요? 앞의 사례에서 자살 위험이 있는 다미와 상담한다면 다음처럼 대화를 진행할 수 있습니다.

선생님   다미야, 요즘 어떻게 지내?

다미   (침묵)

선생님	요즘 다미가 친구들과 잘 어울리지 않고 책상에 엎드려 있는 시간이 많은 것 같아서 선생님이 걱정돼서 불렀어.
다미	별로 말하고 싶지 않아요.
선생님	선생님이 나미를 부른 이유는 혼을 내거나 너를 판단하려고 하려는 게 아니라, 다미가 어려움이 있다면 듣고 공감해 주고 또 도움을 주고 싶어서야. 선생님이 다미 마음을 이해하고 싶어.

아이가 선생님에게 고민을 말하기 어려워하는 가장 큰 이유는 '이해받지 못하고 오히려 혼이 날까 봐' 하는 두려움 때문이에요. 이 부분에 대해 선생님은 그냥 넘어가지 말고 아이를 부른 이유를 분명히 말하는 것이 좋습니다. 선생님의 의도를 진솔하게 표현하는 것은 아이에게 안정감을 줍니다.

선생님	다미야, 요즘 기분이 어때?
다미	우울하고 힘들어요.
선생님	너무 힘들어서 차라리 죽는 게 더 낫다고 생각할 때도 있니?
다미	네.
선생님	자살에 대해 생각해 본 적이 있어? (직접적으로 다루기)
다미	맞아요.
선생님	어떻게 자살할지 생각하고 계획을 세워 본 적이 있니?

다미   아니요. 아직 계획을 세워 본 적은 없어요.

위 대화에서 볼 수 있듯이 자살 생각이 있는 아이와 상담할 때
는 두 가지 포인트를 반드시 기억해야 합니다. 첫째, 상담의 이유
를 명확히 설명해 주어 아이를 안심시킵니다. 둘째, 자살에 대해
돌려 말하지 않고 직접적으로 묻습니다. 이는 선생님이 아이의 어
떤 이야기도 들을 준비가 되어 있다는 메시지를 전달하고, 힘들어
하는 아이 곁에 함께하겠다는 의지를 보여 주는 태도예요.

아이가 죽고 싶다고 이야기한다면 당황스럽고 놀라겠지만 일
단 충분히 들어 주어야 합니다. 자살과 관련해 구체적으로 물어봐
주세요. 죽고 싶은 이유, 언제 자살을 생각했는지, 어떤 방법으로
죽으려고 했는지 등 자살에 대한 생각을 충분히 탐색하는 시간이
필요합니다. 만약 아이에게서 자살 생각이나 계획을 확인하면 반
드시 보호자에게 알리고, 학교 안팎의 상담 전문가에게 도움을 요
청합니다.

자살에 대해 직접적이고 구체적으로 묻는다고 해서 자살 위험
성이 커지는 것은 절대 아닙니다. 오히려 자살 충동에 관해 분명
하게 물어보는 것만으로 아이의 고민을 덜어 주고, 일부 아이에게
는 자살 시도 가능성을 줄여 준다고 합니다.

이 밖에도 앞서 살펴본 위기 상담 원칙을 빠짐없이 챙기면서 상

담을 진행합니다. 즉, 모든 상담과 개입한 기록을 일지로 써서 문서화하고, 절대 혼자 처리하지 말고 학교 안팎의 기관들과 협력해 지혜를 모아 보세요. 외부 전문 기관의 경우 지역마다 정신건강복지센터에서 운영하는 자살예방센터의 도움을 빌을 수 있습니다.

아이에게는 자살에 대한 생각에 사로잡힐 때 연락을 취할 만한 사람을 생각해 보게 하거나, 자살예방상담전화 109를 이용할 수 있다고 알려 주세요. 또 보호자에게 아이의 자살 위험에 대해 알리고 학교와의 협력이 중요하다고 강조합니다.

● 안전 동의서를 작성해요 ●

아이에게 자살을 하지 않겠다는 약속을 문서로 받는 것도 자살 예방에 도움이 됩니다. 다음 양식을 참고해 상황에 맞게 바꾸어 활용해 보세요.

나의 안전에 대한 동의서

나 _____는 절대로 자살하지 않을 것이며, 자해나 자살을 시도하지도 않을 것을 서약합니다. 나는 자살하고 싶은 생각이 들면 반드시 _____에게 먼저 말할 것입니다. 만일 이 사람들을 만날 수 없다면 _____로 전화하거나 주위 사람들에게 도움을 청하겠습니다.

나는 자살하고 싶은 생각이 들면 혼자 있지 않을 것이며, 사람과 어울릴 것을 서약합니다. ** 나의 감정에 대해 _____에게 이야기하겠습니다.

나는 충분한 휴식과 수면을 취하고 잘 먹을 것을 서약합니다.

나는 자살할 수 있는 모든 도구를 없앨 것을 서약합니다.

나는 조금이라도 기분이 이상하면 반드시 _____에게 전화를 걸거나 어떠한 수단을 써서라도 알리겠습니다. 이 사실을 알리기 전에는 절대로 아무런 행동을 하지 않을 것을 서약합니다.

전화 상담을 받았음에도 불구하고 계속 자살 생각이 없어지지 않으면 병원 응급실을 방문할 것을 서약합니다.

* 24시간 전화 상담 : (지역 번호) 1388
* 24시간 모바일 채팅 상담 : '다 들어줄 개'
* 자살 예방 상담 전화 : 109

날짜 :   서명자 :

                              증 인 :

                              보호자 :

● 평소 자살 관련 교육을 틈틈이 진행해요 ●

자살은 한 번 일어나면 돌이킬 수 없기에 평소 아이의 변화와 자살 신호를 민감하게 알아차리고 예방하는 것이 가장 중요합니다. 이를 위해 많은 학교에서 학생, 학부모, 교사를 대상으로 '자살 예방 교육'이나 '생명 존중 교육' 등을 실시합니다. 자살 예방 교육에서는 자살 위험 신호(언어적, 상황적, 행동적 신호) 등을 교육하고 자살 위험 신호를 보이는 친구를 도울 수 있는 방법을 교육합니다. 자살에 대한 오해를 바로잡고, 자살 특징을 배우고, 어떻게 예방하고 도와야 하는지를 익숙해질 때까지 반복해서 교육하면 크게 도움이 됩니다.

1년에 한두 번 진행하는 예방 교육 외에도 평소 교실에서 선생님이 자살 관련 교육을 구체적으로 진행하는 것이 매우 중요합니다. 다양한 교육 자료를 이용해 관련 교육을 할 수 있는데, 특히 조회나 종례 시간을 활용해 일상적으로 생명 존중 교육을 연중 운영하는 것이 필요합니다. 자살의 위험 신호는 또래 친구들이 먼저 발견하는 경우가 많아요. 그렇기 때문에 아이들은 친구가 자살하고 싶어 할 때, 자신들의 노력만으로는 친구를 절대 도울 수 없다는 사실을 인식해야 합니다. 어른인 우리조차 어떻게 해야 할지 막막하고 혼란스러운 상황을 아이들이 해결하기는 훨씬 어렵지요. 친구의 자살 문제를 아이들이 직접 상담하고 돕는 것은 그들에게 과도한 책임을 지우는 일일 수 있습니다. 따라서 친구의 자살 신호를 발견하면 반드시 신뢰할 만한 어른에게 알려야 한다고 말해 주세요. 그렇게 함으로써 함께 고민하고 해결책을 찾아갈 수 있습니다. 알리는 것만으로도 최선을 다해 친구를 돕는 일이라는 점, 자신이 직접 무엇을 더 하지 않아도 믿을 만한 어른에게 도움을 요청하는 것으로도 충분하다는 사실을 꼭 알려 주세요.

학부모 상담하기

• 일상에서 아이를 보호할 방법을 함께 찾아 주세요 •

자살 위기에 놓인 아이에 대한 개입은 매우 섬세하고 신중해야 합니다. 자살 위기 학생을 돕기 위해서는 학교의 도움만으로는 충분하지 않으며, 가정의 협력이 필수적이에요. 특히 아이의 자살 문제는 돌이킬 수 없는 상황을 초래할 수 있으니, 뒤에 나오는 〈활용해 보세요〉의 '자살 관련 면담 기록지'를 바탕으로 아이의 자살 위험 정도를 파악하고 이에 대해 부모님에게 구체적으로 알리는 것이 가장 중요합니다. 이를 알리는 목적은 아이를 살리기 위해 어떻게 해야 할지 구체적인 해결책을 모색함과 동시에, 부모가 아이의 어려움을 이해하고 적절한 양육 태도를 취할 수 있도록 돕기 위함입니다. 자살 위험이 아주 높은 경우에는 심리 치료만으로는 부족할 수 있습니다. 당장 입원해서 아이가 심리적으로 안정될 때까지 24시간 보호하는 것이 더 필요한 경우도 있어요.

일상에서 아이를 보호할 방법도 부모님과 함께 의논합니다. 위험한 물건은 치우도록 안내하고, 창문 등에 스토퍼 등을 설치하게 합니다. 또 아이와 어떻게 대화하고 자살 문제를 다뤄야 할지 이야기 나눕니다. 자살은 매우 심각한 사안이므로 선생님뿐 아니라 관리자, 부장 교사, 전문 상담 교사가 함께 부모님을 만나 협력적으로 도움을 주어야 한다는 사실을 꼭 기억하세요.

• '부모 상담 확인서'를 작성해요 •

자살 위기 학부모 상담에서는 아이의 문제 해결을 위해 부모님의 협조를 최대한 이끌어 내는 동시에, 중요 정보를 안내해야 합니다. 다음 양식을 참고해 차근차근 하나씩 점검하면서 어떻게 아이를 도울 수 있을지 구체적으로 상담하기 바랍니다.

안전에 대한 부모 상담 확인서

(   ) 학교에서는 (   ) 학생의 안전을 위해 보호자의 지속적인 관심과 협조를 구하는 보호자 상담을 아래와 같이 진행하였음을 확인합니다.

1. 학생 :   (생년월일 :   )
2. 학생 소속 :   학년   반   번
3. 보호자 상담 일시 :   년   월   일
4. 보호자 상담 시 주요 내용 :

주요 내용	확인	비고
1. 자살 위험에 대한 알림(자살 사고, 시도, 충동적 행동)		
2. 위험 감지를 위한 가족의 관심, 관찰, 주의 요청		
3. 약물 복용 확인 등 약물 치료 관리 주의 요청		
4. 심각할 경우 단기 입원 치료 권유		
5. 지지 자원 연계를 위한 정보 제공		
6. 아이를 위한 공감/경청 등의 대화법 교육		

보호자: (서명)

교사: (서명)

아이 지지하기

● 아이의 힘을 믿으며 버티고 지지해 주세요 ●

학교에서 근무할 때 수많은 자살 위기 아이를 만났습니다. 친구와 한강에 뛰어내리겠다며 연락이 두절된 아이들을 경찰차를 타고 찾으러 다니고, 자살을 시도했다는 연락을 받고 긴급히 아이를 병원에 데려가 치료와 입원을 돕기도 했어요. 이 밖에도 크고 작은 자살 위기들을 마주하면서, 혹시 내가 아이의 신호를 놓쳐서 돌이킬 수 없는 일이 생기지 않을까 불안하고 두려웠습니다.

한번은 정말로 자살을 시도해, 홀로 둘 수 없었던 아이가 있었습니다. 가정과 학교에서는 아이를 위해 할 수 있는 모든 것을 알아보고 지원하느라 정신이 없었지요. 그렇게 수많은 위기 상황을 함께 넘기며 아이는 힘겹게 졸업을 했습니다. 그리고 5년 뒤, 아이는 자신이 손수 만든 케이크를 들고 상담실로 찾아왔어요. 학창 시절에는 정말 죽고 싶었고 이대로 죽을 거라 생각했지만, 그 순간을 함께 견뎌 준 선생님들과 부모님 덕분에 살아갈 힘을 낼 수 있었다고 하더군요. 지금은 제빵사가 되고 싶은 꿈이 생겨 제빵 학원에 다니고 있다며 환하게 웃었습니다.

오랜 시간 학교에서 근무하며 한 가지 중요한 사실을 깨달았어요. 죽을 것 같던 아이도 모두가 협력해 아이를 살리려고 애쓸 때, 모두가 불안하고 힘들지만 아이의 힘을 믿고 함께 버텨 줄 때, 아이는 몇 번의 위기를 넘기며 결국 삶에 대한 의지를 되찾는다는 거예요.

그러니 선생님들, 많이 힘들겠지만 누군가를 살릴 수 있는 자리에 있다는 막중하고 거룩한 사명감을 되새기며 우리 아이들을 잘 관찰하고 민감하게 반응해 주면 좋겠습니다. 절대 혼자서 애쓰지 말고 함께요. 함께 아이들을 살려 내는 이 의미 있는 일을 하는 모든 선생님을 응원합니다.

상담 핵심 노트

- 갑작스러운 행동 변화, 자살에 대한 직접적인 언급, 자살 준비 행동, 인지적 왜곡 등 아이가 보내는 자살 신호를 놓치지 마세요.

- 자살에 대해 돌려 말하지 않고 직접적으로 물어보는 것은 아이에게 선생님이 어떤 얘기도 들을 준비가 되었다는 메시지를 전달해 안정감을 줍니다.

- 자살 생각에 사로잡혔을 때, 아이가 연락을 취할 만한 사람을 생각해 보게 하거나 연락할 수 있는 기관을 소개해 주세요.

- 반 아이들에게 자살 위험이 있는 친구를 목격했을 땐 반드시 신뢰할 만한 어른에게 알려 도움을 받아야 한다고 알려 주세요.

✎ '자살 관련 면담 기록지'

자살과 관련해 아이와 면담할 때, 아래 기록지를 활용해 아이의
자살 위험성 단계와 필요한 조치 사항을 확인해 보세요.

자살 관련 면담 기록지

날짜: 20   년   월   일 /   학년   반   번 이름:
교사 :   (인)

면담 내용	① 죽고 싶다거나 죽는 게 더 낫겠다고 생각한 적이 있니? □ 예 □ 아니요 ② 자살을 할까 생각하고 있니? □ 예 □ 아니요 ③ 최근(6개월간)에 어떻게 죽어야겠다고 계획을 세운 적이 있니? □ 예 □ 아니요 □ 언제 : □ 장소 : □ 방법 : ④ 최근(6개월간) 이 계획을 실행해야겠다는 생각을 한 적이 있니? □ 예 □ 아니요 ⑤ 혹시 죽어야겠다는 생각에, 어떤 행동을 해 본 적이 있니? □ 예 □ 아니요 □ 언제 : □ 장소 : □ 방법 : ⑥ 무엇이 너를 그렇게 힘들게 만들고 죽고 싶게 하는지 그 이유를 물어봐도 될까?

자살 위험성 단계	**□ 위험성 없음 혹은 낮은 위험** - 모두 '아니요'인 경우 혹은 ①번만 '예'이고, 나머지는 모두 '아니요'인 경우 - 수동적 자살 사고는 있지만 적극적인 자살 사고, 계획, 의도, 시도 경험은 없음에 해당 **□ 중간 위험** - ①, ②번 모두 '예'이나 나머지는 모두 '아니요'인 경우 - 수동적/적극적 자살 사고는 있으나 계획, 의도, 시도 경험은 없음에 해당 **□ 높은 위험** - ⑤번이 '예'이면서, ③번과 ④은 모두 '아니요'인 경우(①,②번 응답은 상관없음) - 과거 자살 시도라는 위험 요인이 있으므로, 관리 요망 **□ 응급 상황** - ③번이나 ④번 중 하나라도 '예'인 경우(①,②,⑤번 응답은 상관없음) - 최근 6개월간 구체적 자살 계획과 실행 의도가 있으므로, 응급 대처 요망
조치	**□ 위험성 없음 혹은 낮은 위험** - 학부모 연락, 교내 상담 인력의 지속적 관찰과 상담 **□ 중간 위험** - 위클래스 우선 연계, 학부모 연락, 자살예방센터 및 위센터, 정신건강복지센터 등 교육청에서 지정한 전문 기관 의뢰 **□ 높은 위험** - 학부모에게 연락하고, 자살예방센터 또는 전문 병원 진료 권유 **□ 응급 상황** - 학생을 혼자 두지 않고, 안전 조치. 학부모에게 즉각 알리고 자살예방센터 또는 전문 병원 진료 적극 권유

출처_'정서 행동 특성 검사 매뉴얼', 학생정신건강지원센터

학업 중단 위기 아이,
마음을 열 수 있을까요?

사례 엿보기

● 학교를 그만두고 싶은 중인이와 나리 이야기 ●

중학교 2학년 담임을 맡은 지 두 달도 채 되지 않았는데 벌써 학업 중단 의사를 표현한 아이가 둘이나 있다.

중인이의 경우, 학기 초부터 두통과 복통을 자주 호소했다. 바쁜 어머니는 중인이가 아플 때마다 학교에 와서 중인이를 병원에 데려가곤 했는데, 점점 결석 일수가 많아지더니 결국 학업 중단 의사를 표했다. 중인이 어머니는 아무리 설득해도 중인이가 말을 듣지 않는다며 내게 도움을 요청했지만, 나 역시 난감하다.

반면, 나리는 우리 반 반장으로 책임감도 있고 공부도 잘한다. 그런데 자신이 관심 있는 쪽으로 진로를 바꾸고 싶다며 부모님과 상의 끝에 학업 중단 숙려제를 신청했다. 나리 부모님은 나리의 결정을 지지하지만, 선생님인 나로서는 학교생활을 잘하던 아이가 학업을 중단한다고 하니 걱정이 많다.

두 아이가 각각 다른 이유로 학업 중단 의사를 표현했는데, 아직 중학생인 이 아이들이 학교 밖으로 나가도 되는지 여러 생각이 들며 어떻게 지도해야 할지 고민이 된다.

학기 초에 "선생님, 아이가 학교에 가기 싫어해요. 아무리 설득해도 안 돼요."라는 연락을 종종 받습니다. 학기 초는 아이들에게 굉장히 긴장되는 시기예요. 담임 선생님은 어떤지, 누구와 친하게 지내야 하는지, 어떤 한 해가 펼쳐질지 등 정도의 차이는 있지만 모두가 불안하고 두렵고 설레기도 해 상당한 긴장감을 느낄 수밖에 없습니다. 이 긴장감과 불안감을 견디기 어려워서 또는 다른 여러 이유로 학기 초에 등교를 거부하는 아이가 나오기 시작합니다. 문제는 등교 거부가 장기화되면 학업 중단으로 이어지기도 한다는 거지요.

한편, 알파 세대인 우리 아이들은 많은 곳에서 정보를 얻다 보니 배우고 싶은 것도 많습니다. 위 사례의 나리처럼 배우고 싶은 것이 있다며 학교를 그만두는 아이도 점점 늘고 있어요. 유튜브나 자퇴생 브이로그를 통해 자퇴 후의 생활을 보며 환상을 가지는 아이도 있고요. 지금의 아이들은 학교를 잘 다니는 것이 학생의 본분이고, 그래야 앞으로 편안하고 행복하게 살아갈 수 있다고 생각하지 않습니다. 왜 학교를 다녀야 하는지 설명하면 아이들은 우리를 '꼰대' 취급하며 귀를 닫아 버릴지도 몰라요.

교육부의 '학업 중단 발생 학생 추이 통계'에 따르면 학업 중단 학생 수가 2020년 32,027명에서 2021년 42,755명으로, 2022년에는 52,981명으로 늘었다고 합니다. 전체 학생 중 학업 중단 학생 비율도 0.6%(2020년)에서 0.8%(2021년), 그리고 2022년에는 1%로 증가했고요. 이처럼 학업 중단을 희망하는 아이가 점점 느는 추세입니다.

그런데 학교라는 울타리를 벗어난 아이들이 자신의 삶을 스스로 계획하고 관리하며 살아가는지 묻는다면, 그렇지 않은 경우가 많습니다. 어른인 우리는 학업 중단을 희망하는 아이들을 어떤 입장에서 어떻게 도울 수 있을까요?

● 아이의 이차적 이득을 파악해요 ●

아이가 학업을 중단하겠다고 말하기 전에, 아이에게 보이는 신호를 민감하게 알아차리는 것이 필요합니다. 학업을 중단하기 전 아이는 출석, 학업 성취, 행동이나 정서 등에 변화를 보입니다. 아이가 지각이나 조퇴가 잦아지면서 결석을 자주 한다면 이는 아이에게 **'이차적 이득(secondary gain)'**을 가져다줄 수 있습니다. 이차적 이득이란 원래 문제 행동으로 인해 발생하는 부차적인 긍정 결과예요. 이차적 이득은 아이가 학교에 나오기 싫어하는 행동을 더 강화할 수 있어요.

예를 들어 아이가 과도한 학업 스트레스로 배가 아파 자주 조퇴하거나 결석한다면, 여기서 이차적 이득은 조퇴와 결석을 통해 학업 스트레스로부터 벗어나는 것입니다. 물론 단기적으로는 잠시나마 스트레스에서 벗어나 좋을 수 있지만, 장기적으로는 학업 성취에 부정적인 영향을 받게 됩니다. 이때 부모님과 선생님이 아이의 이차적 이득을 빨리 알아차리기만 해도 아이가 결석이 아닌 다른 방법으로 학업 스트레스를 해소하도록 도울 수 있어요. 학업 스트레스가 아니어도 학교 내에서 친구 관계의 어려움이나 학교 폭력 등의 문제가 있을 때, 결석함으로써 이런 문제를 회피하려는 시도가 있습니다.

 이차적 이득을 파악하는 것은 학업 중단 예방을 위해 꼭 필요한 일입니다. 왜냐하면 지각, 조퇴, 결식을 통한 이차적 이득이 만성화되어 습관화되면 학업 중단으로 이어질 확률이 높기 때문이에요. 당장은 아이가 욕구를 충족하고 편안해져 학교에 가지 않는 것이 이롭다고 생각하겠지만, 장기적으로는 학교와의 관계가 악화되고 학업을 따라가기 힘들어집니다. 또래 관계도 소원해지고, 이 모두가 자존감에 부정적인 영향을 미치지요. 이로 인해 아이는 학교에 나오는 것이 점점 더 어려워집니다.

 따라서 아이가 지각과 조퇴, 결석이 잦다면 학업 중단 문제로 이어지기 전에 아이가 겪고 있는 문제의 근원을 파악하고, 지각이나 결석, 조퇴가 아닌 긍정적인 방식으로 필요한 지원을 받을 수 있도록 가정과 협력해 돕는 것이 중요합니다. 필요하다면 상담과 심리 치료의 도움을 받을 수도 있어요. 부모님과 학교 내 상담 전문가 등과 협력해 아이 상태를 모니터링하면서 예방을 위한 노력을 우선한다면, 부적응으로 인한 학업 중단을 사전에 막을 가능성이 훨씬 높아집니다.

 그러면 위 사례에서 만난 중인이의 이차적 이득은 무엇이었는지 살펴볼까요?

중인이는 바쁜 부모님으로 인해 어릴 때부터 할머니의 돌봄을 받았어요. 그러다 중학교 1학년 때 할머니가 돌아가시면서 중인이는 큰 상실을 경험했습니다. 그 뒤로도 바쁜 부모님은 중인이가 학교나 학원에 잘 다니고 있어 크게 신경을 쓰지 않았습니다. 별 문제가 드러나지 않으니 으레 잘하겠거니 생각한 것이지요.

중학교 2학년이 되면서 중인이는 두통과 복통을 호소했고, 중인이가 아플 때는 엄마가 일을 하지 않고 중인이를 돌봐주었습니다. 시간이 지나면서 중인이는 두통과 복통을 더 자주, 심하게 호소하게 되었고, 결국 결석이 잦아지며 학교에 갈 용기가 없고 학교를 그만둬야겠다는 생각에까지 이르렀습니다.

이후 심리 치료를 받으면서 밝혀졌지만, 중인이가 아팠던 가장 큰 이유는 심리적인 스트레스 때문이었습니다. 심리적으로 외롭고 허전할 때마다 두통과 복통이 찾아왔고, 이때 아프다고 하면 부모님의 관심과 보살핌을 더 받을 수 있었던 거지요. 이는 중인이가 의도한 것이 아니라 무의식적으로 일어난 일이었고, 이런 이차적 이득이 학업 중단으로 이어진 사례였습니다.

결석이 장기화되기 전에 누군가 중인이의 상태를 파악해 적절한 개입과 치료적인 도움을 주었다면, 중인이의 학업 중단을 사전에 예방할 수 있었을 거예요. 그렇다면 중인이처럼 아이가 학업 중단 의사를 표현할 때, 선생님은 아이와 어떻게 상담하면 좋을까요?

아이 상담하기

● 설득에 앞서 마음을 나누는 대화부터 시작해요 ●

모든 위기 상담이 어렵지만, 학업 중단을 원하는 아이 상담은 더욱 어렵습니다. 아이가 학교에 나오지 않기 때문에 만나기조차 힘들고, 학교나 가정에서 만난다고 해도 아이가 선생님에게 마음을 열고 솔직하게 말하지 않기 때문입니다. 아이들은 다음과 같은 이유로 지레짐작하고 입을 꾹 다물어요. '선생님한테 말해 봤자 학교에 나오라는 말만 하실 거야.' '선생님은 무조건 학교에 나오라고 할 게 분명하니, 그냥 가만히 있다가 끝내자.'

자신이 무슨 말을 하든 선생님의 목적이 '다시 학교에 나오게 하는 것'이라고 생각한다면, 아이는 저항하며 입을 닫아 버릴 수 있습니다. 그저 멍한 표정으로 선생님 이야기를 듣는 척만 할지도 모르지요. 그렇다고 선생님이 아이의 학업 중단을 바로 받아들이기도 어렵습니다. 이런 미묘하고 애매한 상황에서 우리는 결국 '교사라면 아이가 학교에 잘 나오도록 해야 한다.'는 신념을 선택하는 것이 마음 편하지요. 당연히 그 이면에는 아이에 대한 걱정과 아이를 바른길로 인도하고 싶은 마음이 자리하고 있고요.

학업 중단을 원하는 아이를 상담할 때, 상담의 '목표'와 '방향'

을 제대로 잡는 것은 가장 중요한 시작점입니다. '학교에 나오게
하는 것'을 목표로 삼으면, 선생님은 설득하고 아이는 도망가려
고만 할 수 있어요. 반면 '아이 입장에서 생각하고 이해해 보기'를
목표로 잡으면, 아이의 진솔한 속내를 더 들을 수 있습니다. 어떤
상담이든 시작은 '아이 입장에서 아이의 말을 들어 보는 것'이 되
어야 해요.

　결국 학업 중단을 선언하고 학교에 나오지 않는 중인이 집을 선
생님이 방문하게 되었습니다. 선생님이 오자 머쓱하게 웃어 보이
는 중인이에게 선생님은 반갑게 인사를 하며 대화를 청했습니다.
중인이를 설득해 달라는 간곡한 어머니의 부탁을 뒤로하고, 선생
님과 중인이는 방에 들어가 이야기를 나누기 시작했어요. 중인이
는 입을 꾹 닫고 고개를 숙이고 있었습니다. 말하고 싶지 않은 심
정을 온몸으로 표현하는 것 같았지요. 어려운 순간이었지만, 이
상담의 방향이 어떻게 흘러가야 중인이의 진솔한 마음을 들을 수
있을지 고민한 선생님은 이렇게 말했습니다.
　"중인아, 지금 너와 대화하는 이유는 단순히 너를 학교에 다시
나오게 하려는 것만은 아니야. 물론 선생님은 네가 학교에 나와서
잘 생활했으면 좋겠어. 네가 걱정되기도 하고. 하지만 그 전에 선
생님은 네가 어떤 마음으로 이 결정을 내리게 되었는지 듣고 싶
어. 네 마음을 이해하고 공감하고 싶거든."

그러자 중인이는 머뭇거리며 자신의 마음을 표현하기 시작했습니다. 그동안 누구와도 깊은 이야기를 나누지 못했던 중인이는 이날 선생님과 긴 대화를 이어 갔어요.

그 뒤 중인이는 학업 중단 숙려제를 거치게 되었습니다. 학업을 중단하더라도 먼저 숙려제를 통해 학업 중단의 장단점을 생각해 보고, 학업 중단 이후의 상황을 예측하며 계획을 세워 보는 시간을 갖기로 약속했기 때문이었지요. 무조건 중단을 외쳤던 전과는 달리, 자신의 마음을 충분히 나눈 중인이는 한 발짝 물러서 다양한 관점에서 생각해 보려 노력하는 모습을 보였습니다.

'학업 중단 숙려제'는 학업 중단을 고민하는 아이에게 숙려 기간을 주어 충분히 생각해 보고 신중하게 결정 내리도록 돕는 제도예요. 학교장은 학업 중단 위기 학생에게 학업 중단 숙려제를 반드시 안내해야 합니다. 만약 아이가 끝까지 학업 중단 숙려제를 거부한다면 운영할 수 없겠지만, 대부분 아이들은 학업 중단 숙려제를 긍정적으로 생각하는 편입니다. 학업 중단 숙려제가 진행되면, 아이는 최소 1주(7일간)에서 최대 7주(49일간, 주말·공휴일 등 포함) 동안의 숙려 기간을 가집니다. 이때 7주를 운영한다면 숙려 상담은 최대 2주, 매일 프로그램은 최대 5주간 진행할 수 있어요. 숙려 상담 기간에는 한 주에 2회 상담 선생님을 만나 개별 상담을 진행하고, 다양한 심리 검사를 통해 학업 중단 위기 원인을 분석합니다. 다음 5주간은 1일 1회 이상 매일 체험 프로그램 등에 참여합니다. 이때는 다양한 진로 및 직업 등을 체험할 수 있어요.

중인이는 학업 중단 숙려제를 통해 위클래스에서 2회, 지역 청소년 상담복지센터에서 2회 상담을 받았습니다. 학교를 다닐 때의 장단점과 다니지 않을 때의 장단점을 꼼꼼하게 살펴보며 점수를 매기고, 학교에 나오지 않는다면 어떻게 살아갈지 계획도 세워 보았습니다. 이 과정에서 중인이와 부모님은 중인이가 무엇을 원했고 필요로 했는지 더 잘 알게 되었어요. 사실 중인이는 부모님의 보살핌이 그 무엇보다 필요했고, 밤까지 이어지는 학원 일정에 피곤하고 지친 상태였습니다. 상담을 받으며 중인이 부모님은 일을 줄이고 중인이와 더 많은 시간을 보내기로 했고, 학원도 꼭 필요한 것만 남기고 조정하기로 약속했어요. 그래도 힘들고 그만두고 싶을 때 다시 논의해 보기로 했습니다. 이 과정을 거치며 중인이는 결국 학교에 다시 나오는 쪽을 선택했습니다.

모범생 나리는 어떻게 되었을까요? 나리는 자신이 배우고 싶은 분야가 분명하다며 부모님과 상의 후 학업 중단 의사를 표현했었지요. 나리 역시 학업 중단 숙려제 기간 동안 학교를 다닐 때와 다니지 않을 때의 장단점을 충분히 따져 보았고, 학교 밖 청소년으로서 지원받을 수 있는 점들과 받고 싶은 교육 등을 자세히 살펴보았습니다. 그렇게 구체적인 계획을 세운 끝에 나리와 부모님은 학업 중단을 선택했어요. 선생님은 한편으로 걱정스러운 마음이 컸지만, 충분히 고민하고 결정한 나리의 결정을 응원하기로 했답니다.

두 사례를 통해 우리는 무엇을 생각해 볼 수 있을까요? '무조건 학교는 다녀야 한다.'고 생각하며 그 방향으로만 상담을 진행하면, 아이의 거센 저항에 부딪히기 쉽습니다. 아이를 잘 돕기 위해서는 먼저 아이의 진솔한 속마음을 들어 보는 과정이 필요합니다. 그런 뒤 아이와 함께 학업 중단에 대해 구체적이고도 현실적으로 잘 따져 보며 신중히 결정할 수 있도록 부모와 함께 도와야 하지요. 이 과정을 충분히 거쳤다면, 아이가 어떤 선택을 하든 지지하고 응원하면 됩니다.

학부모 상담하기

● 아이를 향해 귀와 마음을 열어 두세요 ●

학업 중단을 선언하는 아이를 만나면 선생님도 당황스럽고 걱정이 밀려옵니다. 하물며 부모님 마음은 오죽할까요. 특히 지금

부모님 세대는 학교는 당연히 다니는 것으로 생각하며 살아왔기에 학업을 중단하겠다는 아이가 더 이해되지 않습니다. 학생의 본분이 학업이고 학교를 잘 다니는 것인데, 학교 밖 아이가 되면 앞으로 이 힘든 세상을 잘 살아갈 수나 있을지…. 온갖 염려가 올라오는 부모님 마음이 충분히 이해되지요.

그러다 보니 답답한 마음에 아이를 윽박지르고 대화가 단절되는 경우도 많습니다. 처음에는 아이의 이야기를 들어 보며 어르고 달래 설득하려 하지만, 아이의 완고한 태도에 부모님도 강경해져 아이를 억압하거나 "너 알아서 해라."라는 식으로 포기해 버리기도 합니다. 두 경우 모두 부모님이 아이의 마음을 외면하고 대화를 나누고 있지 않다는 신호일 수 있습니다. 물론 부모님은 걱정이 앞서 아이의 이야기를 충분히 들어 주기 어려울 거예요. 혹은 아이가 학교를 나가지 않는 것이 자신의 잘못 같아서 죄책감이 들 수도 있고요.

학업 중단을 고민하는 자녀를 둔 학부모 상담에서 선생님은 아이의 현재 갈등으로 인한 부모님 마음이 어떨지 공감하며, 부모님이 가장 걱정하는 부분이 무엇인지 잘 들어 보아야 합니다. 부모님 마음이 걱정과 염려로 가득차 있으면 아이의 이야기를 들을 수 없기 때문이에요. 학업을 중단하든 계속 이어 나가든, 중요한 것은 부모님이 아이의 마음을 이해하고 들을 수 있어야 한다는 것입니다. 이것이 모든 문제 해결의 시작이라고 생각해요.

부모님에게 무조건 학교에 나가야 한다는 전제로 아이를 설득하기보다는 아이의 어려움이 무엇인지 공감하고 듣는 것이 가장 중요하다는 점을 인내해 주세요. 무엇보다 아이의 마음이 열려야 그 뒤의 상황에 대해서도 충분히 고민하고 대처할 수 있다고 알려 주는 것이 필요합니다.

아이 지지하기

● 아이의 건강한 선택을 응원해 주세요 ●

학교 밖 청소년은 학교 안의 아이들에 비해 보호받기가 어렵습니다. 비행 같은 다양한 어려움에 노출될 확률도 높지요. 되도록이면 우리 아이들이 학교라는 안전한 울타리 안에서 많은 것을 경험하고 배우도록 하는 게 모든 선생님의 바람일 거예요.

아이들이 학교라는 울타리를 떠나고 싶어 할 때, 그 마음속에는 많은 갈등과 고민이 있을 겁니다. 우리는 아이의 두려움과 불안을 이해하고, 아이가 스스로의 길을 잘 찾아나갈 수 있도록 따뜻하게 이끌어 줘야 해요.

무엇보다 선생님과 부모님의 사랑과 지지가 아이들에게는 가장 큰 힘이 됩니다. 아이의 입장을 존중하면서도 장기적인 관점에서 아이가 가장 좋은 선택을 할 수 있도록 돕는 일이 쉽지 않다는 건 압니다. 하지만 아이의 미래를 함께 고민하며, 지속적인 관심과 애정을 기울이는 과정을 통해 마침내 아이와 부모님이 최선의 결정을 내릴 수 있게 돕는 것이 우리 선생님들의 역할이라고 생각합니다.

상담 핵심 노트

- 지각이나 조퇴, 결석이 잦은 아이가 있다면, 학업 중단 문제로 이어지기 전에 아이가 겪고 있는 문제의 근원을 파악하고 필요한 지원을 받을 수 있도록 도와주세요.

- 학업 중단 아이를 상담할 때 목표와 방향을 '학교에 나오게 하는 것'으로 잡으면 아이의 저항에 부딪히지만, '아이 입장에서 생각하고 이해해 보기'로 잡는다면 아이의 진솔한 속내를 들을 수 있습니다.

- 학부모 상담에서는 부모님의 걱정과 두려움을 자세히 듣고 공감하며, 부모님에게 아이의 이야기를 들을 수 있는 마음의 공간을 만들어 주세요.

- '학업 중단 숙려제'를 통해 학업 중단의 장단점을 따져 보고, 학업 중단 이후의 상황을 예측하며 계획을 세워볼 수 있게 도와주세요.

학교 폭력에 노출된 아이,
교사는 양쪽에서 시달려요.

사례 엿보기

● 친구에서 가해자와 피해자로, 진혁이와 선우 이야기 ●

우리 반 진혁이와 선우는 초등학교 때부터 친구라고 했다. 진혁이가 좀 더 주도적이고 적극적으로 선우를 이끄는 느낌이었지만, 중학교 3학년 때까지 친하게 지내는 모습이 보기 좋았다. 선우 어머니의 전화를 받기 전까지는 그런 줄만 알았다.

어느 날 선우가 갑자기 학교에 가기 싫다고 했고, 어머니가 다그치자 선우가 울면서 진혁이와 있었던 일들을 털어놓았다. 원래 진혁이와 선우는 사이가 좋았지만, 중학교 2학년 말부터 진혁이가 게임을 시작하면서 게임머니와 바꾸기 위해 선우에게 돈을 빌리고 갚지 않는 일이 많아졌고, 선우가 돈을 갚으라고 말하면 폭력을 가했다고 한다. 진혁이에게 물으니 자기가 좀 심하긴 했지만, 선우가 이렇게까지 힘들어하는 줄 몰랐다며 오히려 학교 폭력으로 신고당한 데 힘들어했다.

선우는 진혁이가 있는 교실에 들어오고 싶지 않다고 하고, 진혁이 부모님은 아직 학교폭력위원회 처분이 있기 전인데 분리 조치는 과도하다고 주장한다. 같은 반에서 이런 일이 생기니 담임으로서 어떻게 해야 할지 혼란스럽다.

우리 반에 학교 폭력 가해자나 피해자가 있다는 사실만으로도 선생님 마음은 한없이 무겁고 복잡한 심정이 됩니다. 그런데 가해자와 피해자가 한 반에 있다면 어떨까요? 상상만 해도 답답하고 난감한 일이 아닐 수 없어요. 하지만 이런 일은 종종 발생한답니다.

위 사례의 경우라면, 선생님이 학교 폭력 가해자와 피해자를 동시에 만나야 하는 상황이 생깁니다. 이 사실 자체가 피해 학생에게 상처가 되지는 않을지, 가해 학생도 선생님이 돌봐야 하는 학생인데 어떻게 대해야 할지, 고민이 많아지지요. 이런 상황에서 명확한 답을 찾기는 어렵지만, 모두에게 상처가 덜 되는 최선의 방향을 함께 고민해 볼 수 있습니다.

● 피해 학생이 보이는 징후를 신속히 포착해요 ●

「학교 폭력 예방법」 제2조 제1호에 따르면, '학교 폭력'이란 학교 내외에서 학생을 대상으로 발생한 상해, 폭행, 감금, 협박, 약취·유인, 명예 훼손·모욕, 공갈, 강요·강제적인 심부름 및 성폭력, 따돌림, 사이버 폭력 등에 의해 신체, 정신 또는 재산상의 피해를 수반하는 행위를 말합니다. 즉, 학교 폭력은 가해 학생이 피해 학생에게 신체적, 정신적, 재산상의 피해를 주는 행위예요. 피해 학생 입장에서는 상당히 괴로운 일이 아닐 수 없지요. 가해 학생에게 자신의 행동을 돌아보고 반성하는 기회를 주는 것이 반드시 필요합니다.

학교 폭력은 빠르게 알아차려 개입하는 것이 무엇보다 중요합니다. 학교 폭력이 지속되면 괴롭힘의 강도는 점점 심해지고, 피해 학생의 두려움도 더욱 커질 수밖에 없습니다. 그래서 예방의 중요성이 한층 강조되지요. 선생님은 평소 교실 분위기나 아이들 태도를 통해 학교 폭력의 징후를 초기에 감지해야 합니다. 특히 학교 폭력의 피해 학생이 보일 수 있는 특징을 잘 파악하고 있어야 해요.

예를 들어 밝았던 아이가 갑자기 어두워지거나, 친구들과 잘 어울리던 아이가 혼자서 밥을 먹는 등의 변화가 있다면 주의 깊게 살핍니다. 피해 학생이 빨리 신고하면 되는데 왜 신고를 안 하는지 의문이 들 수도 있지만, 학교 폭력을 당하는 입장에서는 자존감과 자신감이 떨어지고, 어른에게 말해 봤자 상황이 복잡해지고 괴롭힘이 더 심해질까 두려워 쉽게 용기를 못 낼 수 있어요.

대부분의 학교 폭력은 힘의 불균형에서 발생합니다. 친구 간의 다툼이 아니라 힘이 더 있는 아이가 힘이 없는 아이를 괴롭히거나, 착취하거나, 폭력을 행사하는 양상입니다. 따라서 선생님은 피해 학생이 언어뿐 아니라 비언어적으로 보내는 신호를 민감하게 포착해야 합니다.

아이 이해하기 2

• 가해자와 피해자 그리고 방관자가 존재해요 •

학교 폭력에는 가해자와 피해자만 있는 것이 아닙니다. 특히 한 학교나 한 학급에서 발생하는 폭력의 경우, 반드시 방관자들이 존재합니다. 관계에 민감한 이 시기 아이들은 학교 폭력이 발생하면 누구보다 상황을 빠르게 파악할 가능성이 높아요. 하지만 폭력이 일어나는 상황을 목격하고도 무관심하거나 두려워서 또는 자신이 아니어서 안심하는 등 다양한 이유로 방관자가 되지요.

 평소 학교 폭력 예방 교육을 실시해, 학교 폭력의 악순환을 끊기 위해서는 침묵을 깨고 도움을 요청하는 용기가 필요하다는 점을 아이들에게 가르쳐야 합니다. 학교 폭력, 괴롭힘을 멈출 수 있는 첫 번째 방법은 '침묵을 깨는 것'이에요. 학교 폭력이 발생했을 때 혼자 고민하지 말고 도움을 요청하며, 함께 문제를 해결할 수 있다는 사실을 아이들이 배워야 합니다. 또 누군가를 놀리고 괴롭히는 행동이 얼마나 잘못된 일인지 느낄 수 있어야 해요. 학교 폭력 피해자는 어른이 되어서도 폭력으로 인한 트라우마와 내면의 상처가 지속된다는 사실을 반드시 알려 주세요.
 이를 효과적으로 전달하기 위해 다양한 매체를 활용하는 것도 좋습니다. 예를 들어 학교 폭력의 상처를 다룬 드라마〈더 글로리〉의 주요 장면을 함께 보면서, 피해 학생이 느꼈을 법한 감정을 나눠 볼 수 있어요.

 사실 많은 아이가 보복이 두려워 학교 폭력을 신고하지 못합니다. 따라서 학교는 신고자의 비밀을 보장한다는 약속을 반드시 지키고, 비밀 보장을 위해 최선을 다해야 합니다. 신고 때문에 피해를 입은 아이가 많아지면 방관자도 더 많아질 수 있기 때문이에요.

그런가 하면 방관자 역시 학교 폭력 사실을 알고도 돕지 않았다는 죄책감과 부적절감을 느낄 수밖에 없습니다. 평소 아이들에게 학교 폭력은 개인이 혼자서 해결할 수 있는 문제가 아니라는 점을 설명해 주고, 반드시 선생님에게 도움을 청하도록 안내해 주세요.

누구나 학교 폭력의 가해자와 피해자가 될 수 있다는 점을 아이들과 이야기 나누는 것도 중요해요. 실제로 학교 폭력에서 피해와 가해를 모두 경험한 아이가 많다고 알려져 있습니다. 이는 과거에 학교 폭력 피해를 경험한 아이가 자신보다 약한 아이에게 폭력을 행사해 과거의 피해를 보상받으려는 경향이 있음을 의미해요. 안타깝게도 학교 현장에는 이런 비극적인 유형이 상당히 많고, 이것이 지금 학교의 현실입니다.

이처럼 학교 폭력은 단순히 가해자와 피해자만의 문제가 아니라, 방관자와 학교 전체 분위기까지 포괄하는 복합적인 문제예요. 선생님들은 학교 폭력에 다각도로 접근해 피해 학생을 보호하고 가해 학생을 지도하며, 방관자에게는 책임의식을 심어 주어야 합니다. 아이들이 모두 함께 안전하고 건강하게 학교생활을 할 수 있도록 지속적인 관심과 노력을 기울여 주세요.

● 피해 학생과 가해 학생 모두에 치유가 필요해요 ●

가해 학생과 피해 학생 모두를 상담할 때 주의할 점이 있어요. 선생님은 판단하는 사람이 아니라는 점입니다. 교사는 심판관도 조사관도 아니에요. 판단해야 한다는 부담감은 내려놓고, 학교 폭력 처리 절차에 따라 공정하게 처리하면 됩니다. 이는 피해 학생 뿐 아니라 가해 학생을 위한 것이기도 해요. 가해 학생도 잘못된 행동을 반성하고 합당한 벌을 받아야 합니다.

아이들은 선생님이 가해 학생과 피해 학생 둘을 모두 만나고 있다는 사실을 알고 있어요. 특히 피해 학생은 이런 사실만으로도 선생님에게 배신감을 느낄 수 있습니다. 이때는 최대한 진실하게 아이에게 다가가야 합니다.

예를 들어, 사례의 선우를 상담할 때 선생님은 이렇게 말할 수 있습니다. "선우야, 선생님이 선우와 진혁이의 담임이라, 이번 일을 두고 선우만 상담하는 게 아니라 진혁이도 상담할 수밖에 없어. 이런 점이 선우 마음을 더 힘들게 할 수 있다고 생각해. 사실 선생님도 마음이 무겁고 곤란해. 하지만 한 가지 확실한 사실이 있어. 선생님은 어떤 경우에도 선우가 받은 상처가 회복될 수 있도록 최선을 다해 노력할 거라는 점이야. 이렇게 선우 이야기를 듣고 공감하는 마음도 진심이야. 또 진혁이와 상담할 때, 진혁이가 선우에게 한 행동에 대해 진심으로 뉘우칠 수 있게 지도하려고 노력할 거야."

한 연구(「전문 상담사들에 의해 드러난 중학교 학교 폭력 사안 처리 과정과 종결 이후 가해 및 피해 학생의 경험」 안정화;조한익, 2022, 교육문화연구 v.28, 인하대학교 교육연구소)에 따르면, 학교 폭력 사안을 처리하기 위한 상담에서 가해 학생은 자신이 이해받지 못한다는 억울한 마음에 방어적인 태도를 보이는 반면, 피해 학생은 상담을 통해 상처를 치유받고 카타르시스를 느낀다고 합니다. 특히 사건 이후 선생님과 부모님의 지속적인 관심과 위로는 피해 학생의 상처를 치유할 뿐 아니라, 가해 학생의 폭력을 감소시키고 예방하는 효과도 있다고 해요.

다음으로, 가해 학생 상담에 관해 살펴볼게요. 선생님들은 피해 학생보다 가해 학생을 상담할 때 더 불편을 느낄 수 있습니다. 이는 상담에서 '역전이'라 부르는 현상으로, 상담자가 내담자에 대해 느끼는 감정을 의미합니다. 선생님이 가해 학생의 행동을 너무 악랄하다고 판단한다면, 그 아이에게 공감하기보다 아이를 다그치고 화내고 싶어질 수 있어요. 피해 학생에게 감정이 동화되기도 하고요. 이런 감정을 잘 알아차리고, 믿을 만한 동료와 이야기 나누는 것도 도움이 됩니다.

　가해 학생도 잘못된 행동을 했지만, 바르게 성장하도록 지도해야 하는 학생임을 잊지 마세요. 가해 학생은 대개 분노 조절이 어렵고, 의사소통 기술이 부족한 특성을 가지고 있습니다. 이런 특성을 고려하면서 아이에게 공감하고 아이 마음을 반영하는 상담이 필요하다는 것을 기억해 주세요.

아이 상담하기 2

● 선생님 혼자 힘으로는 해결하기 힘들어요 ●

　학교 폭력이 발생하면 절대 선생님 혼자 사안을 처리해선 안 됩니다. 학교 폭력 관련 법률에 따르면 교사가 학교 폭력을 감지한 순간, 그 즉시 학교장에게 보고해야 합니다. 학교장은 지체 없이 관련 사안에 대해 전담 기구나 소속 교원으로 하여금 사실 여부를 확인하도록 지시합니다. 이런 위기 상황은 함께 대처하는 것이 원칙이에요. 학교 폭력은 아이에게 회복하기 힘든 큰 상처를 남기기 때문에, 어려운 일을 함께 의논해 대처하고, 위기관리위원회나 학교 폭력 전담 기구의 도움을 받아 진행해야 합니다.

　그런데 학교 폭력인지 아닌지 애매한 상황에서 아이가 비밀을 지켜 달라고 요청하면 어떻게 해야 할까요? 위기 상황에서는 비밀을 지키는 것보다 안전을 우선시해야 합니다. 아이가 비밀을 지켜 달라고 한다면 어떤 점이 걱정되는지 물어보고 그 마음에 공감해 주세요. 아이가 오해하는 경우도 많기 때문에 실제로 일이 어떻게 진행될지 명확히 설명하는 것도 필요해요. 신고 여부가 애매한 경우라면 관련 부서와 의논하는 것이 좋아요. 아이뿐 아니라 선생님 보호를 위해서라도 학교 폭력과 관련된 상담은 혼자 떠안고 처리하면 안 됩니다.

앞서 선우와 진혁이 사례처럼 가해 학생과 피해 학생이 한 반에 있다면 피해 학생이 정말 고통스러울 거예요. 이럴 때는 「학교 폭력 예방법」 제16조에 의거해, 학교장의 권한으로 피해자 보호를 위해 피해 학생과 가해 학생의 즉각 분리 조치가 필요할 수 있어요. 하지만 가해 학생은 학교폭력위원회의 결과가 나오지 않은 상태라 분리 조치에 불만을 가질 수 있고, 피해 학생은 계속 고통을 호소하니, 선생님으로서는 무척 힘이 듭니다. 피해 학생이 학교에 나오지 않기를 선택하는 경우도 많습니다. 이런 상황에서는 학교 구성원이 함께 대처하는 것이 중요합니다. 어렵고 복잡한 일일수록 여러 구성원의 지혜를 모아 해결해야 하지요. 선생님 보호를 위해 이 모든 과정을 반드시 기록으로 남기는 것도 잊지 마세요.

학부모 상담하기

● 침착하고 중립적인 태도를 유지합니다 ●

피해 학생의 회복을 위해서도, 가해 학생의 뉘우침을 위해서도, 학교 폭력 사안을 해결할 때 가정과 연계는 필수예요. 학교 폭력을 대하는 부모님의 태도는 아이에게 가장 강력한 영향을 미치기 때문입니다.

전에 근무하던 학교에서 한 아이가 다수 아이로부터 피해를 입는 일이 발생했어요. 결국 이 사건은 학교폭력위원회로 회부되었지만, 가해 학생들이 억울해하는 모습은 제 마음에 큰 불편감으로 남아 있었습니다. 이후 가해 학생들의 부모님을 특별 교육에서 만났는데, 부모님 역시 "아이가 잘못은 했지만 처분이 과하다."거나 "우리 아이들을 범죄자 취급했다."며 억울해했어요. 이는 가해 학생들이 했던 말과 정확히 일치했지요. 너무 안타까웠습니다. 부모님들이 아이에게 진심 어린 반성의 시간을 제공하지 못했다는 생각이 들었거든요.

또 다른 사례로, 학교 폭력 피해 학생의 부모님을 상담할 때였습니다. 피해 학생 부모님은 당사자인 아이보다 더 힘들고 괴로워했습니다. 제가 학교 폭력 피해 사실을 전하자 아이보다 더 떨고 더 흐느끼며, 아이 앞에서 하소연을 시작했어요. 아이는 고개를 푹 숙이고 아무 말 없이 앉아 있었습니다. 아이는 자신의 마음을 추스르기도 버거운데, 부모님을 힘들게 했다는 죄책감에 더 괴로워했습니다. 이처럼 부모님의 태도는 아이에게 도움이 되기도 하지만, 오히려 회복을 방해하는 요소가 될 수도 있습니다. 그렇다면 학부모 상담은 어떻게 방향을 잡아야 할까요?

모든 상담의 원칙은 '공감'이라는 점을 기억해 주세요. 피해 학생의 부모님과 가해 학생의 부모님 모두에게 지금은 매우 어려운 시기임에 틀림없습니다. 최대한 침착하고 중립적인 태도를 유지하면서, 발생한 사건의 구체적인 사실들을 명확하고 객관적으로, 또 평가보다 사실 위주로 전달하는 것이 좋습니다. 부모 상담의 최우선 목표는 가정에서의 협조를 이끌어 내는 것임을 기억하고, 부모님의 걱정이나 우려를 충분히 듣고 이해하려고 노력하는 것이 중요해요.

앞서 언급한 가해 학생 부모님이 느끼는 억울함, 피해 학생 부모님이 느끼는 슬픔과 애통, 모두 자녀가 잘되길 바라는 마음에서 비롯된다고 생각합니다. 부모는 아이가 이번 사건으로 학교에서 잘못된 낙인이 찍히지 않을까, 이대로 잘 적응할 수 있을까, 다른 일이 벌어지진 않을까 걱정이 큽니다. 이런 부모님의 마음을 잘 알아주고 충분히 읽어 주는 것만큼 협조를 이끌어 내는 지름길은 없습니다.

선생님은 학교에서 아이를 어떻게 도울지 부모님에게 설명하는 동시에, 가정에서 부모님의 역할도 코칭해야 합니다. 예를 들어 피해 학생 부모님에게는 아이의 회복을 위해 학교에서 위클래스 상담실이나 외부 상담 기관과 연계해 어떻게 상담을 진행할 것인지, 반에서는 어떤 조치를 취할 계획인지를 자세히 안내하고, 그에 대한 부모님 의견을 들어 봅니다. 가해 학생의 부모님에게는 이번 사건을 통해 아이가 자신의 행동을 돌아보고 진심으로 뉘우친다면 이것이 또 다른 회복과 성장의 기회일 수 있음을 언급하면서, 이를 위해 부모님이 취해야 할 태도를 알려 줍니다. 너무 억울해하거나 과도하게 아이를 나무라는 태도는 도움이 되지 않습니다. 경험을 통해 배우기 위해서는 피해 학생이 겪은 피해에 관해 진솔하게 대화하는 과정이 필요할 수도 있습니다. 만일 부모님이 자녀와 어떻게 대화해야 할지 몰라 어려움을 겪고 있다면, 학교 내 또는 지역 교육청의 상담 교사에게 자문을 구하도록 추천해 주세요.

학교 폭력이라는 난제 앞에서, 선생님들은 학부모 상담을 통해 부모님이 아이의 회복과 개선에 적극 참여하도록 도와야 합니다.

부모님과 협력해 가해 학생과 피해 학생 모두에게 필요한 지원을 제공하고, 아이들이 건강하게 성장할 수 있게 함께 노력해 나가야 해요.

아이 지지하기

● 진심 어린 공감과 뉘우침은 상처를 회복시켜요 ●

최근 학교 폭력의 새로운 패러다임으로 '공감-용서-회복-성장 사이클'이 떠오르고 있습니다. 이 패러다임의 핵심은 학교 폭력으로부터 회복하기 위해 가장 중요한 것은 '가해자의 진정한 뉘우침'이라고 보는 관점입니다. 가해 학생이 피해 학생이 느끼는 고통에 대해 충분히 인식하지 못하면 진정한 뉘우침이 일어나지 않아요. 가해 학생이 상대방의 고통에 대해 생각과 느낌, 행동으로 인식하는 공감의 과정이 이루어지지 않으면, 피해 학생의 회복은 어려워질 수밖에 없습니다. 가해 학생이 합당한 처벌을 받는 것도 중요하지만, 피해 학생이 입은 피해가 얼마나 고통스러웠는지, 피해 학생이 얼마나 힘들었는지를 깨닫는 것이 더 중요하지요. 그제서야 비로소 피해 학생이 받은 상처가 서서히 회복되기 시작합니다.

그렇다면 앞서 사례에서 만난 진혁이와 선우는 어떻게 되었을까요?

저는 선우와 상담하며 조심스럽게 물었습니다. 어떤 형식이든 상관없으니 선우가 얼마나 고통스러웠는지 진혁이에게 전달해 볼 수 있느냐고 말이지요. 선우는 처음에는 망설였지만 부모님이 옆에 있어 준다면 직접 말해 보겠다고 용기를 냈습니다. 선우와 선우 부모님, 진혁이와 진혁이 부모님 그리고 선생님들이 한자리에 모였습니다. 선우는 용기를 내 자신이 얼마나 고통스럽고 힘들었는지를 기록한 글을 울먹이며 읽기 시작했습니다. 이어 선우 부모님이 학교 폭력 피해로 고통당하는 선우를 보며 느낀 점을 이야기했어요.

그러자 어떻게 되었을까요? 진혁이와 진혁이 부모님도 함께 울었습니다. 무릎을 꿇고 선우와 선우 부모님께 진심으로 사과했어요. 저도 함께 울었습니다. 비극적인 일이 일어났지만, 그것이 회복되기 시작하는 순간이었고, 감격스러웠습니다.

실제로는 선우처럼 용기를 내기란 무척 어렵습니다. 이 과정이 상당히 오래 걸릴 수도 있고요. 그렇다고 선생님이 화해하라고 재촉하거나, 용서를 빌고 용서하라는 등 섣부르게 개입하면 오히려 독이 됩니다. 학교 폭력은 한 사람의 인생에 지대한 영향을 미치는 비극적 사건이에요. 가해 학생이 합당한 처벌을 받을 뿐 아니라, 피해 학생이 입은 피해를 이해하고 진심으로 용서를 구하는 마음이 생겨야만 피해 학생의 회복이 시작될 수 있지요. 이 모든 과정을 배움 삼아 성장하도록 돕는 것이 가장 중요하고요.

이미 일어난 일을 되돌릴 수는 없지만, 회복을 위해 가해 학생을 포함해 모두 함께 노력한다면 피해 학생의 진정한 회복뿐 아니라 가해 학생도 배움의 기회를 얻어 성장할 수 있습니다.

한 가지 더. 최근에는 학교 폭력 처리 과정이 정교화되면서 사안 조사나 상담, 사후 처리 등은 담임 교사가 아닌 학교 폭력 담당 교사가 진행하도록 되어 있습니다. 따라서 업무 담당자가 아닌 경우에는 학교 폭력 사안이 발생했다는 사실조차 모르는 경우도 더러 있어요.

학급 내 학교 폭력 사안이 발생해 아이와 학부모를 상담해야 한다면, 교사 혼자 상담 및 사후 처리 등을 진행할 필요가 없습니다. 다만 아이와 학부모의 어려움을 들어 주되, 업무 담당자와 연계하여 보다 전문적인 개입을 받을 수 있도록 도와주세요.

● 학교 폭력은 예방이 중요합니다. 일상의 예방 교육과 함께 평소 교실 분위기나 아이들의 태도를 통해 학교 폭력의 징후를 초기에 감지하는 것이 필요해요.

● 아이들이 학교 폭력에 대해 침묵하지 않도록 책임의식을 심어 주세요. 또 신고자의 비밀을 보장한다는 약속을 반드시 지키고, 비밀 보장을 위해 최선을 다하는 것이 중요합니다.

● 교사는 심판관도 조사관도 아닙니다. 또, 신도 아니에요. 혼자서만 처리하려고 하지 말고, 미묘하고 어려운 상황에서 학교 안팎의 구성원들과 지혜를 모아 보세요.

● 학부모 상담 시 자녀가 잘되길 바라는 마음에서 비롯되는 부모의 억울함과 슬픔, 애통 등을 알아주고, 피해 학생의 회복과 가해 학생의 진심 어린 반성을 위해 부모의 협조가 중요함을 안내해 주세요.

가정에서 돌봄을 받지 못하는 아이, 아동 학대일까요?

사례 엿보기

● 말할 수 없는 비밀을 가진 태성이 이야기 ●

9살 태성이는 그을린 피부에 체격이 왜소한 남학생이다. 체격에 비해 먹는 양이 어찌나 많은지, 점심시간이면 급식을 허겁지겁 먹곤 한다. 그 때문에 친구들에게 놀림을 당하던 태성이가 최근 결석이 잦아졌다. 보호자인 아버지에게 연락을 해도 소통이 원활하지 않았다. 문자로 "아파서 못 갔어요. 결석이든 뭐든 알아서 처리하세요."라는 답이 돌아올 뿐이었다. 태성이를 불러 조심스럽게 상담을 진행했다. 책상에 놓인 간식을 허겁지겁 먹던 아이는 나중에야 내 시선을 의식했는지, 부끄러운 듯 웃음을 지었다. 토끼 눈으로 슬며시 나를 올려다보는 아이의 얼굴을 마주하니 턱 부분에 멍 자국이 보였다.

요 며칠 아프다는 이유로 학교에 나오지 않았기에, 아픈 건 다 나았는지, 병원에 다녀왔는지 물었더니 고개를 저으며 아버지는 바쁘고 돈이 아까워서 병원에 갈 수 없다고 했다. 걱정스러운 마음이 더 커졌다.

잦은 무단결석, 보호자의 무관심, 멍 자국 등을 연결 지어 보면, 태성이가 어떤 어려움에 처했을지 짐작이 되나요? 혹시 보호자로부터 제대로 된 돌봄을 받지 못하는 건 아닌지, 더 나아가 아동 학대로 고통받고 있는 건 아닌지 걱정될 거예요.

선생님들은 아동 학대 신고 의무자이기 때문에 매년 1시간 이상 아동 학대 관련 교육을 이수합니다. 학대 피해 아동의 조기 발견과 보호에 관심을 기울여야 하는 선생님으로서는 태성이와 같은 아이를 만나면 촉각을 세우고 여러 가능성을 생각해 보게 되지요. 작고 여린 아이가 아동 학대로 인해 고통을 당하고 있진 않을까 생각하면 마음이 무거워집니다. 그렇다고 뚜렷한 정황을 발견하지 못했는데 무턱대고 신고하자니 보호자로부터 민원을 받을까 망설여지고요. 신고의 의무 앞에서, 책임감이 요구되는 자리에서, 두려운 마음만 커져 갑니다. 책임이 클수록 신중해야 하고 사명감도 막중하지만, 이런저런 상황을 다 고려하다 보니 염려와 걱정이 늘고, 불편감 때문에 마음이 옥죄여 오고 답답해지기만 합니다.

아이들 또한 학교에서 다방면으로 실시하는 아동 학대 예방 교육을 통해 아동 학대에 관해 인지하고 있습니다. 자신이 아동 학대를 당한다고 생각되면 스스로 경찰서에 신고하는 등 적절한 조치를 취하기도 하고요. 하지만 부모의 수치를 스스로 드러내기 두렵고, 자식이 부모를 처벌하는 것 같아 죄책감을 느끼기도 해요. 그래서 아이들 대부분은 부모님의 학대를 직접 신고하기를 꺼립니다.

또 지속적인 학대에 노출된 아이는 부모가 자신을 사랑하기 때문에, 더 잘되라고 때린다고 생각합니다. 혹은 자신이 나쁜 아이라 당연히 맞아도 된다고 생각하고요. 오히려 이렇게까지 나쁜 아이인데 자신을 버리지 않는 부모에게 고마워하기도 합니다. 더군다나 태성이처럼 나이가 어릴수록 아동 학대에 대한 인식이 없기 때문에 누군가에게 직접 도움을 청하기는 더 어렵습니다.

아이 이해하기

● 알아채지 못한 학대 피해 아동이 많아요 ●

「아동복지법」제3조 제7호에서는 아동 학대를 이렇게 정의합니다.

'아동 학대란 보호자를 포함한 성인이 아동의 건강 또는 복지를 해치거나 정상적 발달을 저해할 수 있는 신체적·정신적·성적 폭력이나 가혹 행위를 하는 것과 아동의 보호자가 아동을 유기하거나 방임하는 행위를 말한다.'

여기서 아동이란 만 18세 미만으로, 보통 우리가 학교에서 만나는 아이들입니다. 아동 학대의 경종을 울리는 수많은 사건 사고에도 불구하고 여전히 아동 학대는 사라지지 않고 있어요. 학교에서는 부모 교육과 가정 통신문 등을 통해 아동 학대에 관해 알리지만, 여전히 부모로 인한 아동 학대 건수는 해마다 증가하는 추세입니다.

2022년 보건복지부의 아동 학대 관련 주요 통계에 따르면, 아동 학대 건수가 27,971건에 달하고, 그중 가해자의 82% 이상이 부모라고 합니다. 사랑만 받아도 모자란 아이들이 자신을 낳고 기른 부모로부터 학대를 당하는 끔찍한 일이 계속해서 일어난다는 사실에 안타까운 한숨만 나옵니다.

학대 유형을 살펴보면, 눈에 보이는 신체적 학대는 4,900여 건, 정서적 학대는 10,600여 건, 방임이 2,000여 건입니다. 눈에 보이는 신체적 학대는 겉으로 드러나기 때문에 아동 학대로 신고하기가 수월하지만, 정서적 학대나 방임 등은 눈에 보이지 않고 겉으로 잘 드러나지 않기 때문에 아이와 많은 시간을 함께 보내는 선생님들의 지속적인 관심이 필요합니다.

아동 학대의 종류에는 신체적 학대, 정서적 학대, 성적 학대, 성학대, 유기 및 방임 등이 있습니다.

'신체적 학대'는 도구나 손 등을 사용해 가한 폭력으로, 눈여겨 살펴보면 금방 알아차릴 수 있습니다. 반복적으로 긁힌 상처가 있거나 태성이처럼 멍든 자국이 발견된다면 유심히 관찰해야 해요. 한번은 팔에 지속적으로 멍 자국이 있는 아이를 만난 적이 있습니다. 아이는 선생님을 두려워했고 행여 다가가려고 하면 뒷걸음 치기 일쑤였어요. 저는 아이가 원하는 거리만큼 조금씩 좁혀 가며 라포를 형성해 갔습니다. 나중에 아이를 통해 알게 된 사실은 아버지가 술을 마시는 날이면 기분 내키는 대로 자신을 때렸다고 합니다. 안타까운 점은 신체적 학대를 당한 아이는 위축되거나 자신이 받은 폭력을 다른 약한 친구들에게 행사하기도 한다는 거예요.

'**정서적 학대**'는 정신적 폭력을 가하는 행위로, 아이의 존재 자체를 망가뜨리는 말을 일삼는 것을 말합니다. 상담을 하다 보면 매일 같이 아이의 외모와 능력 등을 조롱하며 "넌 돼지 새끼야. 이 멍청아."라고 놀리고 욕하는 부모의 이야기를 종종 듣습니다. 가족 구성원들 사이에서 함께 어울리지 못하도록 따돌리거나, 부부 간의 신체적 폭력이나 다른 형제를 가혹하게 체벌하는 행위를 지속적으로 아이에게 노출시키는 것 또한 정서적 학대에 해당합니다. 단순히 아이에게 신체적 학대를 가하는 것뿐 아니라 다른 이에게 행하는 가혹한 행위를 목격하게 하는 것도 학대로 보는 것이지요.

'**성적 폭력 및 성적 가혹 행위**'는 아이를 대상으로 한 성희롱, 유사 성행위, 성교를 하는 행위, 성기나 신체 부위 등을 지속적으로 만지는 행위 등이에요. 실제로 아이에게 자신을 안마하라고 시키며 지속적으로 부모의 민감한 신체 부위를 만지도록 요청하거나, 아이의 은밀한 신체 부위를 밤마다 만지는 부모가 있었습니다. 이렇게 성 학대에 노출된 아이는 스스로에 대한 수치심으로 대인관계에 어려움을 겪거나 또래에 비해 지나치게 조숙할 수 있어요.

'**방임 및 유기**'에는 물리적 방임, 교육적 방임, 의료적 방임 등이 있습니다. 어린아이 혼자 집에서 지내게 하면서 의식주를 챙기지 않거나, 아이를 학교에 보내지 않고 아이가 무단결석하는 사실을 알면서 별다른 조치를 취하지 않는 것도 방임에 해당해요. 하지만 중학생 이상이 된 아이가 비행으로 인해 학교에 자주 무단결석하는 경우는 아동 학대로 보기 어려운 부분도 있습니다. 부모가 자녀의 행동을 완전히 통제하기 어려울 수 있기 때문이에요. 그렇지만 자녀의 무단결석에 무관심하거나 알면서도 방임하는 것은 학대에 해당할 수 있어요. 그 밖에 아이가 아픈데도 의료적 처치를 하지 않거나, 심각한 자해 행동을 함에도 불구하고 병원에 데려가지 않는 것도 방임으로 볼 수 있습니다.

선생님은 아이가 계절에 맞지 않은 옷을 입거나 냄새 나는 옷을 입고 있다면 부모로부터 방임되고 있지 않은지 잘 살펴야 해요. 또 무단결석을 자주 한다면 가정 방문을 통해 아이의 가정 환경을 확인해야 합니다. 실제 학교 현장에서는 아동 학대 예방 방안으로 정당한 사유 없이 2일 이상 결석하는 경우 가정 방문을 해야 합니다.

바쁜 일과 중에 아이의 소재나 안전을 확인하고 관리하는 일은 버겁고 번거로울 수 있습니다. 하지만 가정 방문을 통해 아동 학대 사실을 인지하고 신고하는 사례가 꽤 많아요. 쓰레기 더미 같은 집에 방치된 아이, 다쳐도 병원에 데려가지 않아 아파서 학교에 나오지 못한 아이 같은 경우에는 가정 방문을 통해 아이의 생활과 상태를 파악할 수 있어요.

● 개방형 질문으로 천천히 조심스럽게 다가가세요 ●

아동 학대는 예방이 핵심입니다. 가정 내에서 은밀하게 일어나는 아동 학대를 발견하기가 쉽지는 않지만, 사례에서 만난 태성이처럼 아동 학대가 의심되는 정황에서는 여러 대안책을 마련해야해요. 아동 학대를 조기에 발견하고 개입하는 절차를 간략히 소개할게요.

Step 1. 아동·청소년의 외양이나 생활 등을 잘 관찰해요.

태성이 사례에서 아동 학대로 의심되는 정황을 발견했나요? 한창 성장 중인 아이들이라 급식을 허겁지겁 먹을 수도 있지만, 선생님 앞에서 허겁지겁 간식을 먹는 모습을 보인다면 혹시 제때 음식을 챙겨 먹지 못하는 건 아닌지 의심해 보세요. 또 결석이 잦아도 부모님이 별다른 반응을 보이지 않고, 아파도 병원에 데려가지 않는다면 방임을 의심할 수 있습니다.

결정적으로, 몸에 생긴 멍 자국은 누군가로부터 행해진 신체적 폭력이 아닌지 확인해야 합니다. 이럴 땐 아이와 함께 보건실에 방문해 상처를 잘 살펴보세요. 평상시 겉으로 드러나는 외양뿐 아니라 행동, 학교생활, 가정 환경 등을 잘 관찰하면 아동 학대 정황을 빨리 눈치챌 수 있습니다.

Step 2. 아이의 생활 전반에 대해 조심스럽게 상담을 실시합니다.

태성이처럼 아동 학대가 의심되는 상황이라면 조심스럽게 상담해 볼 필요가 있어요. 처음에 이야기를 시작할 때는 일상적인 안부 등을 물으며 편안하게 다가갑니다. 요즘 어떻게 지내는지, 학교에서 관찰한 아이의 걱정되는 모습 등을 비춰 주며 선생님의 염려를 전달하는 것으로 상담을 시작해요. 궁금한 게 많더라도 추궁하듯 묻기보다는 아이가 편하게 이야기하는 분위기를 조성하는 것이 중요합니다.

"태성이가 간식이나 급식을 참 잘 먹는 것 같아. 혹시 집에서도 밥을 잘 먹는 편이니?" "요즘 아프다며 학교에 나오지 못하는 날이 많아져서 선생님이 걱정돼. 혹시 병원에는 다녀왔니?" "병원에 가지 못한 이유가 있을까? 아파서 학교에 못 나올 정도면 병원에 가야 했을 텐데…." "턱 쪽에 멍 자국이 보이네. 아팠겠다. 어떻게 다쳤니?"

이 같은 개방형 질문을 통해 조심스럽게 다가가고, 아이가 대답을 하지 않더라도 스스로 이야기할 때까지 기다려 줍니다. 유도 질문으로 정보를 수집하면 추후에 선생님이 아동 학대 쪽으로 유도하지는 않았는지 의심하고 결과에 신빙성이 없다고 판단할 수 있습니다. 이를 보호자가 알게 되어 민원을 제기할 수도 있고요.

따라서 꼭 개방형 질문을 해야 하는 점, 잊지 마세요.

 아동 학대가 점점 의심되는 상황이거나 아동 학대와 관련해 이야기를 털어놓는 아이가 있다면 더 구체적으로 탐색해 나가야 합니다. 아이가 신체적 상처와 더불어 부모님에게 지속적으로 폭언을 들은 이야기를 한다면, 언제, 어디서, 어떻게 하다가 벌어진 일인지 물어야 해요. 아이가 당한 피해 사실을 듣는 것은 힘들고 당혹스러운 일이지만, 침착하게 질문을 이어 나가야 합니다. 또 의심의 눈초리보다는 아이 말을 신뢰하고 잘 기록해 두는 것이 중요해요.

 담임으로서 상담을 진행할 때는 선생님이 세세한 상황을 전부 알려고 하지 않아도 됩니다. 아동 학대 신고 의무에 따르면, 아동 학대 범죄를 알게 된 경우나 그 의심이 있는 경우에 수사 기관에 신고하도록 되어 있어요. 따라서 선생님이 의심스럽다고 판단한 경우에도 신고가 가능합니다. 추후 아동 학대 전담 공무원이나 담당 경찰 등이 조사와 처리를 담당하기 때문에, 아이에게 너무 세밀히 묻지 않아도 괜찮습니다. 특히 학대 행위자가 왜 그렇게 했는지 등을 물으면 아이에게 저항감을 불러일으킬 수 있으니, 객관적 사실 위주로 탐색하는 것이 좋아요.

Step 3. 아동 학대는 위기 사안이므로 위기관리위원회를 개최해요.

위기 상담의 중요 원칙으로, '혼자서 단독으로 처리하지 않기'를 언급한 바 있습니다. 아동 학대는 아이의 안전과 직결된 위기 사안이기 때문에 위기관리위원회를 개최하게 돼요. 아동 학대를 인지한 선생님은 자신의 생각이나 판단을 먼저 언급하기보다 아이가 한 말을 중심으로 내용을 진술해야 합니다. 담임 선생님은 위기관리위원회에 참여한 내용 등을 기록하고, 위기관리위원회 담당자는 협의록을 기재해 내부 결재를 득해 놓는 것이 안전합니다. 학교의 장과 다양한 위원들은 논의를 통해 신고 여부를 결정하고 아이의 안전을 위한 해결책을 제시하도록 되어 있어요.

선생님이 아동 학대 여부를 정확하게 판단할 수는 없습니다. 다만 다른 기관과 연계하는 다양한 방안을 생각하고, 아동 학대는 '의심'만으로도 신고가 가능하기 때문에 작은 단서나 아이의 호소가 있다면 곧바로 신고를 고려해 주세요.

신고 여부와 관련해 결정을 내리기 어려운 경우라면, 지역 내 아동 보호 전문 기관과 시군별 지자체 아동 학대 전담 공무원에게 자문을 구할 수 있습니다. 지역 교육청에도 아동 학대 관련 담당자가 있기 때문에 자문을 구할 수 있고요. 다만 신체적 학대나 누가 봐도 명백한 아동 학대 사안으로 의심되는 경우라면, 앞선 절차를 생략하고 인지 즉시 신고해야 합니다.

Step 4. 아동 학대 사안이 의심되면 신고 및 교육청 보고를 합니다.

앞선 절차를 거쳐 신고하기로 결정했다면 112나 '아이지킴콜 112' 앱을 통해 아동 학대 신고를 합니다. 위기관리위원회의 협의, 학교장 보고, 아동 학대 보호 전문 기관과의 상의 등은 아동 학대 신고에 해당하지 않는다는 사실을 인지해 주세요.

신고 원칙은 아동 학대를 최초 발견한 사람이 하는 것으로 되어 있습니다. 물론 직접 신고를 하는 것은 부담스럽고 어려운 일입니다. 혹시 내가 파악한 정보가 아동 학대에 해당하지 않는 건 아닐까 또는 신고자 정보가 드러나 학대 가해자로부터 협박받는 등 불미스러운 일을 당하는 건 아닐까 염려되기도 하고요.

익명으로 신고할 수 있다면 좋겠지만 수사 기관에서는 신빙성을 위해 신고자의 정보를 요청합니다. 신고자 인적 사항, 아동 인적 사항, 아동 학대 의심 정황 및 사실, 아동의 현재 신체적·심리적 상황 등의 정보를 제공해야 하지요.

다행히도 아동 학대 범죄 신고자를 보호하는 제도가 존재합니다. 「아동 학대 처벌법」 제10조 제3항에 의하면, 신고인의 인적 사항 또는 신고인임을 미루어 알 수 있는 사실을 다른 사람에게 알려 주거나 공개 또는 보도해선 안 됩니다. 또 제62조 제2항은 신고인의 인적 사항 또는 신고인임을 미루어 알 수 있는 사실을 다른 사람에게 알려 주거나 공개하면 3년 이하의 징역이나 3천만 원 이

하의 벌금에 처하도록 규정하고 있어요. 따라서 신고를 할 경우, 신고자의 인적 사항 등이 학대 행위자에게 알려지지 않도록 당부할 필요가 있습니다. 수사관들의 사소한 실수로 정보가 노출될 가능성도 있기 때문이에요.

또한 학대 피해 학생과 부모님에게도 신고 내용이나 아동 학대 신고 정황 등을 알리지 않아야 합니다. 물론 선생님이 생활 지도나 상담을 하던 중 아동 학대 정황을 발견한 사실을 보호자나 아이가 알기 때문에, 선생님을 신고자로 의심하는 것은 어쩌면 당연해요. 그렇더라도 끝까지 모른다고 하고, 선생님 자신도 관련 기관에서 연락이 와서 당황하고 놀랐다고 말하면 됩니다.

신고 절차가 마무리되면 담당자는 교육청에 아동 학대 사안을 보고합니다. 여러 행정적인 절차가 끝나면 수사 기관과 관련 기관에서 아동 학대 사안 조사를 시작해요. 선생님은 지속적으로 연관기관에 협조하면서 필요한 정보를 공유해야 합니다.

피해 아동에게는 경찰과 다른 기관 담당자를 만나는 상황이 두렵고 불안할 수 있어요. 선생님이 아이 마음에 충분히 공감하면서, 어른들이 좋은 방향으로 도와주려 노력하는 것이라고 알려 주세요. 조사를 받느라 아이 마음이 많이 힘들고 혼란스러울 거예요. 그러니 이때부터 선생님은 궁금하더라도 아이에게 현재 상황이나 학대 상황을 직접적으로 묻지 않는 게 좋습니다. 아이의 상태를 잘 살피며 관심과 응원을 보내고, 아이가 안정감을 갖도록 도와주면 됩니다.

학부모 상담하기

● 신고자의 신분은 끝까지 비밀에 부쳐야 해요 ●

아동 학대 가해자가 부모일 경우, 담임 선생님을 신고자로 의심해 학교로 찾아와 따지거나 전화로 욕설을 퍼붓는 상황이 발생할 수 있습니다. 다시 한번 강조하지만, 신고자가 누구인지 어떻게든 알아내려는 학부모에게 끝까지 신고 사실을 노출하지 않아야 해요. 모든 교직원과도 원칙이 공유되고 지켜져야 합니다.

흥분한 부모님을 대하는 방법은 기존의 학부모 상담 절차와 동일합니다. 먼저 흥분한 부모님의 이야기를 들어 줍니다. 선생님 입장에서는 반성을 해도 모자랄 판에 오히려 교사를 협박하고 분노하는 부모님을 보면 화가 나고 비난하고 싶은 마음이 들겠지요. 하지만 이런 마음을 내비친다면 상황이 더욱 심각해질 수 있습니다. 부모님의 화난 마음을 들어 주면서 그들이 진정으로 원하는 것이 무엇인지 탐색해 보세요.

한편, 최근 학교에는 다양한 배경을 가진 다문화 아이가 기하급수적으로 증가하는 추세입니다. 다문화 배경의 가정 양육 방식이 우리나라의 양육 방식과 달라 어려움을 겪는 아이도 많고요. 다문화 아이를 상담하다 보면 "우리 집에서는 부모님이 때리고 욕하는 건 흔한 일이에요. 제가 살던 곳에서는 그런 게 문제가 되지 않아요.", "제가 믿는 종교에서는 여성을 채찍질하고 하찮게 여겨요."와 같은 말을 듣기도 합니다. 이럴 때는 뭐라고 답해야 할지, 또 어떻게 개입해야 할지 난감하지요.

다문화 가정 학부모를 상담할 때는 다문화 가정의 문화적 배경을 이해하는 것도 중요하지만, 우리나라의 아동 학대 개념을 교육하는 것도 필요합니다. 아이들과 그 가정이 살아가는 곳은 대한민국이기 때문이에요. 우리로서는 받아들이기 어려운 그들의 문화라도, 비난하기보다는 현재 문화적 환경 속에서 아이들이 잘 양육되도록 도와야 해요.

아이 지지하기

• 선생님의 눈길과 마음이 아이 삶을 바꿔요 •

학교 현장에서 상담을 통해 수많은 아동 학대 피해 학생을 만나

왔습니다. 아이들의 삶은 눈물 없이 들을 수 없는 이야기로 가득했어요. 그러나 희망이 없어 보이는 순간, 아동 학대 신고를 통해 아이의 가정이 변하고 아이의 삶이 바뀌는 것을 종종 목격했습니다. 지금도 신고를 해야 하는 상황이 닥치면, 여전히 심장이 쿵쾅거리고 피하고 싶을 때가 있어요. '아동 학대 신고가 과연 아이의 삶을 더 온전하게 도울 수 있을까? 부모와 분리되면 아이는 어떻게 살아갈까?' 많은 염려가 앞서지만 아동 학대 속에서 생존한 아이들을 떠올리며 용기를 냅니다.

어떤 아이는 갈등과 아픔이 반복되는 감옥 같은 가정이 아니라 아이의 필요를 돌보고 채우는 선생님이 있는 안전한 쉼터나 그룹홈 등을 통해 상처를 회복하기도 합니다. 물론 아이가 쉼터에 있는 사이, 가정의 모습이 온전히 회복되어 무사히 가족의 품으로 돌아갈 수 있다면 더할 나위 없이 좋고요.

아동 학대를 다룬 이꽃님 작가의 소설 『행운이 너에게 다가오는 중』의 에필로그 있는 글귀를 선생님들과 함께 나누고 싶습니다.

"이 글을 읽고 당신이 무엇을 할 수 있을지 아주 잠깐이라도 생각하게 됐다면 더는 바랄 것이 없다. 물론 당신이 무엇을 할 수 있을지는 나도 모른다. 어쩌면 당신의 눈길 한 번, 마음 한 번이 누군가의 삶에 구원이 될지도 모르겠다."

누구보다 가까이에서 아이들의 삶을 함께하는 우리 선생님들의 눈길 한 번, 마음 한 번이 아이의 삶을 미약하게나마 도울 수 있 길 소망해 봅니다. 『행운이 너에게 다가오는 중』의 주인공 은재의 말처럼, '인생은 불공평하지만 불공평한 인생에 손을 내밀어 주는 건 언제나 다시 인간' 들이니까요.

상담 핵심 노트

- 아동 학대가 의심되는 상황이라면 선생님 단독으로 처리하지 말고 학교 위기 관리위원회에 도움을 요청하세요.

- 아동 학대가 의심될 때는 아이에게 추궁하듯 묻기보다 일상적인 안부를 물으 며 편안하게 이야기하는 분위기를 만들어야 해요.

- 아동 학대 신고를 할 때는, 신고자 선생님에 대한 철저한 신분 보호를 당부합 니다.

- 아동 학대를 신고하는 것이 부담스럽고 어려울 수 있지만, 선생님의 관심과 용기로 피해 아동의 미래가 바뀔 수 있다는 희망을 떠올려 주세요.

기괴한 사고를 하는 아이,
이대로 둬도 괜찮을까요?

● 무기력과 망상에 사로잡힌 민성이 이야기 ●

민성이는 인사성도 밝고 얼굴에서 미소가 떠나지 않는 남학생이었다. 배드민턴, 농구 등 운동도 잘하고, 호탕한 성격으로 학급 친구들에 인기도 많았다. 원하는 대학에 입학하기 위해 열심히 공부하는 모습도 기특하고 대견했다.

그런데 언젠가부터 표정이 조금씩 어두워지기 시작했다. 눈 밑에 다크 서클이 짙어져 밤새 공부하느라 힘든 건 아닌지 염려가 되었다. 민성이를 마주칠 때마다 인사를 건네 보았지만, 고개를 푹 숙인 채 눈맞춤을 피했다.

급기야 수업 시간마다 엎드려 있기 시작했고 내가 다가가 깨우면 알 수 없는 말을 혼자 중얼거리며 히죽히죽 웃었다. 말끔했던 외양은 덥수룩해져 갔고, 주변 친구들이 냄새가 난다고 호소하는 일도 잦았다.

민성이 부모님에게 연락을 드려야겠다고 생각하던 순간, 반 아이 하나가 급히 달려와 나를 찾았다. "선생님! 민성이가 갑자기 벌떡 일어나서 누군가 자신을 죽이려고 한다며 창문을 열고 소리를 지르고 있어요."

갑작스럽게 변한 아이를 마주하면 당황스럽지요. 그런데 도대체 아이에게 무슨 일이 생긴 건지 아무리 생각해도 알 수 없는 경우들이 있어요. 선생님이 감당할 재간이 없는 심각한 정신 병리를 보이는 아이를 대할 때면 무력해지기도 합니다. 무력감 속에서도 아이가 학교에서 보인 이상 행동을 부모님에게 어떻게 전달해야 할지 생각하면, 그 역시 만만치 않게 어려운 일이지요.

민성이에게 도대체 무슨 일이 생긴 걸까요? 민성이가 보이는 언어, 행동, 감정 등을 깊이 있게 탐색해 봐야겠지만, 아무래도 민성이에게 조현병이 발병한 게 아닐까 염려스럽습니다. 조현병은 아동기에 발병하는 경우는 매우 드물고, 보통 사춘기에 급격하게 증가합니다. 그래서 중고등학교에서는 조현병으로 고통받는 아이를 종종 만나요. 따라서 중고등학교 선생님이라면 청소년기에 발병할 수 있는 조현병에 대해 잘 인지하고 있어야 합니다.

아이 이해하기

• 뇌의 조율 기능이 제대로 작동하지 않아요 •

정신 장애 가운데서도 심각한 질병으로 알려진 조현병은 한때 '정신 분열증'으로 불렸어요. 하지만 정신 분열증이라는 이름이 주는 부정적인 인상과 편견으로 인해 2011년 '조현병'으로 개명 되었답니다. 조현병(調絃病)에서 '조현(調絃)'은 현악기의 줄을 조율한다는 뜻입니다. 결국 조현병은 현악기가 정상적으로 조율되지 못한 것처럼 혼란스러운 상태를 보이는 질병이라는 의미입니다. 현악기의 줄은 온도와 습도 등 환경에 민감해서 조율에 신경을 써야 하는데, 조현병의 경우 뇌 신경이 조율되지 못했을 때 심각한 혼란을 겪는 것을 여기에 빗대 표현한 것이지요.

조현병의 주된 증상은 양성 증상과 음성 증상으로 나뉩니다.
'양성 증상'은 사람들이 일반적으로 겪는 정상적인 생각이나 행동이 너무 과하거나 비정상적으로 나타나는 것을 의미합니다. 주로 스트레스 사건에 반응해 발생하고, 환각, 망상, 혼란스러운 사고나 언어로 나타납니다.
조현병 환자에게 주로 나타나는 환각은 다른 사람은 느끼지 못하거나 존재하지 않는 감각을 경험하는 것으로, 청각, 시각, 후각,

미각, 촉각을 통해 자극을 과도하게 느낍니다. 환청, 환시, 환후, 환촉, 환미 중 환청은 조현병의 가장 흔한 증상으로, 외부에서 사물이나 사람의 소리가 들린다고 호소합니다. 지속적으로 자신을 비난하는 목소리나 욕설, 자신이나 타인을 죽이라고 지시하는 목소리가 들리는데, 이 때문에 조현병으로 고통받는 아이는 민성이처럼 누군가와 대화하듯 혼잣말을 하거나 이유 없이 웃고 또는 갑자기 공격적인 행동을 하게 됩니다.

다음으로 망상은 사실과 전혀 다른 잘못된 생각을 하고, 이를 사실이라고 믿는 신념입니다. 망상은 피해망상, 관계망상, 과대망상 등으로 나누어요. 흔한 피해망상으로는 민성이처럼 '누군가 나를 죽이려 한다.'거나, 학급 친구들이 모여 있으면 '나를 욕하고 뒷담화하는 게 분명해.'라고 생각하는 망상이 있어요. 관계망상은 주변에서 일어나는 일이 자신과 관련되어 있다고 생각하는 망상으로, 등굣길에 계속 같은 사람을 마주치면 그 사람이 자신을 감시하기 위해 매일 그곳에 있다고 생각합니다. 더 나아가면 수업 시간에 선생님이 설명하는 내용도 자신에 관한 이야기라고 믿으며, 선생님이 자신을 공격하려는 게 아닐까 의심합니다.

혼란스러운 사고나 언어, 행동 또한 조현병의 양성 증상입니다. 누군가와 이야기를 하던 중 논리적 연결이 어려워 횡설수설하거나, 주제와 맞지 않아 이야기 흐름을 도저히 따라갈 수 없게 되지요. 혹은 이야기하던 중, 다른 생각이 침투해 주제와 전혀 다른 이야기를 하기도 하고요. 또 일반적으로 통용되는 언어가 아니라 스스로 말을 만들어 사용하기 때문에 주변 사람들로부터 "무슨 말인지 모르겠다."는 이야기를 듣습니다. 영화를 보다가는 슬픈 장면이 나와 모두가 울고 있는, 그야말로 전혀 웃을 상황이 아닌데 혼자 웃기도 해요. 더위나 추위 등에 대한 감각도 둔해져 한여름에도 두꺼운 겨울옷을 껴입고 다니기도 합니다.

이와 달리 '음성 증상'은 보통 사람에게 나타나는 행동이 부재하거나 결핍된 상태를 가리켜요. 일상생활에서 무표정한 상태로 하루 종일 있거나, 기쁘고 슬픈 상황에서도 정서적 변화 없이 멍하게 반응하거나, 상황에 전혀 맞지 않은 감정 표현으로 주변 사람들을 놀라게 만드는 것이 모두 음성 증상입니다. 일상에서 가족이나 친구들과 즐거운 일이 생겨도 즐거움을 전혀 느끼지 못해요.

조현병 증세가 심해지면 학교에 나오는 것도 힘들어하며, 아무런 행동도 하지 않고 기본적인 위생 관리조차 못 하게 됩니다. 민성이처럼 덥수룩해지면서 냄새가 날 수도 있어요. 대화를 나눌 때도 말이 짧고 간단해 공허하게 들립니다. 누구와 의사소통을 하는 건지 도통 알 수 없는 모습도 보이고요. 이런 증상들이 나타나면 자연스럽게 학업 성적이 저하되고 또래들로부터 멀어지면서 점점 홀로 고립되어 갑니다.

일반 아이들도 학업 스트레스 등이 극심할 때, 일시적으로 환각을 경험할 수 있습니다. 환청, 환시 등을 호소하는 아이를 만나면 조현병일까 싶어 화들짝 놀랄 수 있지만, 환각 증상만으로 조현병이라 보지는 않습니다. 일시적인 환청은 부모의 이혼, 학업에서의 극심한 스트레스를 경험한 경우에도 나타날 수 있기 때문이에요. 다만 이런 증상과 더불어 학업 성적이 현저하게 떨어지거나 학교에 적응하지 못하고 자기 관리가 전혀 되지 않는 등의 변화가 생긴다면 그때는 조현병을 의심해 봐야 합니다.

제가 만난 한 아이는 초등학생 때부터 또래 관계가 좋지 않았습니다. 중학교에 입학하고 나서도 혼자 고립된 생활을 즐기는 듯 보였어요. 상담을 통해 아이의 내적 세계에 다가가 보려고 했지만 쉽지 않았습니다. 그러던 중 '내가 꿈꾸던 세상으로 간다.'며 알 수 없는 말이 적힌 쪽지를 남기고 그야말로 연기처럼 사라져 버렸어요. 부모님에게 연락을 취하고, 학교 주변을 몇 시간 동안 찾아다녔습니다. 휴대폰을 챙기지 않고 사라진 아이를 찾기란 여간 어려운 일이 아니었어요.
겨우 찾아낸 아이는 여전히 요지를 알 수 없는 말들을 중얼거렸고, 초점 없는 눈은 멍해 보였습니다. 상담을 하던 중, "죽어라."는 목소리가 계속 들린다며 괴로워했어요. 칼로 세게 긋는 듯한 통증으로 한쪽 팔을 펼 수가 없다고도 했고요. 환청과 환촉 증상이 나타났던 것이지요. 게임에서 만난 사람이 학교로 찾아와 칼로 자신을 공격할 거라는 망상도 보였습니다. 이런 증상들로 미루어 짐작건대, 급성 조현병 같았습니다. 부모님을 설득해 아이를 병원에 데려갔고, 약물 치료 등을 통해 환청과 환촉 증상은 점차 사라졌습니다. 조기에 발견하고 곧바로 치료를 시작한 덕분이었어요.

아이 상담하기

• 아이의 행동을 지적하거나 바로잡으려 하지 않아요 •

조현병은 조기 개입이 가장 중요합니다. 학교에서 주로 생활하는 아이의 경우, 그 변화를 유심히 관찰할 수 있는 사람은 선생님이에요. 그렇기 때문에 선생님들이 조현병의 초기 증상 등을 인지하고 있으면 조기 개입 가능성이 더 커지지요. 조현병은 초기에 발견한다면 약물 치료를 통해 환청이나 망상 같은 증상은 크게 호전될 수 있어요.

먼저 아이의 증상을 유심히 관찰합니다. 조현병이 발병하는 초기에는 다음과 같은 모습이 주로 나타납니다.

민성이처럼 인사성 밝고 잘 지내던 아이가 침울해지고 무감각한 행동을 하는 등 감정이나 행동이 전과 달라져요. 친하게 지내던 친구나 선생님과 거리를 두며, 자신을 싫어하고 공격하려 한다고 생각해 불신하며 경계하기도 하고요. 가장 두드러지는 증상은 교실에서 남들이 보지 못하는 것을 보는 환시를 경험하거나, 다른 사람은 듣지 못하는 말을 듣는 환청으로 힘들어합니다. 이유 없이 히죽거리거나, 무표정하거나, 앞뒤가 안 맞는 말을 계속하는 모습을 보이면 조현병을 의심해 볼 수 있어요.

조현병이 의심되어 아이를 상담할 때는 아이가 잘못 생각하거나 듣는 것을 교정하려고 들면 안됩니다. 또는 선생님도 아이가 들린다고 하는 소리가 들리는 것처럼 맞장구를 쳐서도 안 되고요. 그저 "그렇구나." 하고 반응하면 됩니다. 아이가 보이는 모습을 잘 기록해서 추후 학부모 상담 때 아이 상태를 전달해 주세요.

만약 아이가 소리를 지르고 위험한 행동을 하면 주변 아이들에게 위협이 될 수 있습니다. 그럴 땐 흥분을 가라앉히도록 돕고, 아이를 다른 아이들로부터 또 위험한 공간으로부터 분리시켜야 해요. 그리고 즉시 부모님에게 연락해 소통해야 합니다.

● 가능한 빨리 병원 진료를 받도록 안내해요 ●

조현병이 의심되더라도 이를 부모님에게 알리기는 쉽지 않습니다. 조현병은 가장 심각한 정신 장애로 알려져 있기 때문에 부모님이나 아이에게 진단명을 말하면 일단 거부하는 모습을 보일수 있어요. 따라서 진단명을 언급하며 의심을 직접적으로 전달하기보다 관찰된 아이 모습을 객관적으로 알리는 것이 중요합니다. 선생님은 진단할 수 있는 사람이 아니므로, 여러 증상을 살펴볼때 아이가 심각한 스트레스나 다른 이상으로 심리적 어려움에 처한 것 같다고 말하면 됩니다.

이와 더불어 가능한 빨리 병원 진료를 받아 보도록 권유합니다. 조현병 치료는 약물 치료가 기본이면서 필수예요. 약물 치료를 통해 일상을 회복해 갈 수 있도록 도와야 합니다.

예를 들어 사례의 민성이 부모님을 상담할 때는 이렇게 이야기해 볼 수 있습니다.

"민성이가 요즘 부쩍 수업 시간에 자주 엎드려 있어요. 피곤한가 싶어 다가가 깨우면 아무도 이해할 수 없는 말을 혼자 중얼거리고 웃기도 하고요. 얼마 전에는 누군가 자신을 죽이려고 한다며 소리를 치는 일이 있었어요. 집에서는 어떤 모습을 보이나요? 민성이가 느끼는 스트레스들로 인해 심리적인 문제가 생긴 건 아닌지 걱정됩니다. 청소년기에는 스트레스나 심리적 부담감으로 인해 많은 어려움이 생길 수 있어요. 병원에 찾아가 민성이의 상태를 점검받으면 어떨까 합니다. 제가 말씀드린 민성이가 학교에서 보인 증상에 대해 의사 선생님과 상의하면 좋겠어요."

아이 지지하기

● 부정적 시선을 거두고 따뜻한 응원을 보내 주세요 ●

가끔 뉴스에 조현병 환자가 망상과 환청으로 인해 끔찍한 사고를 저지른 사건이 나옵니다. 이런 이유로 인해 조현병을 바라보는 사회적 시선이 곱지 않은 편이에요. 그래서 교실에서 이런 아이를 만나면 무섭다고 느낄 수도 있습니다.

하지만 모든 조현병 환자가 사건 사고를 저지르는 것은 아니며, 한두 건의 불미스러운 사고로 전체 조현병 환자가 부정적인 시선을 감내해야 하는 경우가 많습니다. 그런데 이런 불미스러운 사건의 경위를 살펴보면, 약물 치료 등 제대로 된 치료를 받지 않고 장기간 방치되었을 때 발생하는 경우가 대부분이에요. 그러니 조현병이 의심되는 아이를 부정적인 시선으로만 바라보지 말고, 어쩔 수 없는 병에 걸려 고통받는 아이에게 연민의 마음을 가져 보면 어떨까요?

인류 역사상 위대하고 창조적인 업적을 남긴 천재 중 조현병적 증상을 가진 이가 많습니다. 우리가 잘 아는 빈센트 반 고흐, 아이작 뉴턴, 실화 영화 〈뷰티풀 마인드〉의 실제 주인공인 수학 천재 존 내시. 이들 모두는 심각한 정신적 위기에 처해 조현병으로 고통받는 시기를 보냈어요. 정신적으로 피폐해지고 안타까운 순간도 많았지만, 그때마다 그들의 삶을 돌보고 도우려는 이들의 손길이 있었습니다. 그들이 극단적 고립, 단조롭고 메마른 생활, 자폐적 세계 속에서 자유로운 공상으로 창의성을 발현해 갈 수 있었던 건, 열악한 상황에서도 위대한 창조적 업적을 남길 수 있었던 건, 그들을 지지하는 가족과 친구 덕분이었어요.

학교에서 든든한 지지자이자 조력자인 선생님들이 고통받는 아이들과 함께하면 어떨까요? 비록 조현병이라는 비극적 상황 가운데 있지만, 곁에서 지지하고 응원하는 선생님과 함께하면서 아이들이 조현병을 잘 치료하고 창조적인 세계를 펼쳐 나가기를 기대해 봅니다.

- 갑자기 혼잣말을 하거나 의미 없는 웃음을 짓는 아이가 있다면 조기 조현병을 의심해 보세요.

- 아이의 편집증적인 망상이나 환청에는 동의도 무시도 하지 말고, 별다른 반응을 보이지 않는 것이 좋아요.

- 조현병이 의심되는 아이의 학부모를 상담할 때는 교실 등에서 관찰한 아이의 모습을 객관적으로 전달하고, 병원에서 진료를 받을 수 있도록 안내해 주세요.

- 조현병은 약물 치료를 꾸준히 하면 환청이나 망상은 현저히 줄어듭니다. 편견을 가지고 아이를 대하기보다 아이의 장점을 찾고 개발해 나갈 수 있도록 도와주세요.

Part 3

선생님의
마음 챙김

질문 19

선생님 마음은
안녕하신가요?

"선생님, 안녕하세요?"

흔한 인사말조차 편안하게 건네기 힘든 요즘입니다. 학교 현장에서 치열하게 살아가는 선생님들의 마음 안부를 묻는 일이 왜 이리 조심스럽고 무거울까요?

2023년, 학교 현장을 검은 물결로 뒤덮이게 만든 서울서이초등학교 선생님의 안타까운 죽음을 시작으로 그동안 꽁꽁 숨겨졌던 교사들의 고통과 애환이 세상 밖으로 쏟아져 나왔습니다. 생활 지도 불응, 수업 방해 등 교육 활동 침해 건수는 해마다 증가해 2022년에는 3,000건이 넘었다는 소식도 들립니다. 과도한 학부모 민원으로 인한 스트레스, 학생의 교권 침해에 따른 수치심과 무력함, 선생님을 상대로 한 무분별한 아동 학대 신고가 불러오는 정신적 고통…. 이 모두로부터 자유롭지 못한 지금의 현실에서, 아무 탈 없이 편안하시냐는 인사를 건네기가 참 어렵네요.

  미국은 '연방교사보호법(Teacher Protection Act)'을 두어 선생님을 보호한다고 합니다. 주마다 원칙은 다르지만, 뉴저지에서는 아이가 선생님을 폭행한 경우 즉각 정학 조치가 내려지고 30일 이내에 퇴학 결정 절차가 진행된다고 해요. 매사추세츠주에서는 선생님을 폭행한 아이에게 퇴학 명령을 하거나 형사 고소를 할 수 있다고 하고요. 무엇보다 긍정적으로 여겨지는 것은 선생님이 아이를 훈육하거나 교실을 통제해 질서를 유지하려고 할 때, 이로 인해 발생하는 위해에 대해서는 학교를 대신해 선생님이 책임지지 않는다는 점입니다. 아이를 훈육하거나 다른 아이들의 수업 방해를 막기 위해 행동을 취한 선생님을 아동 학대로 고소하는 일이 허다한 우리나라 학교 현실과는 사뭇 다른 정책이 부럽기도 합니다. 그런데 법으로든 정책으로든 어떻게든 선생님을 보호하려는 미국에서도 교사로 생활하기가 쉽지만은 않나 봅니다. 선생님 두 명 중 한 명이 교단에 선 지 5년 안에 학생 관련 문제로 교직을 떠난다고 하니 말이에요.
  그러니 법도 정책도 선생님을 보호하기엔 역부족인 이 땅의 현실에서는 오늘도 이직을 꿈꾸며 힘들어하는 선생님이 참 많을 것 같습니다. 최근에는 초등학생이 욕설을 퍼부으며 교감 선생님 뺨을 때리는 사건이 발생했지만, 뒷짐만 진 채 아무런 대응도 할 수 없는 우리나라의 답답한 학교 현실에 한숨만 깊어져 갑니다.

선생님들을 대상으로 마음 관련 강의를 하다 보면 감정 노동에 시달리는 선생님들을 자주 만납니다. 교사라는 직업은 가르치는 이로서의 역할도 중요하지만, 아이들을 돌보는 제2의 양육자이자 감정 노동자의 역할을 감당해야 할 때가 많지요. 이로 인해 정신적 스트레스가 쌓이고 종종 소진되지만, 선생님을 보호하는 제도적 뒷받침은 여전히 미흡합니다.

한동안 마음이 무너지는 소식을 접하면서, 쓰디쓴 커피 없이는 버티기 힘든 날들이 이어졌습니다. 달콤한 커피보다 씀바귀 맛이 나는 쓴 커피가 당기곤 했어요. 교직 인생의 쓴맛을, 아픈 맛을 너무나 많이 지켜본 요즘은 인생 최고의 씁쓸한 커피로 하루를 시작합니다. 미약하나마 선생님들의 고통에 동참하는 경건한 마음으로요.

어떻게 해야 우리 선생님들의 마음을 달랠 수 있을까요? 어떻게 해야 선생님들의 상처 난 마음을 위로할 수 있을까요?

Part 3에서는 '교사 소진'에 관해 살펴보고, 소진을 예방하는 다양한 방법을 함께 나누려고 합니다. 요즘 같아선 더더욱 선생님들 마음에 쨍한 햇살과 단비가 필요하잖아요. 아동 학대, 교권 침해, 각종 사안, 민원, 아이들의 정신 건강 문제 등에 둘러싸여 웅크리고 있지만, 언젠가 선생님들이 당당하게 기지개 펼 날이 오리라 믿습니다. 같은 상황에 처한 선생님들끼리 서로 연대하고 위로하며 마음의 안녕을 물어 가면서요. 더디지만 우리만의 속도로요.

오늘도 쓰디쓴 커피 한 잔에 기대어 하루를 시작하는 선생님의 일상에 따스한 온기가 스며들기를 기도합니다. 우리의 안부가 힘이 있기를, 어떻게든 아이들을 돕고자 애쓰는 선생님의 학교생활에 작게나마 도움을 드릴 수 있기를 바랍니다.

교사 돌봄 핵심 노트

- ♥ 분주하고 바쁜 학교 현장이지만, 무엇보다 선생님 마음을 돌보는 일이 최우선임을 잊지 마세요.
- ♥ 마음을 나눌 수 있는 선생님들과 꾸준히 연대해 나가면서 홀로 지치지 않도록 합니다.
- ♥ 녹록지 않은 학교 현장에서 고군분투하는 선생님들을 떠올리며 서로를 돌봐 주세요.

교사 소진,
어떻게 알 수 있나요?

선생님들은 학교생활을 하면서 스트레스를 가장 많이 경험할 때가 언제인가요?

내 열정만큼 따라오지 않는 아이들, 내 뜻과는 다르게 흘러간 이야기 때문에 오해가 생긴 학부모와의 관계, 과도한 업무로 인한 스트레스, 동료 선생님이나 관리자와의 관계에서 겪는 어려움, 학교와 교실 일을 감당하느라 가족에게 소홀해지는 문제, 삶과 일 사이 균형 유지의 어려움 등 스트레스를 경험하는 순간이 많을 거예요. 일상을 살아가다 보면 스트레스는 당연히 따라올 수밖에 없지만, 지금 경험하는 스트레스를 지혜롭게 해결해 나가지 못하면 스트레스가 쌓이고 쌓여 결국 소진에 맞닥뜨리게 됩니다.

최근 교육 현장과 학계에서는 교사 소진에 대한 관심이 증가하고 있어요. 우울증과 불안 같은 정신적 어려움으로, 선생님들이 극단적 선택을 하거나 교사라는 직업을 이탈하는 현상이 급증했기 때문이에요. 교사 소진은 선생님 개인뿐 아니라 선생님에게 교육을 받는 아이들에게도 부정적인 영향을 미칩니다. 또 능력 있는 선생님들이 학교 현장을 이탈하는 현상이 이어지면 교육계에도 부정적인 영향을 미치지요.

이번 장에서는 교사 소진이 무엇이고 어떤 증상으로 나타나는지 살펴면서 우리의 마음 상태를 점검해 보겠습니다.

● 교사 소진은 교사 개인만의 문제가 아니에요 ●

'소진'의 영어 표기는 '번아웃(burnout)'으로, '태워 없어지다.'는 뜻을 가지고 있어요. 온전히 다 타 버려 재가 공중으로 흩어지는 것처럼, 소진은 점점 줄어들다가 완전히 사라지는 현상을 가리킵니다.

심리학에서 소진은 스트레스를 더 이상 감당하지 못할 때 나타나는 반응 형태예요. 교사라는 직업에서 오는 스트레스에 오랫동안 노출된 결과, 신체적 피로와 정신적 자원 고갈을 느끼는 동시에 대인관계와 직무에서 지속적으로 부정적인 심리 상태를 경험하는 것입니다. 또 교사로서 자긍심과 자부심을 가지고 헌신적으로 직무를 수행했지만, 성과가 만족스럽지 못하거나 적절한 보상을 받지 못하면서 지치고 피곤해 탈진하는 상태를 말하기도 해요. 학교 현장에서 헌신과 열성을 다하며 애를 쓰시만, 사회의 부정적인 시선과 학부모 민원, 밀려드는 일의 양과 강도에 비해 터무니없는 급여 체계 등으로 교사는 소진에 쉽게 노출될 수밖에 없습니다.

만약 선생님들이 물밀듯 밀려오는 스트레스에 적절히 대처하지 못하고, 그래서 일과 나 자신을 긍정적으로 대하는 마음이 점점 줄어든다면, 그러다 아예 없어진다면, 어떤 일이 벌어질까요?

교사로 또 한 개인으로 자신에 대한 부정적인 자아개념이 생기고, 학생 지도와 교육에 회의를 느껴 직무에서 이탈되고, 아이들에 대한 관심이 줄어들어 그들을 냉담하고 부정적으로 대하게 되지 않을까요? 또 스트레스를 해소할 수 있는 정서적 자원이 고갈되어 우울감을 경험하거나 무능감이 만연해져 결국 교사라는 직업을 그만두고 싶어질지도 모릅니다. 이런 현상으로 인해 실제 2023년도에는 명예퇴직을 신청하는 선생님 수가 급증했다고 합니다.

선생님은 과연 교사 소진으로부터 안전한가요? '한국형 교사 소진 척도(MBI-ES)' (「한국형 교사소진 척도(MBI-ES) 타당화」, 정송·노언경 (2020), 한국교원대학교 교육연구원 36(2): 271-292)를 통해 교사 소진 정도를 살펴보겠습니다.

한국형 교사 소진 척도에서 제시하는 하위 요인은 정서적 고갈, 비인간화, 개인적 성취감 등 세 가지예요.

먼저 **'정서적 고갈'**은 학교 업무로 인해 발생하는 기운과 열정의 상실, 지침 등의 만성적이고 정서적인 피로감을 뜻합니다. 다음으로 **'비인간화'**는 아이들을 대상으로 한 무관심하거나 부정적인 태도를 포함하는 비인격적인 반응을 뜻합니다. 마지막으로 **'개인적 성취감'**은 학교 업무에서 교사 스스로 느끼는 역량과 성취감에 대한 부분입니다.

소진 상태에 빠지면 개인의 육체적·정신적 스트레스의 증가, 직무에 대한 기운과 열정의 상실, 만성적인 정서적 피로감, 대인관계에서의 관심 저하에 따른 비인간화, 직업에 대한 성취감 저하가 나타나는 것으로 알려져 있어요.

한국형 교사 소진 척도에서 제시한 문항은 다음과 같아요. 문항

을 살펴보면서 나는 몇 점인지 확인해 보세요. 5, 6, 7번 문항은 역
문항이므로 거꾸로 계산합니다. 예를 들어 '5'에 체크했다면 '1'
점으로 채점합니다. 합계 점수가 높을수록 소진 정도가 심하다고
판단할 수 있어요.

번호	문항 내용	전혀 그렇지 않다	그렇지 않다	보통 이다	그렇다	매우 그렇다
1	나는 아침에 일어나 학교에서 또 다른 하루를 보내야 한다고 생각할 때 피로함을 느낀다.	1	2	3	4	5
2	하루 종일 사람들을 상대하는 것은 나에게 정말 부담스러운 일이다.	1	2	3	4	5
3	나는 업무로 인해 좌절감을 느낀다.	1	2	3	4	5
4	나는 내가 한계에 다다른 것처럼 느껴진다.	1	2	3	4	5
5	나는 학생들의 문제를 매우 효과적으로 다룬다.	1	2	3	4	5
6	나는 내 일을 통해 학생들의 인생에 긍정적인 영향을 주고 있다고 느낀다.	1	2	3	4	5
7	나는 내 일에서 가치 있는 것을 많이 성취했다.	1	2	3	4	5
8	나는 교직에 종사하면서부터 주변 사람들에게 점점 냉담해졌다.	1	2	3	4	5
9	나는 내 일이 나를 감정적으로 무뎌지게 하는 것 같아 걱정스럽다.	1	2	3	4	5
10	나는 일부 학생들에 대해 정말 관심이 없다.	1	2	3	4	5

어떤가요? 아직까지 소진은 나와 먼 이야기인가요? 아니면 염려되는 상황인가요? 후자라면 소진을 해소하기 위한 구체적인 방법을 찾아 하루빨리 도움을 받아야 합니다.

"바람을 조종할 수는 없지만, 돛을 조정해 항로를 조절할 수 있다."는 말처럼, 우리는 닥쳐오는 스트레스 상황이나 사건을 조종할 수는 없어요. 또 스트레스는 내가 피하려 한다고 피할 수 있는 것도 아니며, 누구에게나 찾아올 수 있습니다. 그러니까 학교생활에서 스트레스를 완전히 없애려는 노력은 불가능에 가까워요. 하지만 돛을 조정해 내가 가고자 하는 방향으로 나아갈 수는 있습니다.

선생님은 주말을 어떻게 보내나요? 늘어지게 늦잠을 자거나, 좋아하는 영화나 유튜브를 보거나, 맛있는 음식을 먹거나, 사랑하는 이들과 함께 시간을 보내거나, 개인적인 취미 활동을 하고 있나요? '교사로서 나'의 정체성 외에 '나라는 사람'으로서 자신만의 시간을 가지고 좋아하는 일을 하며 소진된 에너지를 회복하는 것이 필요합니다. 예를 들어 스트레스로 꽉 찬 나의 정서적 뇌를 돌보기 위해 천천히 호흡하고, 노래하고, 움직이는 신체 활동 등을 해 볼 수도 있습니다.

스트레스가 차올라 소진으로 인해 한 발자국도 나아갈 수 없다고 느낄 때면, 누군가의 위로도 좋지만 '내가 그동안 참 애썼구나.' 하고 토닥이며 스스로를 안아 주세요. 교사로서 수업을 잘하는 것도 중요하지만 자신을 잘 지키고 돌보는 것도 매우 중요합니다. 우리의 감정과 생각은 그대로 아이들에게 흘러가기 때문이에요. 부디 우리의 마음과 몸을 잘 돌봐 건강한 학교를 만들어 나가길 바래 봅니다.

다음 장에서는 어떻게 하면 스트레스와 소진으로부터 선생님 자신을 돌볼지 배워 보려고 해요. 다만 이미 소진돼 너무 힘이 든다면 상담 전문가의 도움을 받기를 권합니다.

교사 돌봄 핵심 노트

- 선생님의 소진은 개인적인 문제에 국한되지 않아요. 교육 수혜자인 아이들에게 부정적인 영향을 미칠 수 있어요.
- '한국형 교사 소진 척도'에서는 소진을 정서적 고갈, 비인간화, 개인적 성취감의 결여 등으로 설명해요.
- 힘든 학교생활에 지쳤다면 '내가 그동안 참 애썼구나.' 하고 스스로를 토닥이며 안아 주세요.

소진을 예방하려면
어떻게 해야 하나요?

교사 소진 예방법 1 : 자기 이해

• 나는 나를 얼마나 이해하고 있을까요? •

모든 사람은 과거 경험에서 비롯된 삶의 이야기를 지니고 있고, 이것을 어떻게 해석하느냐에 따라 삶의 방향이 달라집니다. 개개인은 자신만의 독특한 시각과 관점을 가지고 경험들을 해석하지요. 그래서 같은 사건이라도 사람마다 이해하는 바가 다를 수 있습니다. 선생님 역시 아이와 학부모와의 관계에서 어려움이 발생했을 때, 이 사건을 어떻게 해석하느냐에 따라 소진이나 심리적 상태에 영향을 받게 됩니다. 교사 소진을 예방하는 데 **'자기 이해 능**

력'을 먼저 강조하는 이유가 여기 있지요.

상담학 사전에 따르면 자기 이해 능력은 '자신에 대한 정확한 지각과, 자신의 인생을 계획하고 조절하는 지식을 사용할 수 있는 능력'을 뜻합니다. 다른 말로 '자기 성찰 지능'이라고도 하는데, '내가 누구고, 어떤 감정과 생각을 가졌으며, 왜 그렇게 행동하는가'를 제대로 이해하는 능력이지요.

자기 이해 능력이 높은 사람은 사건이 발생했을 때 자신의 생각이나 감정이 미치는 영향과 객관적인 현실을 분리할 수 있어요. 즉, 아이와 학부모와의 관계에 영향을 미치는 자신만의 이야기를 잘 알지요.

수업 도중 자는 아이를 깨우는 상황을 가정해 볼까요?

선생님은 평소 수업에 열정이 큰 데다 '내 수업 시간에 엎드려 있는 건 나를 무시하는 행동이야.'라고 받아들이는 편입니다. 그런데 며칠 전 강제 전학을 온 아이가 수업에 집중하지 않고 거의 모든 수업에 엎드려 자고 있어요. 선생님은 자는 아이를 깨웁니다. 과연 아이는 어떻게 반응할까요? 선생님이 원하는 대로 곱게 일어나 수업에 집중할까요? 아마도 욕을 내뱉으며 선생님을 노려볼 가능성이 큽니다. 그러면 선생님은 아이가 자신을 무시한다는 생각이 더 크게 들어 참지 못하고 아이와 맞붙을 수 있어요.

사실 이 아이가 욕을 내뱉는 건 선생님을 무시해서라기보다 아이 자신의 삶을 보여 주는 전형적인 행동일 수 있습니다. 이런 행동 때문에 문제가 계속 있어 왔고, 아마도 강제 전학의 이유가 되었을 거예요. 이런 행동은 그 아이 삶의 역사인 것이지요. 그러니 선생님의 문제라고 여기기보다 아이의 문제가 반영된 것으로 생각하면 되는데, 그러지 못할 때가 있습니다. 왜냐하면 선생님에게도 살아온 삶의 맥락이 있고, 자신만의 이야기가 있기 때문이지요.

　선생님이 형제들 중 막내로 태어나 어린 시절에는 가족 내에서 자기 의견을 말하지 못하고 지냈다고 가정해 보겠습니다. 학교에서는 또래 사이에서 자주 무시를 당했습니다. 이런 삶의 역사를 지닌 선생님은 복도를 지나며 인사하지 않는 아이를 보면 '나를 무시하는 건가?' 라는 생각을 먼저 하게 됩니다. 그러니 수업 시간에 엎드려 있는 아이도 자신을 무시한다고 여겨 화가 치밀고, 억지로 깨우니 욕을 내뱉는 아이로 인해 과거의 상처받은 어린 내가 올라와 화가 걷잡을 수 없이 커지는 것입니다.

　이럴 때, 아이의 태도를 선생님을 공격하는 행동으로 받아들이지 말고, 아이 삶의 맥락에서 이해하는 연습이 필요합니다. 한 걸음 더 나간다면, 내가 왜 이렇게까지 화가 나는지, 나라는 사람이 못 견디는 감정이 무엇인지, 과거 삶의 맥락에서 올라오는 아픔이 있는지 등을 살펴보는 것이 중요해요. 그래야 내가 유독 더 견디지 못하고 힘들게 느끼는 아이의 행동을 이해할 수 있습니다. 알기만 해도 이해가 되고, 이해가 되면 같은 상황일지라도 마음은 더 편해집니다.

물론 아이가 욕설을 내뱉는 건 교권 침해고, 바르게 교육하는 것이 마땅합니다. 다만 여기서 제가 강조하려는 건, 같은 사건이라도 선생님이 사건을 어떻게 해석하고 받아들이는지가 선생님 자신의 감정이나 소진에 영향을 준다는 사실이에요. 사건을 해석하는 데 있어 자신에 대한 이해가 선행되어야 한다는 말이기도 합니다.

선생님은 아이와의 관계 이전에 자신에 대한 이해, 내가 쉽게 걸려 넘어지는 감정과 생각 등을 인식할 수 있어야 해요. 평소 자신을 꽤 괜찮고 능력 있는 교사라고 생각한다면 아이들이 내뱉는 무시하는 말도 기분은 나쁘지만 잘 소화할 수 있어요. 많은 아이들 중 한두 명이 선생님 수업을 듣지 않아도 크게 상처받지 않고 무시해 버릴 수 있고요.

요즘 아이들을 표현하는 말로 '수소 신드롬(Null-Bock syndrom)'이 있습니다. 독일어권에서 만든 용어로, 즉각적인 만족을 얻으려는 세대를 가리켜요. 이들은 부모나 선생님, 일반적인 사회 규율에 별로 주의를 기울이지 않고 매사에 무관심합니다. 자신이 해야 할 일에 대한 책임과 의무에는 심드렁하고 즉각적인 욕구에만 눈을 반짝이는데, 우리나라 아동·청소년의 30%에 가까운 아이들이 이런 특성을 보인다고 해요. 그러니 선생님을 싫어하고 무시해서 규율을 따르지 않는다기보다는, 현대 사회를 살아가는 청소년의 특성 중 하나라고 생각하면 어떨까요?

의미치료 심리학자 빅터 프랭클(Viktor Frankl)은 "자극과 반응 사이에는 공간이 있다. 그 공간에는 자신의 반응을 선택할 수 있는 자유와 힘이 있다. 그리고 우리의 반응에 우리의 성장과 행복이 좌우된다."고 말했습니다.

평소 아이가 주는 자극과 나의 반응 사이의 공간에서 나의 감정과 욕구를 알아차리는 것이 필요합니다. 내가 원하는 반응(말과 행동)을 선택하기 위해선 무엇보다 자신에 대한 이해가 선행되어야 하겠지요? 평소 나의 경험 이면에 존재하는 나의 감정과 행동을 잘 살펴보고 이해해 본다면 소진을 예방하는 데 도움이 될 거예요.

*자기 이해 활동 : 교사이기 전에 나는 누구인가요?

'내가 생각하는 나'를 마주하기 위해 자기 이해 목록을 살펴보겠습니다. 아래 질문에 답해 보며 자기 이해를 풍성히 해 나갈 수 있길 바랍니다.

- 나는 교사이기 이전에 누구인가요?

- 나는 주로 어떤 감정에 걸려 자주 넘어지나요?

- 내가 잘 견디는 감정과 잘 견디지 못하는 감정은 무엇인가요?

- 학생과 학부모를 만날 때 불쑥 떠오르는 생각은 무엇인가요?

- 내가 학교에서 같이 일하기 힘든 사람은 어떤 특성을 가지고 있나요?

- 나는 주로 어떤 관계 패턴을 맺나요?

- 교사로서 나의 자원이나 긍정적 특성은 무엇인가요?

- 나는 학생이나 학부모와의 상호 작용에서 어떤 상황을 가장 두려워하
  나요? 혹은 어려워하나요?

- 나는 학생들과의 문제에서 주로 어떻게 대처하나요? 그 행동은 학생에
  게 어떤 영향을 주나요?

교사 소진 예방법 2 : 마음 챙김

● 감정을 있는 그대로 바라보고 기다려 주세요 ●

여러 번 주의를 줬음에도 불구하고 아이가 계속해서 수업 중에 떠든다고 가정해 보겠습니다. 아이는 선생님의 지시를 무시할 뿐 아니라 다른 아이에게도 방해가 돼요. 아무리 말해도 개선되지 않습니다. 선생님은 이럴 때 어떤 마음이 드나요?

선생님마다 정도의 차이가 있겠지만, 일단 화가 나고 좌절감이 들 거예요. 이런 경험이 지속되면 아이가 꼴도 보기 싫을 만큼 미워질 수도 있습니다. 선생이 어떻게 아이를 미워할 수 있냐고요? 아니, 미워할 수는 있다 치더라도, 아이를 밉다고 인정하는 데 불편한 마음이 들지는 않나요? 하지만 선생님도 사람인 걸요.

우리는 내 안에 부정적인 감정이 들어올 때, 미처 자각하지 못한 상태에서 자동적으로 평가를 내리곤 합니다. '어떻게 선생이 아이를 미워할 수 있어?', '내가 얼마나 권위가 없으면 아이가 이렇게까지 내 말을 안 듣겠어?' 와 같은 당위성을 기준으로 자신을 탓하거나, '넌 정말 문제아야.' 하고 상대를 탓하지요. 이런 판단은 불편감을 초래합니다. 내가 뭔가 굉장히 잘못하고 있다는 느낌이 들고 피하고 싶어요. 그래서 다시 자신이나 상대를 비난하는 데 심리적 에너지를 쏟으며 쉽게 소진으로 이어질 수 있습니다.

무엇보다 나를 이해하고 위로하기 위해서는 내게 들어오는 어떤 감정이라도 판단하지 않는 태도로 잘 알아차리는 것이 필요해요. 이를 심리학에서는 **'마음 챙김'**이라고 부릅니다. 마음 챙김은 현재의 순간에 주의를 기울이며, 상황이나 감정을 판단하기보다는 '내가 지금 어떤 마음인지, 어떤 상태인지'를 궁금해하면서 있는 그대로 알아차리고 느끼려는 태도입니다. 실제로 마음 챙김을 잘하는 사람은 스트레스가 현저히 낮고, 정서적으로 안정되며, 집중력이 높아지는 모습을 보인다는 연구 결과도 많습니다.

이해를 돕기 위해 파도를 관찰하는 것에 비유해 마음 챙김을 설명해 볼게요. 마음 챙김의 핵심은 우리 감정의 파도를 잘 관찰하는 것과 같거든요.

바다에 이는 파도는 끊임없이 생겼다가 사라집니다. 어떤 파도는 세차고 강렬하지만 어떤 파도는 부드럽고 잔잔하지요. 어떤 파도라도 일시적으로 일어나고 점차 사라질 뿐 영원히 지속되지 않습니다. 그런데 우리가 거세게 이는 파도 한가운데에 들어가 있다면, 우리는 파도에 휩쓸려 버리거나 넘어져 다칠 수 있어요. 하지만 파도가 거세게 일 때 우리가 멀찍이 떨어져 바다를 관찰하고 있다면 어떨까요? 아무리 파도가 거세게 일어도 충분히 거리를 두고 있기에 우리는 파도에 휩쓸리지 않습니다. 이렇게 떨어져서 파도를 관찰한다면 우리는 안전합니다.

우리의 감정은 파도와 같아요. 우리 안에서 일어나는 다양한 감정들도 일어났다가 사라지고, 사라졌다가 다시 나타나기도 합니다. 이 순간 나를 집어삼킬 것만 같은 미움, 두려움, 분노 같은 부정적인 감정도 영원히 지속되지 않습니다. 언젠가 차츰차츰 파도처럼 사라져 가지요.

마음 챙김은 파도를 바라보듯 우리 감정을 관찰하는 겁니다. 나를 집어삼킬 것만 같은 거친 감정도, 나를 거슬리게 하는 잔잔한 감정들도 마찬가지예요. 이 감정들을 판단하거나 평가하기보다는 멀찍이 떨어져 관찰하며 알아차려 보는 것입니다. '아, 나는 지금 이 아이가 굉장히 밉구나.' '내가 지금 좌절감을 느끼는구나.' '나는 지금 화가 많이 났구나.' 이렇게 있는 그대로 알아차리는 거지요. 감정을 있는 그대로 받아들이고 인정하며, 이 감정이 지나갈 때까지 기다려 봅니다. 그러면 감정은 우리를 지배하지 않아요. 감정은 차츰 옅어지고, 우리는 다시 생각해 볼 힘이 생깁니다.

파도에 맞서 싸우지 않고 유유히 파도를 즐기는 이들처럼 우리도 감정의 파도, 스트레스의 파도를 즐겨 보면 어떨까요?

*마음 챙김 활동1 : 감정 일기 쓰기

평소 내 마음과 생각을 판단하지 않고 관찰하기 위해 하루 중

짧은 시간이라도 일기를 써 보기를 추천합니다.

1. 퇴근하기 전, 또는 일과를 마치기 전, 오늘 하루 내가 느낀 감정과 그 감정이 일어난 상황을 기록해 봅니다. 모든 감정을 다 기록할 필요는 없어요. 가장 강렬했던 감정, 가장 인상 깊었던 사건에 대해 기록해 보세요.
2. 주의할 것은 감정에 대한 평가나 판단이 올라오면 잠깐 멈추고, 그저 관찰한 부분들을 기록해야 한다는 점입니다. 매일 꾸준히 연습하다 보면, 자연스럽게 나의 감정을 평가하지 않고 관찰하고 이해할 수 있게 될 거예요.

*마음 챙김 활동2 : 짧게 산책하며 명상하기

때로 학교에서 견딜 수 없을 만큼 불편한 감정이 밀려올 때는 짧은 시간이라도 괜찮으니 산책을 하며 나에게 집중하는 시간을 가져 보세요.

1. 교실이나 학교 주변을 천천히 걸어 봅니다.
2. 걸을 때 의식적으로 내 발걸음 하나하나에 나의 호흡, 걸을 때마다 움직이는 나의 신체 감각 등에 집중해 봅니다. 주변에 일어나는 상황들이나 자연물을 관찰해 보는 것도 좋습니다.
3. 이 과정을 통해 마음을 차분하게 들여다보고, 진정할 수 있는

힘을 얻을 수 있어요.

교사 소진 예방법 3 : 자기 자비

● 자신에게 친절하고 따뜻해야 해요 ●

삶을 살아가며 크고 작은 어려움을 마주할 때, 선생님은 어떤 마음으로 자신을 대하나요? 우리는 일상에서 다양한 실패와 실수를 경험합니다. 학교에서도 마찬가지예요. 경력이 제법 쌓였어도 아이들을 상담하고 지도하는 일은 여전히 어렵습니다. 반항적인 아이를 마주할 때면 신규 시절보다 어쩌면 경력 15년 차인 지금이 더 좌절스러울지도 모르겠어요.

이럴 때는 어떤 태도로 자신에게 다가가야 할까요? 우리는 스스로에게 친절하고 이해심을 베풀며, 실수와 실패를 경험할 때 자신을 비난하지 않고 따뜻하게 대해야 합니다. 이것을 심리학에서는 '**자기 자비**'라고 해요. 자비는 고통받는 이를 사랑하고 불쌍하게 여긴다는 의미예요. 자기 자비는 말 그대로 자신을 자비롭게 대한다는 것인데, 자기 자비에는 세 가지 태도가 있습니다.

먼저 '**자기 친절**'입니다. 자기 친절은 자신을 비난하거나 자책하기보다는 따뜻한 이해심을 가지고 대하는 것을 의미해요. "나는 경력이 쌓여도 여전히 반항적인 애 하나 제대로 상담하지 못하고, 뭐 하나 잘하는 게 없네."라고 자책하는 대신 "나도 사람인지라 모든 아이를 완벽하게 상담하기는 어려워. 그럼에도 나는 최선을 다하고 있어. 반항적인 아이를 도와주려는 내 노력은 가치 있고, 시간이 지나면서 더 나아질 거야. 나는 충분히 잘하고 있어. 그리고 내가 성장할 여지가 있다는 건 긍정적인 일이야."라고 말하는 거지요. 이 태도는 자신을 이해하고 격려하며, 마음가짐을 더 건강하게 유지하는 데 도움을 줍니다.

두 번째는 '**보편성**'입니다. 인생의 고통, 실패, 좌절은 인간의 보편적인 경험임을 알고, 나만 어려움을 겪는 것이 아님을 이해하는 태도예요. "나만 이런 어려움을 겪는 게 아니야. 많은 교사가 경력이 쌓여도 비슷한 어려움을 겪어. 모든 선생님이 모든 아이를 완벽하게 상담할 수는 없지만, 우리는 계속 배우고 성장해 나가는 과정에 있어. 나뿐 아니라 다른 선생님들도 같은 고민을 한다는 사실을 기억하자. 함께 배우고 성장하는 과정에서 나는 잘하고 있어."라고 스스로에게 말해 보는 거지요. 내가 겪는 어려움이 나 혼자만의 것이 아님을 인식하고, 혼자 고립되기보다는 더 큰 맥락에서 자신을 이해하고 타인을 포용하는 힘을 가질 수 있습니다.

세 번째는 앞서 살펴본 '마음 챙김'이에요. 지금 내가 느끼는 감정과 생각을 판단하지 않고, 있는 그대로 알아차리며 수용하는 태도입니다. "지금 나는 반항적인 아이를 상담하며 어려움을 느끼고 있어. 이 순간의 감정은 자연스러운 것이고, 나는 이 감정을 있는 그대로 받아들일 수 있어. 내가 느끼는 좌절감은 일시적이고, 이를 통해 배우고 성장하는 기회가 될 거야. 지금 이 순간에 집중하면서 내가 할 수 있는 최선을 다하고 있음을 기억하자."라고 말해 보세요. 이런 생각은 감정에 휩쓸리기보다는 상황을 더 명확하게 인식하고, 마음의 평정심을 유지하는 데 도움이 된답니다.

자기 자비 태도로 인생을 대하는 사람들은 스트레스와 감정적인 어려움을 보다 더 건강한 방식으로 다루며 살아간다는 연구 결과가 많습니다. 자기 자비 태도는 정서적 회복력을 높이며 자존감을 유지하고, 긍정적인 관계를 형성하며 심리적 소진을 개선해, 직무 만족과 직무 효율성에도 긍정적인 영향을 미친다고 해요. 자기 자비는 단순히 스트레스를 관리하는 수준을 넘어, 일상에서 선생님의 마음을 지켜 주는 건강한 태도임을 꼭 기억하세요.

*자기 자비 활동 : 따뜻한 목소리로 내게 말해 주기

스트레스 상황에서는 심장 박동이 빨라지고 손에 땀이 나는 등 교감 신경계가 활성화되면서 말이 빨라지고 목소리가 커지곤 합니다. 머릿속에도 숱한 생각들이 오가고, 폭발하는 것처럼 격렬한 무언가가 빵 터지는 느낌이지요. 이때 다음과 같은 자세로 자신을 대하도록 노력해 보세요.

1. 스트레스 상황에서 혹은 하루를 마무리하면서, 잠시 눈을 감고 나를 아껴 주고 따스하게 대해 주는 누군가를 떠올려 봅니다. 이제 자신에게 따뜻하고 부드러운 목소리로 말을 걸어 보세요. 내가 평소 듣고 싶었던 누군가의 따스한 목소리 톤을 상상해도 좋습니다.

2. 친절하고 부드러운 태도와 목소리로 천천히 "이 순간, 나는 고통을 느끼고 있는 걸 알아. 하지만 나는 나 자신에게 친절하게 대할 거야."와 같은 자기 자비 문구를 반복합니다.

교사 소진 예방법 4 : 작은 위로 건네기

● 따뜻한 위로가 필요할 때, 내가 나에게 해 주세요 ●

심리 치료 방법 가운데 하나인 **'이야기 치료(Narrative Therapy)'**에서는 사람들이 자신의 삶을 이야기 형태로 이해하고 표현한다고 봅니다. 우리 삶은 자신이 경험한 사건뿐 아니라 그에 대한 해석을 포함한 이야기로 구성된다는 견해예요. 이런 관점에서 볼 때, 우리가 어떻게 삶을 살아가는지 이해하려면 우리가 어떤 말을 사용하지를 자세히 살펴보는 것이 중요합니다.

선생님은 평소 어떤 말을 많이 하나요? 특히 부정적인 생활 경험을 마주했을 때 스스로에게 어떤 말을 건네나요?

선생님이 한 달 전에 큰맘 먹고 최신 휴대폰을 샀다고 가정해봅니다. 버스를 타고 어디론가 가던 선생님은 깜박하고 휴대폰을 버스에 놓고 내렸습니다. 집에 와서 가족의 휴대폰으로 전화를 걸었지만 아무리 해도 받지 않고, 겨우 버스 기사와 연결되었지만 아무것도 발견하지 못했다고 해요. 아뿔싸, 휴대폰을 잃어버렸습니다. 산 지 한 달도 되지 않은 따끈따끈한, 할부가 23개월이나 남은 신상 휴대폰을요. 그러고 보니 분실 보험도 들지 않았습니다.

상상만 해도 끔찍하지요? 이때 선생님은 자신에게 어떤 말을 할까요? "아, 진짜 짜증 나네. 나는 왜 이렇게 부주의할까? 나 진짜 무슨 병 걸린 거 아니야? 돈 아까워. 바보 같긴." 같은 말이 자동으로 나오지는 않나요?

우리는 대개 자신의 실수나 실패에 관해서는 상당히 신랄하게 비판합니다. 만일 같은 일을 동료가 겪었다면 어떨까요? "바보 같네요. 좀 조심하지 그랬어요."라고 말할까요? 아니면 "저런, 어떡해요. 진짜 속상하겠다. 그래도 괜찮아요. 살다 보면 그럴 수도 있죠. 다음부터 조심하면 돼요."라고 말할까요? 아마 후자이지 않을까요? 우리는 이처럼 다른 사람의 실수와 실패에는 이해와 위로를 건네지만, 자기 자신에게는 그렇지 않은 경우가 많습니다.

스스로에게도 작지만 다정한 위로의 말을 건네는 연습이 필요합니다. 이를 심리학에서는 **'작은 위로 건네기'**라고 표현합니다. 어려움을 경험했을 때, 자신에게 의지적으로라도 따뜻하고 위로가 되는 말을 건네 보는 기법이에요. 여기서 중요한 건 '의지적으로'라는 단어입니다. 자신을 비난하고 자책하는 대신, 이해하고 위로하는 태도로 말하려 노력하는 거지요.

이미 성인인 우리를 따라다니며 위로하고 격려해 주는 사람은 없습니다. 타인에게 받고 싶은 위로의 말, 격려의 말을 이제는 스스로에게 해 줄 수 있어야 해요. 스스로에게 작지만 따뜻한 위로를 잘 건네는 사람은 회복 탄력성이 높고, 스트레스가 낮으며, 긍정적인 자기 인식을 가진다고 합니다.

자신에게 작은 위로를 잘 건네는 선생님이 소진을 더 잘 예방하는 것도 당연합니다. 예를 들어 학부모 상담이 생각만큼 잘 진행되지 않았고, 학부모로부터 부정적인 피드백을 받았어요. 바쁜 일과 중에도 일부러 시간을 내 어렵게 학부모를 모셨는데, 상담을 망쳐 버린 것 같아 속상하고 앞으로 어떻게 해야 할지 막막합니다. 이때 우리가 배운 대로 내 감정을 잘 알아차리고, 내게 자비로운 태도를 보이며 이렇게 말해 줄 수 있습니다. "속상하지? 괜찮아. 모든 사람을 만족시킬 수 없는 게 당연해. 하지만 나는 아이를 위해 최선을 다하고 있어. 나는 완벽하지 않지만 계속 노력하고 성장하는 충분히 좋은 선생님이야."

자신에게 의지적으로 작은 위로의 말을 건네는 일은, 선생님이 학교에서 직면하는 다양한 스트레스와 어려움 속에서도 마음을 지켜 내고 긍정적인 인식을 유지하는 데 도움이 됩니다. 지속적인 연습을 통해 작은 위로 건네기가 자연스럽게 습관화되기를 바랍니다. 잘되지 않는다면, 평소 듣고 싶은 말을 포스트잇에 써서 잘 보이는 곳에 붙여 놓고 읽어 주는 것도 좋은 방법이에요. 혹은 하루를 마무리할 때 자신에게 해 주고 싶은 말을 SNS에 게시해도 좋고요.

내가 나를 대하는 태도는 자연스레 주변으로 흘러갑니다. 자신을 공감하고 위로할 수 있는 사람만이 타인을 공감하고 위로할 수 있어요. 아이들을 지도하고 돌보느라 지친 내 마음을 먼저 돌아보고, 작지만 따뜻한 위로를 건네길 바랍니다.

잠시 분주함을 내려놓고 주변을 한번 살펴보세요. 선생님 옆에 누가 있나요? 학교에는 선생님이 곤란한 상황에 처할 때 기꺼이

도와주고 응원해 주는 동료 선생님과 아이들이 있습니다.

매일 오버타임을 보내며 분주하게 살아가는 일상이지만, 마음의 여유를 가지고 주변 사람들에게도 작은 위로를 건넬 수 있으면 좋겠습니다. 오늘도 계신 자리를 지키며 최선을 다해 하루를 살아내는 선생님들을 진심으로 응원합니다.

교사 돌봄 핵심 노트

- 내 마음에 어떤 생각과 감정이 들어도 평가나 판단하지 말고 '내가 지금 ~한 생각이 드는구나.'라며 있는 그대로 알아차려 주세요.

- 친절한 태도로 자신을 자비롭게 대해 주세요. 인생의 고통은 우리 모두가 경험할 수 있다는 포용하는 마음으로 내 마음을 이해하고 위로해 주세요.

- 따뜻한 위로가 필요한 순간에는 의지적으로라도 자신에게 위로의 말을 해 주면 어떨까요? 포스트잇에 나를 격려하고 응원하는 문구를 써서 잘 보이는 곳에 붙여 놓아도 좋습니다.